광화문과 정치권력

서강학술총서
016

광화문과 정치권력

하상복 지음

서강대학교출판부

서강학술총서 016
광화문과 정치권력

초판발행 | 2010년 5월 12일
지 은 이 | 하상복
발 행 인 | 이종욱
편 집 인 | 우찬제
발 행 처 | 서강대학교 출판부
등록번호 | 1978년 9월 28일 제313-2002-170호

주 소 | 서울특별시 마포구 신수동 1번지
전 화 | (02) 705-8212
팩 스 | (02) 705-8612

ISBN 978-89-7273-165-8 94340
ISBN 978-89-7273-139-9(세트)

값 20,000원

* '서강학술총서'는 SK SUPEX 기금의 후원으로 제작됩니다.

정치는 은유를 사랑한다

— Antoine de Baecque(2002, p. 8)

서문

지난해 늦은 봄, 노무현 전 대통령이 갑작스럽게 세상을 떠났다. 그는 경복궁의 흥례문 앞마당에서 이 세상 사람들과 마지막 만남을 가졌다. 광화문 앞에 모인 많은 사람들은 그와의 영원한 헤어짐에 가슴 아파했다. 그는 왜 그곳에서 세상과 이별해야 했을까?

한국 현대 정치사를 돌아볼 때 노무현 전 대통령은 국회로부터 탄핵을 받은 유일한 최고 권력자였다. 탄핵소추권이란 그저 헌법이 규정하는 국회의 권한일 뿐이라고 생각했을 사람들은 실제로 벌어진 예상 밖의 사태 앞에서 놀라움과 분노를 금할 수가 없었다. 그를 지지한 시민들은 촛불시위의 무대인 광화문에 모여 탄핵의 부당성과 비도덕성을 규탄하는 대규모 시위를 연일 조직했다. 노무현 대통령은 탄핵으로 인한 정치적 불명예를 감수해야 했다. 하지만 그는 곧이어 치러진 국회의원선거 승리를 통해 화려하게 권력의 전면에 다시 설 수 있었다. 이렇게 광화문은 그의 정치적 영욕이 서려 있는 공간이었다. 그를 위한 영결식이 그곳에서 열린 것이 하나의 필연으로 느껴진다.

결코 일어나서는 안 되었을 비극의 기억이 광화문에 조용히 스며들고 있는 것 같다. 광화문은 한국정치사의 수많은 아픔과 슬픔들을 온몸으로 끌어안아야 할 운명이었다. 바다를 건너온 침략자의 탐욕이, 문명적 열등감에 사로잡혀 적나라한 식민통치를 구사한 제국주의 권력이, 민족적 모순을 군사력으로 해결하고자 했던 정치적 욕망이, 민주주의를 전복시킨 무력이, 독재에 대한 투쟁을 통해 민주주의를 꽃피우고자 했던 학생과 지식인의 고결한 희생이 광화문에 아로새겨 있다. 그런데 이제 또 하나의 고통스런 기억을 간직해야 하리라.

광화문은 우리에게 그러한 고통의 역사를 보여주려 하지만 우리는 아직 그것을 볼 준비가 안 되어 있는 것 같다. 차량으로 혼잡한 세종로에서 광화문의 역사를 알려 하지 않았듯이, 이제는 광화문광장이 연출하는 화려한 스펙터클에 사로잡혀 그곳에 각인된 역사에는 무관심하다. 안타깝게도, 광화문광장에는 인기 배우들이 만들어내는 짜릿하고 흥미진진한 이야기가 있고, 눈 위에서 펼쳐지는 환상적인 묘기가 있고, 휘황찬란한 빛의 축제가 있을지언정 경복궁과 광화문과 육조대로가 어떻게 탄생했고 어떠한 정치적 비극의 터널을 지나왔는지, 그리하여 우리의 역사가 그곳에 어떻게 투영되어 있는지를 생생하게 알려주는 어떠한 모티브도 없다. 광화문광장에서 월드컵의 영광을 떠올리며 「오 필승 코리아」나 80년대의 낭만을 되새기며 「광화문 연가」를 부른다고 해서 무슨 대단한 문제가 있는 것은 아니다. 하지만 우리는 오직 그것들만을 보고 부르려 한다. 광화문은 스펙터클과 놀이의 공간일 수 없다. 그곳은 조선왕조 이래 우리 역사를 직조한 영욕의 사건들이 거대한 시간의 고리로 단단히 묶여 있는 상징적 공간이기 때문이다. 필자는 그 이야기를 하고 싶었다.

돌이켜보면, 광화문에 대한 필자의 관심은 3년 전 쯤으로 거슬러 올라간다. 그 당시 필자는 대단히 복잡한 역사를 간직하고 있는 프랑스 국립묘지 빵떼옹(Panthéon)에 관심을 가지고 있었다. 빵떼옹은 가톨릭성당으로 지어졌다가 묘지로 바뀌고 다시 성당으로 전환되기를 수차례 반복한 끝에 종국에는 프랑스의 국립묘지로 정착한 역사적 건물이다. 그 건물의 역사를 더듬는 일은 곧 프랑스혁명에서 시작되어 제3공화정, 더 나아가 제5공화정에 이르는 프랑스 근현대사의 정치적 격변들을 추적하는 일이었다. 빵떼옹에는 혁명과 반혁명의 정치사가 응축되어 있었다. 그 프랑스 국립묘지는 필자에게 매우 중요한 방법론적 시각을 제공해주었다. 예술적 대상물의 역사적 진화 과정을 추적함으로써 정치사의 변동을 풀어내는 방법이었다. 이러한 문제의식 아래 우리나라의 정치사를 풀어낼 예술적 대상물을 '광화문'에서 발견하고 그에 관한 연구에 관심을 갖게 되었다. 필자는 빵떼옹의 정면 부조, 내부 벽화, 조각상, 지하 분묘를 '보면서' 혁명과 반혁명이 엎치락뒤치락하는 속에서 이어져온 프랑스 근현대사를 생생하게 느낄 수 있었다. 그러한 흥미로운 지적 경험이, 정치권력의 이미지 열망은 인류학적 보편성을 갖는다는 생각과 결합되면서 프랑스만큼 고단했던 우리나라의 역사와 정치사 또한 어떠한 시각적 공간 속에서 그 흔적을 남기고 있을 것이라는 필자의 상상을 가능하게 했다. 2005년 1월의 광화문 한글현판을 둘러싼 담론투쟁을 지켜보면서 광화문이 바로 그런 곳일 수 있으리라는 생각이 힘을 얻을 수 있었다.

필자는 서강대학교의 인문저술지원사업('서강학술총서')의 재정적 지원에 힘입어 연구를 원활하게 진행할 수 있었다. 이 자리를 빌려 필자의 연구에 관심을 갖고 지원을 결정해주신 심사위원 선생님들과, 원고가 늦어졌음에도 참고 기다려주신 출판부 담당 선생님들께 감사드린다. 관심과 애정으로 늘 필자의 연구를 지켜봐주시는 강정인 선생님, 유석진 선생님, 정승현 선생님, 전재호 박사님, 문지영 박사님, 이원태 박사님, 공진성 박사, 후배 대학원생들께 감사를 표하고 싶다. 목포대학교의 고석규 선생님, 김승현 선생님, 박관석 선생님, 문화재청의 이승재 선생님과 국가기록원의 윤현숙 선생님의 도움에도 감사의 마음을 전한다. 늘 곁에서 힘이 되어주는 아내 나양과, 아빠와 자주 놀 수 없어도 고집 피우지 않고 잘 자라주는 연재에게는 고마운 마음뿐이다. 부모님의 관심과 격려와 도움이 없었다면 불가능한 일이었을 것이다. 감사드린다.

광화문의 역사에 대한 분석은 정치학적 관점과 더불어 역사학과 건축학적 지식 그리고 철학적 통찰력 등을 요구하는 다층의 작업이었다. 그 큰 숲을 비로소 빠져나왔다. 이제 관련 전문가 분들의 고견을 들을 준비를 해야겠다.

"이느 날 갑사기 떠나버린 아름다운 영혼, 영삼에게 이 책을 바친다."

연구실에서

하상복

차례

제1장

프롤로그

1. '정치적 텍스트'로 광화문 읽기

서울특별시 종로구 세종로 139번지 고종즉위사십년칭경기념비(高宗卽位四十年稱慶紀念碑)전에서 세종로 1번지 광화문에 이르는 가로로 길이 0.6km, 너비 100m이며 수도 서울과 한국의 정치 · 경제 · 사회 · 문화를 상징하는 중심도로이다. 왕복 16차선으로, 일반국도 제48호선이며 주요 통과지역은 종로구 적선동 · 도렴동 · 세종로동이다. (네이버 백과사전)

우리나라의 중심 거리 세종로에 대한 설명이다. 사람들은 이곳을 공식적인 명칭인 세종로보다는 '광화문'으로 부르는 데 익숙하다. 그것은 아마도 경복궁의 정문인 광화문이 세종로를 대표하는 상징적 건물이라는 사실 때문일 것이다. 2009년 8월에 완공되어 국민들에게 개방된 광화문 광장에서 '광화문'이란 이름은 경복궁의 정문인 광화문을 포함해 광장이 자리하고 있는 공간으로서의 광화문을 지칭하고 있는 것처럼 보인다. 그런데 그 공간, 즉 경복궁의 정문 광화문에서 출발해서 네거리까지 이르는

광화문공간 (출처: 직접 촬영)

공간—우리는 이 공간을 광화문으로 부를 수도 있지만 정문으로서의 광화문과 구별하기 위해 '광화문공간'으로 명명하고자 한다—에는 정치학적 관심을 자극하는 많은 일들이 벌어지고 있다. 그 일들은 광화문공간을 둘러싸고 전개되는 사회 세력들 간의 이념 갈등을 그 본질로 한다. 문제는 그러한 이념 갈등의 뿌리가 그 공간이 생성된 시기로 거슬러 올라간다는 데 있다.

광화문공간의 시공간적 연원을 파악하기 위해서는 조선왕조 창업기의 문을 두드려야 한다. 역성혁명으로 수립된 새로운 왕조는 개경에서 남경(南京), 즉 한양으로 도읍을 옮기고 그곳에 궁궐 경복궁을 지었다. 유교 통치의 이념에 따라 왕궁의 남쪽에 정문인 광화문을 세우고 그 앞에 의정부를 필두로 중앙 관아들이 늘어선 육조대로를 조성했다. 그러한 역사적 사실은 광화문공간이 본질적으로 정치적이고 권력적인 공간임을 인식하게 한다. 조선왕조의 정치적 정통성을 담고 있는 곳이라는 사실로 인해 그 공간은 이후의 역사 속에서 수많은 시련과 굴곡을 경험해야 했다.

역사적 사례들을 살펴보기로 하자. 일제는 경복궁의 정문 광화문을 완전히 뜯어내고, 육조대로의 관아들을 총독부 행정기관으로 사용하고, 육조대로와 연결된 새로운 도로(태평로)를 닦아 조선왕조를 상징하는 광화문공간의 구조를 근본적으로 뒤바꿔놓았다. 경복궁이 회복 불가능한 수준으로 훼손되었음은 말할 나위가 없다. 식민통치의 절대적 위압성을 표상하기 위함이었다. 그로부터 40여 년의 세월이 지나 그 공간은 새롭게 변모했다. 1960년대 박정희 군부권력이 경복궁 앞에 콘크리트로 만들어진 광화문을 세우고, 일대의 거리를 근대화와 민족주의를 가시화하는 공간으로 조형했다. 1960년대 세종로는 차량에 지배되었을 뿐만 아니라 도로 한가운데에 구국의 영웅으로 추앙받는 이순신 장군의 동상이 세워졌다. 1990년대 중반에 접어들어 광화문공간은 또다시 새로운 얼굴로 치장되었다. 김영삼 문민권력은 1995년에 놀랄 만한 민족주의적 스펙터클을 연출했다. 구(舊) 조선총독부 건물을 해체함으로써 근 70년 만에 경복궁과 정문 광화문의 공간적 연결을 회복시켰으며 1960년대 중반 이래 시민들이 발을 붙일 수 없었던 세종로 거리에서 역사적 정통성의 부활을 알리는 시민축제를 거행했다. 이러한 사실들을 통해 우리는 광화문공간이 정치권력의 의지 또는 논리가 적나라하게 투영된 장소임을 알게 된다.

그렇다면 2000년대에 들어서는 어떠한가. 주목을 끄는 두 개의 공사가 우리 정치적 상상력을 자극한다. 하나는 1968년 박정희 대통령이 건립한 광화문을 해체하고 목재로 된 문을 건립하는 일이며, 다른 하나는 광화문광장을 조성하는 사업이다. 일견 이 두 역사(役事)는 도시를 매력 있고 품격 있는 공간으로 조형하기 위해 역사적 건축물과 공간을 활용하는 문화적인 일로 비춰진다. 하지만 그렇게 이해한다면 사안의 본질을 놓치게 된다. 두 공사는 본질적으로 깊고 넓은 이념 논쟁의 성격을 띤 정치적 문제이기 때문이다.

우선적으로, 2005년에 있었던 '광화문 현판 논쟁'은 콘크리트 광화문 해체 이슈의 정치적 성격을 잘 드러내주고 있다. 그 해 1월 유홍준 문화재청장은 목재 광화문으로의 복원을 앞두고, 먼저 한글로 제작된 현판을 한자 현판으로 교체한다는 계획을 밝혔다. 경복궁의 정문이라는 위상에 걸맞게 현판을 올려야 한다는 것이 이유였다(유홍준, 2005). 이에 대해 한나라당 김형오 의원은 공개서신을 통해 역사 복원을 핑계로 특정한 정치적 기억을 없애려는 이념적 행위라고 해석하면서 현판 교체에 반대했다. 광화문을 경복궁의 정문으로 이해하는 유홍준의 시각에 맞서 김형오는 서울시민들이 광화문을 경복궁의 정문만이 아니라 "서울 중심대로의 상징적 건물"로 바라본다는 점을 존중할 것을 강조했다. 그 "상징적 건물"은 박정희가 1968년에 재건한 광화문이다. 한나라당 의원은 그러한 맥락에서 현판 교체, 나아가 광화문 해체를 "유형무형의 세력"이 "박정희의 유산을 지우"려는 정치적 의지와 연결시켰다(김형오, 2005b). 서신 논쟁은 언론과 사회단체들 간의 양보 없는 이념 갈등으로 확대되었지만, 결국 참여정부는 한글 현판을 떼어내고 콘크리트 광화문을 해체하면서 목재로의 복원공사를 진행하고 있다. 여기서 우리는 참여정부가 과거사 정리라는 국가적 과업의 범주에 박정희를 포함했다는 사실과 광화문 현판 교체 및 복원공사 사이에 어떤 의미의 상관관계가 존재하지 않을까를 자문하게 된다.

한편, 2009년 8월 3일 오전, 문화와 여가의 공간을 표방하면서 세종로 중앙에 자리 잡은 광화문광장에서는 간과할 수 없는 정치적 사건 하나가 발생했다. 광장 관리를 위해 서울시가 제정한 "광화문광장의 사용 및 관리에 관한 조례"를 정치적 의사표출의 기회를 광장으로부터 박탈하는 것이라며 조례의 폐기를 주장하는 정당과 시민단체들의 기자회견이 30여 분 만에 경찰력에 의해 해산된 일(한겨레, 2009/08/13) 또한 광화문공간의 정치적 성격을 잘 드러내주는 사례로 볼 수 있다. '조례'는 광장의 용도를

"시민의 건전한 여가선용과 문화 활동 등을 지원하는 공간"으로 규정하고 있다(제3조 관리). 그렇다면 광장에서 시민들의 '정치적 행위'는 원천적으로 봉쇄되거나 물리력에 의해 억제될 수밖에 없다. 서울시는 광화문광장이 드라마 촬영장소와 스케이트장으로 사용될 수는 있어도 정치적 성격을 띤 집회무대일 수는 없다는 논리를 고수하고 있다.

광화문공간은 새로운 왕조의 통치구조가 시각적으로 구현된 상징적 공간이었다. 정치적 의미와 상징성의 관점에서 광화문공간은 경복궁의 정문과 육조대로의 둘로 구성된다. 그렇지만 그 공간에 대한 정치학적 이해는 마땅히 모체인 경복궁에 대한 이해를 필요로 한다. 그러한 관점에서 우리는 광화문공간을 경복궁-광화문-육조대로로 이어지는 통합적 틀 속에서 이해하고자 한다. 먼저, 광화문과 접하고 있는 왕궁 경복궁에는 글자 그대로 신왕조권력의 권위와 통치철학이 공간적으로 표상되어 있다. 다음으로 정문 광화문은, 정도전이 언급한 것처럼, 권력의 주체와 객체가 서로 만나는 장소의 의미를 갖는다. 달리 말하자면 궁궐 내부에서 구현된 통치의 원리가 실천되는 기점이자 신민(臣民)의 정치적 의지와 욕구가 궁궐 안으로 진입하는 기점이라는 것이다. 아울러 주요 중앙 관아들이 배치되어 있는 육조대로, 즉 지금의 세종로는 중앙관료들이 국가 행정을 수행하는 정치적 공간이다. 그렇다고 해서 일반 백성들이 육조관아가 늘어선 거리를 다닐 수 없었던 것은 아니었다. 오히려 그곳은 모든 사람들이 자유롭게 왕래하던 삶의 무대이기도 했다.

이러한 해석적 상상력에 비추어보면 광화문공간은 본질적으로 분리 불가분한 자기완결성을 갖는 정치적 공간이라는 관점에서 접근해야 한다. 앞서 우리는 14세기 후반에 건립된 이래 지금에 이르기까지 광화문공간이 겪어야 했던 파란만장한 역사적 운명을 언급했다. 그 역사적 운명은 궁극적으로 광화문공간의 자기완결적 구조가 복원되고 해체되는 일련의 과정이라고 해석할 수 있다. '경복궁-광화문(정문)-육조대로'로 이어지는 공간구조에 대한 도전은 3대 임금 태종에 의해 시작되었다. 문제는 태종이 경복궁을 조선왕조의 정궁(正宮)으로 인정하지 않았다는 데 있었다. 그리하여 광화문과 육조대로의 정치적 의미와 상징성은 흔들릴 수밖에 없었다. 광화문공간의 정치적 자기완결성을 복원한 사람은 아들 세종이었다. 세종은 경복궁의 위상을 회복시키는 것을 필두로 광화문을 개축하고 육조대로의 기능을 부활시켰다.

그렇게 복원된 광화문공간이었지만 임진왜란으로 인해 파국적 운명을 맞아야 했다. 단순히 정치적 의미와 상징성의 상실이 아니라 전쟁과 화재로 인해 건물 모두가 전소(全燒)되었다는 점에서 파국인 것이다. 이후 선조를 필두로 군주들이 조선왕조의 중심 공간을 복원하려는 의지를 보였지만 어느 누구도 실천에 옮기지는 못했다. 270여 년이 지난 1865년에 가서야 비로소 복원될 수 있었다. 흥선대원군은 경복궁 중건사업을 통해, 오랜 시간 훼손된 상태로 방치되고 있었던 광화문공간을 본래보다 훨씬 더 화려하고 장엄한 얼굴로 만들어냈다. 그렇지만 20세기 초반, 일본제국주의 권력에 의해, 복원된 광화문공간의 자기완결성은 또다시 해체될 운명에 놓이게 된다. 일제는 경복궁을 흉측한 몰골로 만들고 정문을 다른 곳으로 옮겼으며 육조대로의 정치적 기능과 공간적 틀을 완전히 바꾸어 버렸다.

한편, 20세기 중반에 이르러 광화문은 새로운 모양을 갖출 수 있었다. 박정희 정권이 수행한 가장 핵심적인 일은 경복궁의 정문인 광화문을 다시 세우는 것이었다. 그렇게 함으로써 조선왕조의 중심인 광화문공간의 외형이 제자리를 찾은 것 같았지만 사실은 그렇지 않았다. 첫째는 경복궁과 정문 광화문의 공간적 연결성을 방해하는 구 조선총독부 건물이 여전히 사라지지 않고 있었기 때문이며, 둘째는 육조대로라는 역사성을 갖는 세종로가 권력자의 논리에 의해 배타적으로 이용되고 있었기 때문이다. 이러한 공간적 왜곡은 김영삼 대통령의 상징정치로 일정 정도 해소되었다. 그는 1995년 광복절을 기점으로 중앙청을 허물고, 차량에 점령된 세종로를 시민적 축제의 장으로 활용했다. 그의 민족주의적 프로젝트는 경복궁 복원사업이 속도를 낼 수 있도록 했을 뿐만 아니라, 경복궁과 정문 광화문을 공간적으로 연결시키고, 세종로의 새로운 정치적 활용 가능성을 열어주었다. 하지만 그렇다고 해서 본래의 공간적 구조가 완결된 것은 아니었다. 왜냐하면 경복궁의 정문 광화문이 목조로 복원되지 못하고 있었기 때문이다. 그 역사적 과업은 참여정부에 이르러 시작되었다. 더불어 박정희 정권에 의해 배타적인 정치적 목적성을 갖는 공간으로 조형된 세종로가 서울시의 광장 조성사업으로 근본적으로 탈바꿈할 수 있게 되었다. 만약 서울시가 그곳에서 육조대로의 외형을 살려내고 사람들의 모든 사회적 욕구들이 자유롭게 표출되도록 했더라면 광화문공간은 그야말로 본래의 의미와 상징성을 온전하게 회복할 수 있었을 것이다. 하지만 서울시는 육조대로 본래의 모습을 전혀 살리지 못했을 뿐만 아니라 정치적 행위를 철저하게 금지함으로써 경복궁과 정문 광화문에 내재된 역사적 의미의 복원과는 전혀 어울리지 않은 세종로를 만들어버렸다. 그럼으로써 결국 우리는 광화문공간이 역사적 복원의 공간과 탈역사적이고 탈정치적인 공간으로 '분절'되는 상황을 목격하고 있는 것이다.

광화문공간은 본래의 정치적 구조를 복원하려는 힘과 그 정치적 본래성을 흔들고자 하는 힘 사이에서 끊임없이 움직여왔으며 그 역사적 운동은 지금까지도 계속되고 있다. 앞의 논의가 말해주고 있듯이 그 두 '힘'은 본질적으로 정치권력이다. 말하자면 광화문공간에는 모순적이고 대립적인 정치권력들의 의지가 투영되어 있는 것이다. 그렇다면 정치권력은 어떠한 이유로 그 공간을 자신의 의지대로 구축하려 했으며 또 현재까지 그러한 시도를 지속하고 있는 것일까? 우리는 이 문제에 답하고자 한다. 그러한 질문에 대한 해답을 찾아가는 길은 곧, 광화문공간의 변화에 개입해 온 정치권력의 논리들을 분석하는 일이다. 하지만 그와 동시에 그 사례는 궁극적으로 정치와 권력에 관한 새로운 이론적 시각과 접근법을 발견할 수 있는 기초를 마련해줄 것이다.

2. '건축-공간'과 권력의 정당성

정치는 지배와 복종을 본질로 하는 불평등한 사회적 관계다. 그러므로 복종의 위치에 있는 피치자에게서 정치적 관계는 대단히 부정적인 양상을 띨 수밖에 없다. "피치자에게 권력은 구속적이거나, 종종 굴욕적이거나, 때때로 위협적인 것으로 경험된다. 그래서 많은 피치자들은 가능하다면 그로부터 벗어나고자 한다"(Beetham, 1991, p. 3). 그렇다면 이러한 인식과 행동의 잠재력을 지니고 있는 피치자들을 어떻게 효과적으로 지배할 수 있을 것인가? 이는 정치적 지배자에게 부여된 가장 중대한 질문이 아닐 수 없다. 그것의 성공 여부에 따라 사회적 질서의 유지와 재생산의 가능성이 결정될 것이기 때문이다.

이에 대한 답으로 우리는 일반적으로 물리적 힘의 동원을 떠올릴 수 있다. 동서고금을 막론하고 모든 지배는 군대 · 경찰 · 사법부 등 제도화된 폭력장치들에 기반을 두고 있음을 환기할 필요가 있다. 물리적 폭력을 이용한 복종은 본질적으로 피치자의 신체와 정신을 구속하거나 또는 구속에 대한 위협을 통해 구현된다(Padioleau, 1986, pp. 160~161). 그런데 그러한 지배방식은 '자발적 복종'의 심리를 산출하는 것이 아니기 때문에 단기적으로는 효과를 낼 수 있지만 장기적인 차원에서는 결코 그렇지 못하다. 이런 이유 때문이다. 논리적으로 볼 때, 피치자들의 복종을 끌어내기 위해서는 폭력장치들을 자주 동원해야 하는데 이는 경제적 고비용의 지불로 이어지고, 궁극적으로 피치자에게 부정적 심리들을 양산할 것이다. 그 부정적 심리들이란 다음과 같다. 첫째, 자신들을 복종시키기 위해 사용되는 경제적 비용을 자신들이 치러야 하는 모순에 대한 불만이며, 둘째, 자신들의 일상적 삶의 자유마저 위협하거나 박탈하는 사회적 공포 분위기의 조성으로 인한 불쾌감이며, 셋째, 자신들을 정치적 질서 확보를 위한 권력의 객체 또는 대상으로만 간주하는 관계 속에서 느끼게 되는 인격적 굴욕감이다. 피치자의 이러한 심리들이 누적되게 되면 그것은 곧 지배의 위기로 이어질 수 있다. 이러한 맥락 속에서 "물리력 또는 적나라한 폭력을 기반으로 하는 권력"은 "늘 불안정"(Balandier, 1992, p. 16)하다는 논리가 성립한다.

상황이 그러하다면 정치적 지배자의 입장에서는 장기적인 차원에서 정치사회적 안정에 기여할 수 있는 효과적인 지배 방식이 무엇인가를 묻지 않을 수 없다. 물리적 폭력을 통한 강제와 억압으로 실현될 수 없다면 아마도 그 반대, 즉 권력의 존재와 행위를 피치자 스스로가 인정하고 받아들이는 상황 속에서 가능성을 찾을 수 있을지도 모른다. 정치학은 그것을 정치적 '정당성'(legitimacy)으로 명명한다. '사물이나 현상을 자연적으로 또는 규범적으로 존재할 만한 것으로 받아들이는 심리적 성질'로 정당성을 정의한다면 정치적 정당성이란 권력을 자연스러운 것으로 또는 당위적인 것으로 간주하면서 그에 자발적으로 복종하는 심리다. 그렇다면 그러한 정당성 심리 창출의 원천은 무엇일까? 정치적 정당성에 관한 논의 속에서 그 원천은 크게 두 유형으로 구분된다. 하나는 지배자와 권력의 존재론적 차원이며 다른 하나는 기능론적 차원이다.

먼저, 피치자의 자발적 복종을 이끌어내기 위해서는 권력의 존재이유에 대한 근본적 타당성이 확립되어야 한다. 역사적으로 볼 때 권력은 매우 다양한 방식으로 존재론적 정당성을 만들어왔다. 권력자는 자신을 자연과 우주적 질서 속에서 예외적 존재로 묘사하거나, 또는 종교적 질서 속에서 절대자의 신성과 동일시하거나, 또는 사회문화적 전통의 범주 안에 포함시키거나, 또는 명확한 논리적 구조 속으로 끌어들이는 방식 등을 이용해왔다. 그것은 동서양의 권력자들이 옛날이나 지금이나 변함없이 의존하고 있는—물론, 시대에 따라 지배적인 방식이 달라지긴 하지만— 보편적인 정당성의 전략들이다. 베버가 정당한 권력의 세 유형으로 분류하고 있는 전통성 · 카리스마 · 합법성(베버, 1997, pp. 412~413)은 그러한 전략들의 이념형적 모델이라고 할 수 있다. 자연 · 우주 · 신 · 전통 · 법률과 같은 관념들은 피치자들이 쉽게 부정하거나 저항할 수 없는 정당성의 심리적 원천임에 의심의 여지가 없다. 그것들은 권력자의 존재와 권력행사에 강력한 규범성을 제공하는 근본적 힘으로 작용한다.

그런데, 권력자가 정당성의 규범적 원천을 확보한다고 해서 언제나 피치자가 자발적으로 순종하는 것은 아니다. 권력자는 자신의 힘으로 피치자들의 생명과 안전과 물질적 필요들을 만족시켜주어야 하는데, 그러한 민본주의적 성과들을 산출하지 못하는 지배자들은 설령 강력한 규범적 정당성을 지니고 있다고 하더라도 피치자들의 정치적 복종을 안정적으로 확보하기가 쉽지 않다. 이러한 문제는 근대적 정치세계로부터 그 중요성이 더 커지고 있다. 근대국가의 철학적 · 제도적 원리를 마련하는 데 결정적인 역할을 수행한 17~18세기 사회계약론은 권력의 정당성이 피치자의 삶을 보호하는 기능적 원천에 그 뿌리를 내리고 있음을 명확히 했다. 권력은 피치자의 생명과 안전과 재산을 보호해줄 수 있을 때에만 그 정당성을 인정받는다. 대표적인 사회계약론자인 로크(J. Locke)는 『통치론』에서 지배자가 자신의 권력을 인민의 이익에 반하는 방향으로 행사할 때 인민은 "더 이상의 복종의무로부터 면제"된다고 말했다(로크, 1996, p. 208). 현대 정치체제에서 경제정책의 성공 여부가 권력의 정당성을 좌우하는 결정적 변수로 기능하고 있다는 사실 또한 사회계약론적 사고의 현대적 연장으로 해석할 수 있다.

우리는 지금까지 권력 정당성의 규범적 · 기능적 원천을 고찰했다. 아마도 그것들은 권력에 대한 피치자의 자발적 복종을 이끌어내는 데 필요한 보편적인 조건들일 것이다. 그런데 권력 정당성 창출의 정치를 좀 더 면밀히 분석해보면 '조건'에 관한 문제를 넘어서는 또 다른 논의 영역이 있음을 알게 된다. 그것은 정당성의 규범적 · 기능적 조건에 대한 피치자들의 '믿음' 형성에 관한 일이다. 정당성과 관계해서 그 문제를 다루어야 하는 근본적 이유는 권력에 대한 복종이란 정당성의 규범적 · 기능적 조건의 존재 자체가 아니라 그것에 대한 피치자들의 수용 · 신뢰 · 동의와 같은 의식적 행위의 결과물이라는 사실 때문이다. 사회학자 베버는 지배의 정당성을 논하는 자리에서 정당성이 믿음의 문제임을 강조했다.

> 지배가 존속할 수 있는 가망성으로서 물질적인, 감성적인, 또는 가치 합리적인 동기만으로 만족하는 지배는 존재하지 않는다는 것을 우리는 경험을 통해서 알고 있다. 오히려 온갖 지배는 지배의 '정당성'에 대한 믿음을 일깨우고 길러내고자 한다. (베버, 1997, p. 409)

그리고 권력 정당성 연구자인 비덤(D. Beetham)은 베버의 주장을 다음과 같이 해석하고 있다.

> 권력은 그것에 연관된 사람들이 정당하다고 믿을 때에 정당한 것이 된다. 그래서 베버는 정당성을 정당성에 대한 믿음(legitimitätsglaube)과 같은 것으로 기술

했다; 정당한 권력이란 '정당한 것으로 간주되는'(als legitim angesehen) 권력이다. (Beetham, 1991, p. 8)

이렇듯 베버와 비덤은 권력에 대한 피치자의 동의 표출을 통해 형성되는, 정당성의 또 다른 차원을 고찰하고 있다(Beetham, 1991, p. 18). 물론 이는 비단 그들만의 문제의식만은 아니다. 예컨대, "정치란 정당성에 관한 일, 말하자면 믿음과 정당한 기억"에 관한 일이라는 논리(Sfez, 1988, p. 3), "피치자의 동의"가 권력 유지의 핵심적 요소라는 주장, "정당성은 인민의 지각에 좌우된다"는 시각(Kluver, 1997, p. 48) 등도 크게 볼 때 베버와 비덤의 논의 지평을 공유하고 있는 것으로 보인다.

피치자들이 권력을 신뢰하고 수용함으로써 정당성이 확립된다면 권력자는 그들의 믿음과 인정을 받을 수 있는 전략에 대해 고려하지 않을 수 없다. 그런데 우리가 인간을 상징적 존재로 이해한다면(Blumer, 1969) 대상을 믿고 받아들이는 문제는 그 대상의 물리적 존재성이 아니라 의미성에 관계하는 것임을 알게 된다. 말하자면 한 대상으로부터 신뢰와 인정을 이끌어내는 일은 그 대상을 해석하고 의미부여하며 내면화하는 심리적 과정에 연관되어 있다는 것이다. 그렇다면 권력자가 실천해야 할 정당성 획득의 핵심적 과정은 자신의 존재와 행위를 피치자들의 신뢰와 인정을 받는 데 부합하는 해석과 의미부여와 내면화의 틀로 만들어내는 일이다.

우리는 그러한 작업과 관련해 우선적으로 언어를 떠올릴 수 있다. 언어는 대상을 물리적 차원에서 의미와 상징의 차원으로 전환해내며 그럼으로써 사람들에게 대상에 대한 인식 · 판단 · 평가와 같은 의식 행위를 유도한다. 분석적 차원에서 언어의 이러한 기능은 크게 인지적 기능과 감성적 기능으로 구분될 수 있다. 인지적 기능은 대상물을 인식 가능한 언어적 형태로 만들어내는 것을 뜻하지만 정치세계에서 그것은 대상물을 중립적으로 묘사하고 서술하는 기능이라기보다는 특정한 정치적 가치관과 이념적 지향에 따라 대상을 인지적 형태로 바꾸어내는 것으로 받아들여지고 있다. 말하자면 정치언어는 정치적 대상물을 일정한 해석적 틀을 내재한 의미체로 전환하는 기능을 수행한다는 것이다(Edelman, 1985, pp. 131~132; 2001, pp. 83~84). 다음으로 감성적 기능은 대상에 대한 인지와는 달리, 대상을 인정하고 받아들이며 내면화하는 등, 심층 심리적 작용을 이끄는 기능이다. 정치 연설에서 사용되는 언어는 그러한 기능을 잘 보여주고 있다.

> 집회가 진행되는 방식을 보면 연설자와 청중 간에 형성되는 특정한 유형의 커뮤니케이션과 교환 양식에 주목하게 된다. 연설자들은 청중들이 자신들의 웅변을 통해 자신들에 대한 공감, 합의 그리고 동의의 관계를 만들어내기를, 자신들에 대한 열광을 자아내기를, 자신들에 대한 존중과 지지를 표출하기를 바라마지 않는다. [……] 연설자들과 청중 간에 전개되는 이러한 특별한 커뮤니케이션은 결국 청중들이, 웅변을 통해 연설자들이 드러낸 감성을 공유하고, 연설자들의 목소리와 감정의 기복을 느끼면서 연설자들의 고유한 감정 상태를 정당한 것으로 생각하도록, 즉, 정당한 이미지를 찾도록 유도하는 의사소통의 순환과정이다. (Ansart, 1983, p. 23)

권력자는 언어의 인지기능과 감성기능을 이용함으로써 피치자의 신뢰와 승인을 얻기 위한 방향으로 자신의 권력을 의미구성체로 만든다. 정당성 문제가 권력의 보편적인 문제인 만큼 그것을 위한 권력자의 언어정치 또한 보편적인 현상이다. 시대와 장소를 막론하고 모든 권력은 자신의 정당성을 위해 언어를 동원해왔던 것이다(R. Draï, 1981).

하지만 정당성의 정치에 이용되고 있는 것이 비단 언어뿐일까? 예술의 경우는? 예술 또한 언어만큼, 아니 언어보다 훨씬 더 강력한 방식으로 정당성의 심리를 창출하는 정치적 도구임을 역사는 증명해주고 있다. 다큐멘터리 「예술과 인간: 권력의 도구」는 예술과 정치권력의 관계가 얼마나 오랜 인류사적 기원을 갖는가를 여실히 보여주고 있다. 고대 동서양의 권력자들은 자신의 위대함과 용맹스러움을 피치자들이 받아들이도록 다양한 예술적 기법들을 동원해왔다. 다큐멘터리는 그림과 조각이 고대의 통치자들이 가장 빈번하게 활용한 도구였음을 알려주고 있다. 여기서 우리는 정치권력은 예술을 통해 그 얼굴을 드러내지만 언제나 있는 그대로의 모습을 보여주는 것이 아니라는 점에 주목해야 한다. 예술을 통해 표현된 정치권력의 얼굴은 늘 '과시적'이다. 하버마스는 이를 "과시적 공공성"으로 명명하고 있다(하버마스, 2004, pp. 66~75). 권력의 주체는 예컨대 위대함 · 고귀함 · 화려함 · 찬란함 · 경이로움 · 용맹함 · 자애로움 · 부드러움 · 관용 등과 같이 피치자들의 매력을 끌어낼 수 있는 감각적 이미지들로 자신을 구성해내고자 한다. 예술은 이러한 권력의 이미지화에 매우 적합한 능력을 발휘한다. 예술은 일상의 평범한 경험들과는 다른 매우 이례적인 감각적 체험들을 유도하며, 마음 깊숙이 내재되어 있는 본원적인 심층심리를 자극함으로써 사람들을 강렬한 이미지와 기억의 영역으로 이끌고 가는 힘이다.

> 예술을 사회라는 행위무대에서 부차적인 것으로, 또는 그것과 무관한 것으로 또는 기껏해야 그것의 반영으로만 생각하는 일반적 가정과는 달리, 예술은 정치적 행위를 유발하는 과정의 주요하고 필수적인 부분으로 간주되어야 한다. [……] 예술작품은 대체로 사람들이 자신들의 관찰과 추리로 파악된 것이라고 가정하는, 리더십, 용맹성, 비겁함, 이타주의, 위험, 권위, 미래에 관한 판타지와 같은 관념들을 생성한다. (Edelman, 1995, pp. 2~3)

우리는 이러한 예술들이 정치권력의 도구로 활용된 무수히 많은 예들을 언급할 수 있다. 조선의 효명세자와 프랑스 군주 루이 14세는 추락한 왕권의 권위와 정당성을 다시 세우기 위해 춤을 이용한 전통적 권력의 주요한 사례들(김말복, 2006; 나일화, 2004)[1]이며, 독일 제3제국의 히틀러는 국민들을 특정한 정치적 · 이념적 방향으로 이끌고 가기 위해 음악—특히, 바그너의 작품들—을 적극적으로 활용한 근대적 권력의 한 사례라고 말할 수 있다(이경분, 2008). 우리나라의 경우에도, 「나의 조국」, 「새마을운동 노래」, 「향토예비군가」와 같은 국민음악을 창작해 근대화와 민족주의의 가치를 국민들에게 확산함으로써 통치 기반을 공고히 하고자 했던 박정희 정권을 예로 들 수 있다. 또한, 전통적 권력에게 회화는 권력의 존재와 위엄을 드러내주는 가장 강력하고 효과적인 예술적 무기였다. 예컨대, 유럽의 절대군주들은 실물 크기 또는 그보다 더 크게 그려진 자신의 초상화를 전시함으로써 피치자를 압도할 수 있는 정치적 이미지의 창출을 위해 노력했으며(송혜영, 2002, pp. 140~141), 동양, 특히 한국과 중국의 군주들은 자신의 모습을 그려 전시하는 직접적 방식보다는 태양 · 달 · 산과 같은 자연물 또는 용 · 봉황과 같은 동물을 소재로 한 천정화나 벽화를 왕궁에 장식하거나 그러한 대상물들을 의복이나 휘장의 문양으로 사용함으로써 왕권을 유일성과 절대성으로 표상하는 예술의 전략을 시도했다(웨슬러, 2005, pp. 101~102). 현대사회에서 이러한 권력의 전략은 캔버스보다는 영상매체에서 지배적으로 구현되고 있는 것처럼 보인다. 권력자는 사진이나 동영상 속에서 때로는 위엄을 갖춘 모습으로 때로는 자애로운 모습으로 자신을 드러내려 하며 그 과정에서 그들의 의복, 머리모양, 표정과 자

1 KBS 한국사 전(傳) 「춤을 사랑했던 왕세자, 효명」과 영화 「왕의 춤」(Le Roi dance)은 그 두 사례에 관한 흥미로운 이야기를 전해주고 있다.

세, 제스처 등은 매우 세심한 전략적 연출의 대상이 된다(Fleurdorge, 2001, 6장). 조각 또한 예외가 아니다. 조각의 경우에는 동양보다는 서양의 권력자들이 더 선호했던 것으로 보이는데, 그것은 고대 로마를 기원으로 하는 오래된 전통이자 르네상스 시기로부터 절대왕정에 이르러 보편화된 전통이었다. 이탈리아의 코시모 데 메디치, 프랑스의 루이 13, 14, 15세, 스페인의 펠리페 3, 4세, 독일의 프리드리히 빌헬름 등을 그러한 전통의 중심적 인물로 언급할 수 있다(버크, 2005, pp. 110~114). 현대에 이르러서는 군주의 신체를 재현하는 조각의 전략이 약화되거나 사라지는 대신에 권력자의 이미지와 동일시될 수 있는 역사적 인물이나 상징물이 중요하게 동원되곤 한다. 우리나라에서도 1960년대는 이순신 장군과 세종대왕을 필두로 국가적 위인들의 조각상이 학교 · 도로 · 공원 등 주요한 공적 공간에 경쟁적으로 배치되었던 시기였다. 그렇다면 건축을 통한 권력 재현의 전략은 어떠한가? 건축 또한 권력의 위엄과 화려함을 과시하는 데 너무나도 매력적인 예술 영역이 아닐 수 없다. 동서양의 권력자들이 거주하는 궁이 화려하고 웅장한 이유를 결코 우연으로 돌릴 수는 없을 것 같다. 현대의 권력자들 또한 과거의 정치적 건물을 활용하거나 새로운 건물을 짓는 방식으로 건축의 권력적 동원을 시도하고 있는데 가장 대표적인 사례를 들자면 프랑스의 미테랑 대통령이 야심차게 추진했던 '대역사'(Grands Travaux)가 있다. 루브르 박물관의 유리 피라미드와 국립 미테랑 도서관이 그러한 대사업의 상징적 결과물들이라고 할 수 있는데 그 건물들의 안과 겉에는 문화를 사랑한 교양 있는 권력자의 기억이 응축되어 있다. 우리나라에서도 국회의사당과 세종문화회관 등 정치적 권위의 시각적 표출을 위해 구상되고 건립된 건축물이 적지 않다.

지금까지 우리는 예술을 정치적으로 이용하는 역사적 사례들을 언급했다. 이러한 예술 영역들 중에서 건축은 다음과 같은 점에서 매우 독특한 정치적 성격을 드러내준다. 첫째, 건축은 다른 예술들에 비해 상대적으로 광대한 규모의 공간을 차지하는데 그러한 특성은 건축에 표상된 권력의 인격적 · 이념적 의지를 광범위한 차원에서 가시화해준다. 둘째, 건축은 그 고유한 물리적 견고성으로 말미암아 권력자의 정치적 의지가 오랜 시간 동안 기억의 영역에 머물 수 있도록 해준다. 셋째, 정치적 성격을 지닌 건축물들이 지어지면 그 건축물을 둘러싼 공간 또한 정치적 성격을 띠게 된다. 이를 테면 건축물은 주변 공간의 정치화라는 효과를 산출한다는 것이다. 이러한 차원에서 우리는 '건축-공간'이라는 개념을 사용할 수 있게 된다. 넷째, 건축-공간은 음악 · 회화 · 조각 · 무용 등 다른 예술들이 작동하는 배경무대가 될 수 있는데 이러한 성격은 건축-공간이 주목할 만한 정치적 의례의 장소로 활용되는 이유가 무엇인지를 설명해준다.

광화문공간은 이러한 정치적 성격을 띠는 건축-공간의 전형으로 보인다. 그러한 맥락에서 우리는, 조형된 이래 수백 년 동안 정치권력이 자신의 의지를 관철하기 위한 무대로 사용해온 광화문공간의 건립과 해체와 재건립의 정치사를 읽어내고자 한다. 이제 그 역사가 시작되는 14세기 후반 조선왕조 개국 시기로 거슬러 올라가보자.

제2장

조선의 정궁(正宮), 경복궁의 탄생

1. 조선의 건국과 도읍 건설의 정치

1388년 5월 22일, 우군도통사 이성계는 말머리를 평양으로 돌렸다. 요동지역의 지배권을 둘러싸고 명과의 결전을 위해 좌군도통사 조민수와 함께 압록강변의 위화도에 보름째 머물고 있던 참이었다. 위화도를 넘어가면 명나라 땅이고 그것은 곧 전쟁의 시작이었다. 하지만 그는 결국 왕명을 어겼다. 평양으로 들어가는 이성계 군대가 노리는 인물은 당대 최고의 장수이자 정치가였던 최영이었다. 이성계는 처음부터 그 전쟁을 탐탁지 않게 생각하고 있었다.

고려와 명의 군사적 대립이 발생하게 된 직접적 원인은 영토 문제였다(김영수, 1999, pp. 34~35). 원을 대신해 대륙의 새로운 강자로 등장한 명나라가 1388년 2월 철령(지금의 철원) 이북지역이 본래 원의 영토였으므로 명에 귀속시킨다는 논리를 내세우자 우왕과 최영은 명을 공격하기 위한 전초기지 확보의 차원에서 요동 점령을 위한 군사작전을 결행하고자 했다. 전쟁을 달가워하지 않던 재상들의 제안을 거부하고 우왕과 최영은 징

집령을 내려 군사를 모았다. 이성계는 '사불가론'(四不可論)을 내세워 요동정벌에 반대했다. '작은 나라가 큰 나라를 치는 것이 불가', '여름에 군사를 출병하는 것이 불가', '온 나라 군사를 동원해 징벌에 나서면 왜구가 그 틈을 노려 쳐들어올 것이므로 불가', '장마철이라 활에 먹인 아교가 풀리고 군사들이 전염병에 걸릴 우려로 불가'하다는 것이었다. 하지만 우왕과 최영의 입장은 단호했다. 출병을 가을로 연기하자는 제안도 받아들여지지 않았다. 결국 1388년 4월 18일, 5만 여의 요동정벌군이 평양을 출발했다. 5월 7일 위화도에 도착한 이성계와 조민수는 평양을 향해 또다시 전쟁불가론을 전달하고 회군을 요청했지만 왕명은 바뀌지 않았다. 두 장수는 마침내 회군을 결행했다. 회군 소식을 들은 우왕과 최영은 평양을 떠나 황급히 개경으로 향했다. 최영은 6월 1일 개경에 도달한 이성계의 병사들에 의해 체포되어 고봉현(지금의 고양)으로, 그리고 회군파를 반란군으로 지목하고 그를 제거하고자 했던 우왕마저 강화도를 거쳐 강릉에 유배되었다.

군사반란의 승리로 고려 말 국가권력의 추가 급격히 이성계와 조민수에게로 이동했다. 하지만 적이 사라지고 나면 우군끼리 다투는 법, 두 사람은 왕위 계승을 둘러싸고 대립했다. 세자가 아니라 왕족의 다른 인물을 세우자고 한 이성계에 맞서, 조민수는 이색과 손을 잡고 세자의 왕위 계승을 주장했다. 결국 세자가 창왕으로 왕위에 올랐다. 하지만 곧 이성계 세력에 의해 폐위되었다. 그 과정에서 창왕의 즉위를 주장한 조민수 또한 유배되었다. 정치권력은 이성계에게로 빨려 들어갔다. 1389년, 이성계는 정국을 자신의 의도대로 이끌어가기 위해 정치적 꼭두각시로 공양왕(恭讓王)을 앉혔다. 하지만 유약한 성격의 소유자였던 공양왕의 왕위는 그리 오래가지 않았다. 그의 폐위는 곧 고려의 멸망이자 조선의 건국이었다. 공양왕은 서글픈 정치적 운명의 주인공이었다.

1392년 7월 12일 공양왕이 정치적 문제를 논하기 위해 이성계를 찾아 왔다. 그 시각, 왕궁에서는 공양왕의 폐위가 논의되고 있었다. 이성계 정파의 한 인물이었던 배극렴이 왕대비(공민왕의 정비 안씨)에게 공양왕의 건강이 좋지 않고 민심도 그로부터 떠나갔다는 이유로 폐위를 주장했다. 왕대비는 공양왕 폐위의 교지를 내렸다. 공양왕은 "내가 본디 임금이 되고 싶지 않았는데 여러 신하들이 나를 강제로 왕으로 세웠다. 내 성품이 똑똑치 못하고 일의 중심을 알지 못하니 어찌 신하의 심정을 거스른 일이 없었겠는가?"라고 말하며 눈물을 흘렸다. 왕은 원주로 떠나고 다음날 왕대비는 이성계를 감록국사(監錄國事)로 임명했다(태조실록 1년 7월 17일 병신). 이제 이성계는 왕이나 다름없는 정치적 실권을 장악했다. 공식적으로 왕위에 앉는 절차만이 남았다. 7월 16일 배극렴과 조준 등이 여러 신하들과 함께 이성계의 집을 찾아와 국새를 바치고 왕이 될 것을 주문했다. 몇 번의 고사 끝에 이성계는 국새를 받았다. 다음날인 7월 17일, 이성계는 수창궁에서 정식으로 왕위에 올랐다.

918년에 건국해 근 5백 년을 지속한 고려왕조가 종말을 고하는 순간이 도래했다. 이성계는 새로운 왕조의 명칭으로 조선(朝鮮)과 화령(和寧, 이성계의 출생지로 지금의 함경남도 영흥)을 생각하고 사신을 보내 명나라 황제에게 그 중에서 하나를 택해줄 것을 요청했다.

> 삼가 간절히 생각하옵건대, 이 작은 나라는 왕씨의 후손인 요(瑤)가 혼미하여 도리에 어긋나서 스스로 멸망하는 데 이르게 되니, 온 나라 신민들이 신을 추대하여 임시로 국사를 보게 하였으므로 놀라고 두려워 몸 둘 곳이 없었습니다. 요사이 황제께서 신에게 권지국사(權知國事)를 허가하시고 이내 국호를 묻게 되시니, 신은 나라 사람과 함께 감격하여 기쁨이 더욱 간절합니다. 신이 가만히 생각하옵건대, 나라를 차지하고 국호를 세우는 것은 진실로 소신이 감히 마음대로

할 수가 없는 일입니다. 조선과 화령 등의 칭호를 하늘에 아뢰오니, 삼가 황제께서 재가해 주시길 바라옵니다. (태조실록 1년 11월 29일 병오)

명나라가 의견을 보내왔다. "동이(東夷)의 국호에는 조선의 칭호가 아름답고, 또 전래한 지가 오래 되었으니, 그 명칭을 근본으로 본받을 것이며, 하늘을 본받아 백성을 다스려서 후사(後嗣)를 영구히 번성하게 하라." 태조는 기뻐하며 사신으로 다녀온 신하에게 토지를 내렸다. 왕은 조선이란 국호를 선포하고 사면령을 내렸다.

지금부터 고려란 나라 이름은 없애고 조선의 국호를 쓰게 할 것이다. 처음으로 교화를 시행하는 시기에 마땅히 관대한 은전을 보여야 될 것이니, 홍무(洪武) 26년(1393) 2월 15일 이른 새벽 이전에 저지른 두 개 이하의 죄는 이미 발각된 것이든, 발각되지 않은 것이든, 이미 결정된 것이든, 그렇지 않은 것이든 모두 용서하고 없애버리되, 사면 이전의 일로 서로 고발하여 말하는 사람은 그 죄로써 죄주게 할 것이다. 아아! 제왕의 기업(基業)을 세워 자손에게 전하매, 이미 국호를 고치게 되었으며 정사를 세상에 널리 알리고 어진 정치를 시행하는 데에 마땅히 백성을 염려하는 정치를 펴야 될 것이다. (태조실록 2년 2월 15일 경인)

태조가 도평의사사(都評議使司)에게 한양(漢陽)으로의 천도를 명령한 때는 1392년 8월 13일이었다(태조실록 1년 8월 13일 임술). 그러니까 국호가 정해지기 한참 전이었다는 말인데 그것은 곧, 도읍을 옮기는 일에 대한 태조의 관심이 얼마나 컸던가를 잘 보여주는 대목이다. 태조가 서둘러서 천도 의지를 표출한 데에는 실질적 · 상징적 차원에서 중요한 정치적 이유들이 있었던 것으로 보인다. 먼저, 천도는 정치적 새로움의 표상이었다. 말하자면 천도를 통해 고려라는 구 왕조와 조선왕조의 정치적 차이와 단절을 가시화하고자 했던 것이다. 1404년 9월, 태상왕(太上王)의 자격으로 이성계가 발언한 한양 재천도론은 도읍의 정치적 상징성에 대한 그의 관점을 엿볼 수 있게 한다. "처음으로 내가 한양에 천도하였으니, 천사(遷徙)하는 번거로움을 어찌 모르겠는가마는, 송도는 왕씨의 구도이니, 그대로 거주할 수는 없다. 지금 왕이 다시 이곳에 도읍하는 것은 시조의 뜻에 움직여 따르는 것이 아니다"(태종실록 4년 9월 1일 기해). 둘째, 가장 오래된 고려의 도읍인 개성은 고려를 지배한 권문세족들의 정치경제적 터전이었으며 그렇기 때문에 조선이 건국되었다 하더라도 구 권력층의 인적 · 물질적 토대가 완전히 뿌리 뽑혔다고는 볼 수 없다. 따라서 천도는 새로운 왕조에 위협을 가할 수 있는 기반들을 흔드는 의미 있는 정치적 전략이 될 수 있었다. 셋째, 태조에게서 개성은 기억하고 싶지 않은 비극적 사건들이 일어난 장소였음을 환기할 필요가 있다. 군사정변으로 자신을 총애하던 장수 최영이 살해되었고, 우왕과 창왕의 제거를 위한 정치적 음모가 똬리를 틀고 있었으며, 정몽주라는 정치적 동지가 무참하게 피살된 곳이다. 그곳에서 새로운 왕조를 여는 일은 그야말로 모순 그 자체라는 생각이 들 법하다. 넷째, 태조는 '송도지기쇠왕'(松都地氣衰旺)설을 신경 쓰지 않을 수 없었을 것으로 판단된다. 개성의 기운이 쇠한다는 이야기는 고려 전반기부터 퍼지기 시작해 고려 후기에 들어서 한층 더 민심에 파급되기 시작해 공민왕 이후 천도설의 근거로 이용되기도 했다(장지연, 1999, p. 6; 김연호, 2008). 우왕은 왜구의 노략질로 인한 천도의 필요성을 언급하면서 송도지기쇠왕설을 떠올린 적이 있었다. "앞서 우왕이 좌사(左使) 홍중선과 정당문학(政堂文學) 권중화 등을 불러 이렇게 지시했다. '개경은 바다와 인접해 있어 불의의 변란이 있을까 우려된다. 또한 지기(地氣)는 성쇠가 있는 법인데 도읍을 정한 지 오랜 세월이 흘렀으니 좋은 곳을 택해 도읍을 옮겨야 마땅하니 도선(道詵)의 글을 상고해 적합한 지역이 어디인지

보고하라'"(고려사 권 133 우왕 4년 11월). 풍수도참사상에 대해 태조는 절대적 신뢰를 부여하지는 않았지만 그렇다고 해서 전적으로 미신이라고 생각하지도 않았다. 일례로, 태종과의 대화 중에 태조는 다음과 같이 말한 적이 있었다. "음양의 설이 비록 믿을 것은 못되나, '왕씨 5백 년 뒤에 이씨가 나라를 얻어서 한경(漢京)에 도읍한다' 하였는데, 우리 집이 과연 그 설에 응하였으니, 어찌 허황한 말이냐? 또 우리 집이 미리부터 나라를 얻을 마음이 있었느냐? 왕이 한경으로 환도하고자 하는 것이 실상은 왕의 마음이 아니라, 하늘이 시켜서 그러한 것이다"(태조실록 5년 8월 11일 갑술).

태조의 천도 의지는 그러한 정치적 계산에 근거한 것으로 보인다. 하지만 정치가는 자신의 정치적 욕구를 있는 그대로 드러내서는 안 된다. 언제나 수긍할 만한 보편성의 외양을 갖추어야 한다는 것이다. 태조는 정치사에 입각해 정당성의 논리를 세웠다. "예로부터 왕조가 바뀌고 천명을 받은 군주는 반드시 도읍을 옮기게 마련인데, 지금 내가 계룡산을 급히 보고자 하는 것은 내 자신 때에 친히 새 도읍을 정하고자 하기 때문이다." 태조는 천도를 위한 계룡산 답사를 중지시키려 하는 신하들의 계획에 반대해 그와 같이 말하면서, 이야기를 이어갔다. "후사될 적자가 비록 선대의 뜻을 계승하여 도읍을 옮기려고 하더라도, 대신이 옳지 않다고 저지시킨다면, 후사될 적자가 어찌 이 일을 하겠는가?"(태조실록 2년 1월 1일 병자). 왕과 신하들 간에 천도를 둘러싸고 대립과 긴장관계가 조성되고 있음을 느끼게 하는 대목이다. 태조는 신하들에 의해 왕권이 꺾일 수 있음을 우려하고 있다.

그런데 앞서 언급한 바에 따르면 태조는 한양으로의 천도를 고려하지 않았는가? 그렇다면 어째서 계룡산이 새로운 도읍의 후보지가 되었을까? 천도에 관한 왕의 의지가 재상들의 정치적 저항에 의해 관철되지 못했기 때문이다. 시간을 조금 거슬러 올라가보면, 태조는 1392년 8월 15일, 삼사우복야(三司右僕射) 이염을 한양에 보내 궁실을 수리하게 했다(태조실록 1년 8월 15일 갑자). 그때까지만 해도 한양으로의 천도로 결정된 듯싶었다. 그런데 배극렴과 조준 등이 온천에 머물고 있던 태조에게 일이 제대로 진척되지 못하고 있음을 보고하면서 천도를 뒤로 미룰 것을 제안했다.[2] 태조는 이들의 의견을 받아들여 한양으로의 천도 계획을 일단 거두어들였다(태조실록 1년 9월 3일 신사). 그 사이, 왕명으로 왕실안태(王室安胎)의 터를 찾아 떠났던 권중화가 이듬해 1월, 전라도에서 명당을 찾았다고 하고 계룡산 주변의 지도를 태조에게 바침으로써 천도 문제가 새로운 국면으로 접어들었다(태조실록 2년 1월 2일 무신). 태조는 의견을 받아들여 계룡산 답사를 결정하고 1월 18일을 예정일로 잡았다(태조실록 2년 1월 7일 계축).

계룡산으로의 출발은 계획보다 하루 늦게 이루어졌다. 계룡산으로 향한 지 십여 일이 지난 2월 1일, 태조가 떠날 준비를 하는데 지중추원사(知中樞院事) 정요가 답사를 중지시키기 위해 나섰다. 왕비가 아프고, 좀도둑이 출현했다는 등의 이유를 들었다. 앞서 언급한 태조의 발언은 이 상황에서 나온 것이었다. 태조는 정요의 간섭을 재상들이 천도에 반대하고 있기 때문으로 해석하고 그에 대한 본질적 이유를 지적했다. "도읍을 옮기는 일은 세가대족들이 함께 싫어하는 바이므로, 구실로 삼아 이를 중지시키려는 것이다. 재상은 송경에 오랫동안 살아서 다른 곳으로 옮기기를 즐겨하지 않으니, 도읍을 옮기는 일이 어찌 그들의 본뜻이겠는가?"(태조실록 2년 2월 1일 병자). 정요를 처벌한 뒤에 떠나자고 할 만큼 태조는 몹시 화가 나 있었다. 대동한 신하들의 요청에 의해 가까스로 상황이 정리된 후에야 답사 일정이 재개될 수 있었다.

---

2 한양 천도에 대한 신료들의 의지가 태조와 같았다면 새로운 도읍 건설 과정이 그렇게 지지부진하지는 않았을지도 모른다.

1393년 2월 9일부터 13일까지 약 5일간 계룡산 답사가 이루어졌다. 천도에 대한 태조의 높은 관심은 계룡산 답사 과정에서도 잘 드러난다. 태조는 몸소 후보지의 지형을 관찰한 후, 대동한 신하들에게 새로운 도읍지를 운송 · 교통 · 군사의 차원에서 면밀히 검토할 것을 명령했다(태조실록 2년 2월 9일 갑신). 다음날인 2월 10일 권중화가 새 도읍의 종묘 · 사직 · 궁궐 · 시장을 정할 지세에 관한 그림을 바치자 태조는 풍수지리학자들에게 도읍지의 형세를 살피도록 했다(태조실록 2년 2월 10일 을유). 이튿날 태조는 풍수지리상의 지형을 좀 더 자세히 살피기 위해 높은 언덕에 올라, 답사에 함께했던 무학대사 자초에게 의견을 물었다. 하지만 그는 "확실히 알 수 없다"며 모호하게 대답했다(태조실록 2년 2월 11일 병술). 무학대사는 태조의 절대적 신망 아래에서 정치적 자문을 해오던 국사(國師)였다. 그런 그가 계룡산에 대해 암묵적으로 부정적인 평가를 내렸음에도 태조는 그의 의견을 진지하게 고려하지 않고 계룡산 천도를 결정지어버렸다.

태조는 2월 13일 계룡산을 떠나면서 몇몇 신하를 남겨두고 새 도읍의 건설을 감독하라는 명령을 하달했다(태조실록 2년 2월 13일 무자). 이렇듯 태조는 재상들의 전면적 반대와 측근의 불명확한 태도에도 불구하고 천도를 하루빨리 마무리 짓고자 했다. 그런데 왕의 주도로 진행되던 계룡산 도읍 건설공사는 3월 초순부터 8월말까지 잠시 중단되었던 것으로 보인다. "신도를 건설하던 백성들을 놓아 보내다"라는 기록(태조실록 2년 3월 8일 계축)과 "신도를 건설하던 공장(工匠)을 놓아 보내다"(태조실록 2년 4월 1일 을해)라는 기록이 그 사실을 추측케 한다. 아마도 농번기 때문이었을 것이다. 공사는 9월에 다시 재개되었다. 도평의사사의 명령으로 경상도와 전라도 지역 일꾼들의 계룡산 파견이 이루어졌고(태조실록 2년 9월 4일 병오), 승려들을 인력으로 소집하는 움직임이 있었다(태조실록 2년 11월 19일 경신). 또한 새 도읍 건설 감독관직을 수행하다가 돌아간 신하 중의 한 사람이었던 김주가 건설현장으로 다시 파견되었다(태조실록 2년 11월 29일 경오).

그런데 12월에 들어서면서 그때까지 진행되던 공사가 중단되었다. 천도를 둘러싸고 왕과 신하의 대립이 다시 시작되었다. 이번에는 하륜이 새로운 도읍지를 문제 삼고 나섰다. 그는 풍수지리에 입각해 다음과 같은 논리를 폈다. "도읍은 마땅히 나라의 중앙에 있어야 될 것이온데, 계룡산은 지대가 남쪽에 치우쳐서 동면 · 서면 · 북면과는 서로 멀리 떨어져 있습니다. 또 신이 일찍이 신의 아버지를 장사하면서 풍수관계의 여러 서적을 대강 열람했사온데, 지금 듣건대 계룡산 땅의 경우, 산은 건방(乾方)에서 오고 물은 손방(巽方)에서 흘러간다 하오니 이것은 송나라 호순신(胡舜臣)이 말한, '물이 장생(長生)을 파(破)하여 쇠패(衰敗)가 곧 닥치는 땅'이므로, 도읍을 건설하는 데는 적당하지 못합니다." 태조는 하륜의 의견을 받아들이고, 권중화 · 정도전 · 남재 등이 하륜과 함께 고려 왕조 여러 산들의 길흉을 다시 조사하도록 명령했다. 조사를 근거로 왕은 계룡산 도읍 건설공사의 취소를 결정하고 새로운 도읍 후보지를 정하는 작업을 그들에게 맡겼다(태조실록 2년 12월 11일 임오). 이번에도 왕이 신하의 의지를 꺾지 못했다. 그들은 약 두 달 만인 1394년 2월 16일에 풍수지리에 관한 옛 문서들을 종합적으로 살펴 정리한 저술인 『비록촬요』(秘錄撮要)를 바치고 하륜이 태조 앞에서 그 책의 내용을 강의했다(태조실록 3년 2월 16일 병술).

자신의 연구를 바탕으로 하륜은 무악(毋岳)을 새로운 천도지로 제안했다. 하지만 무악을 둘러싸고 신하들이 의견일치를 보지 못했기 때문에 상황은 점점 더 복잡해져갔다. 태조는 '음양산정도감'(陰陽刪定都監)을 설치해 권중화 · 정도전 · 남은 · 하륜 · 이직 · 정총 · 성석린 등에게 지리도참에 관한 연구를 통해 새로운 도읍지를 파악하도록 하는 한편(태조실록 3년 7월 12일 기유), 8월 초에 군신들을 거느리고 무악을 직접 방문했다. 천도 문제를 빨리 종결짓고 싶었던 것이다. 8월 11일 무악에 도착해 답사를 실시했다. 그럼에도 불구하고 무악에 대한 논쟁은 매듭지어지지 않았다. 풍수에 관한 고려왕조의 비록(秘錄)과 중국의 풍수지리사상에 부합한다는 논리를 들어 무악을 새 도읍지로 정하자는 하륜을 제외하고는, 참여한 모든 신하들이 반대했기 때문이다. 한마디로 무악의 터가 도읍으로서는 너무 좁다는 것이었다(김현욱, 2007, p. 35). 태조는 매우 언짢은 태도를 보이며 개경으로 귀환했다. 하지만 곧장 개경으로 돌아가지 않고 8월 13일, 고려 남경(한양)의 옛 궁궐터를 돌아봤다. 그것은 최초의 천도 후보지를 재검토하는 일이었다. 한양에 도착한 태조는 신하들의 의견을 물었다. 먼저 윤신달은 개경 다음으로 훌륭한 입지 조건이지만 물이 마른 것이 흠이라고 답했다. 태조는 신하의 긍정적인 답변에 만족스러워하면서 개경이라고 해도 부족한 게 없을 수 없다고 말했다. 이는 처음부터 태조가 한양을 새로운 도읍의 최적지로 생각하고 있었음을 말해주는 대목이다. 무학대사의 의견 또한 긍정적이었다. "여기는 사면이 높고 수려하며 중앙이 평평하니, 성을 쌓아 도읍을 정할 만합니다." 하지만 그는 여러 의견을 듣고 결정해야 한다는 단서를 달았다. 이에 태조는 여러 신하들의 의견을 듣고자 했는데 산세는 좋으나 풍수지리상으로는 좋지 않다는 의견을 낸 하륜을 제외하고 모두가 "꼭 도읍을 옮기려면 이곳이 좋습니다"라고 말했다. 하륜은 결국 무악에 대한 자신의 선호를 굽히지 않았으며[3] 다른 신하들 또한 "꼭 도읍을 옮기려면"이라는 단서를 달아 왕의 천도 의지에 전적으로 동의하지 않는다는 사실을 암묵적으로 드러냈다. 어쨌든 이렇게 상황이 매듭지어지는 듯했다. 하지만 당장 한양을 최종 천도지로 결정할

3 하륜은 정종 대에 한양으로의 환도 논의가 있었을 때에도 무악으로의 환도를 주장했다(정종실록 2년 12월 22일 임자).

수는 없었다. 양원식과 민중리가 각각 경기도의 광실원과 도라산터를 새로운 천도지로 제안했기 때문이다. 태조는 8월 16일과 18일에 두 곳을 답사했다. 하지만 광실원은 배가 다니기 어렵다는 이유로, 그리고 도라산터는 너무 습하다는 이유로 받아들여지지 않았다.

개경에 돌아온 태조는 1394년 8월 24일, 한양을 도읍으로 정하는 것이 좋다는 도평의사사의 의견을 공식적으로 승인했다. 도평의사사에서 의견을 올렸다.

> 좌정승 조준, 우정승 김사형 등은 생각하건대, 옛날부터 임금이 천명을 받고 일어나면 도읍을 정하여 백성을 안주시키지 않음이 없었습니다. [……] 우리나라는 단군 이래로 혹은 합하고 혹은 나누어져서 각각 도읍을 정했으나, 전조 왕씨가 통일한 이후 송악에 도읍을 정하고, 자손이 서로 계승해온 지 거의 5백 년에 천운이 끝이 나서 자연히 망하게 되었습니다. 삼가 생각하옵건대, 전하께서는 큰 덕과 신성한 공으로 천명을 받아 한 나라를 차지하시고 이미 또 제도를 고쳐서 만대의 국통을 세웠으니, 마땅히 도읍을 정하여 만세의 기초를 잡아야 할 것입니다. 한양을 보건대, 안팎 산수의 형세가 훌륭한 것은 옛날부터 이름난 것이요, 사방으로 통하는 도로의 거리가 고르며 배와 수레도 통할 수 있으니, 여기에 영구히 도읍을 정하는 것이 하늘과 백성의 뜻에 맞을까 합니다. (태조실록 3년 8월 24일 신묘)

결국 태조의 의지가 관철되어 한양이 조선의 도읍으로 정해졌다. 한양은 고려왕조 때부터 정치적인 뿌리를 가진 공간이었다. 고려 숙종 이래 한양은 개경·평양과 함께 고려의 정치적 중심인 3경(三京) 중의 하나였다. 한양이 3경의 하나에 포함되게 된 이유는 김위제가 숙종에게 올린 상소 때문이었다. 그는 개경을 중경(中京)으로, 평양을 서경(西京)으로, 한양을 남경으로 정해 1년을 3기로 국왕이 돌아가며 거주하면 왕업이 번창하고 국력이 상승할 것이라고 주장했다(장지연, 1999, p. 5; 김연호, 2008 참조). 이후 한양은 개경에 버금갈 만큼 번화한 도시로 성장했다. 이 한양은 공민왕 집권기 때인 1356년 6월, 친원 세력들을 척결하기 위한 정치개혁의 일환으로 새로운 천도지로 결정되면서 약 3년 간 도시 건설공사가 이루어진 지역이기도 했다. 공민왕 대에는 한양으로의 천도가 이루어지지 못했지만 우왕과 공양왕 대에 두 번에 걸쳐 천도가 실현되기도 했다. 우왕은 1382년 8월에, 이인임으로 대표되는 친원 세력의 힘을 약화시키기 위한 조치로서 최영의 적극적인 지지 아래 한양으로의 천도를 실현했으며, 공양왕은 1390년 2월에, 역시 정치적인 이유로 한양 천도를 추진했다. 자신을 위협할 수준으로 정치력을 키워가고 있던 이성계 세력들을 견제하기 위한 조치였다(장지연, 1999, p. 8~11).

2. 신왕조의 도읍, 한양의 건립

새로운 도읍지 터가 결정되었으니 본격적으로 도성 건설 준비에 착수해야 했다. 정치인류학적으로 보편적인 사실 하나. 도성의 건설은 기능성과 함께 상징성을 내포하는 작업이다. 도성은 군사 · 정치 · 경제 · 생활과 같은 사회적 기능들과 더불어, 국가적 원리와 질서의 표상이라는 상징적 의미들을 간직하고 있는 공간이라는 뜻이다. 동아시아 왕조국가에서 도(都)는 역대 선왕의 신주(神主)를 모신 곳이며 성(城)은 성곽으로 둘러쳐진 도시의 물리적 경계를 가리킨다. 여기에 통치를 위한 정치적 장소인 궁궐을 포함해 도성으로 부른다(이현군, 2005, p. 30). 이런 면에서 도성은 기능성 · 통치성 · 종교성이 밀접하게 결합되어 있는 복합공간이다. 도평의사사가 왕에게 올린 새로운 도읍지 건설의 기획에는 그러한 도성 관념이 그대로 나타나 있다.

> 종묘는 조종(祖宗)을 봉안하여 효성과 공경을 높이는 것이요, 궁궐은 국가의 존엄성을 보이고 정령(政令)을 내는 것이며, 성곽은 안팎을 엄하게 하고 나라를 굳게 지키려는 것으로, 이 세 가지는 모두 나라를 가진 사람들이 제일 먼저 해야 하는 것입니다. 삼가 바라옵건대, 전하께서는 천명을 받아 국통을 열고 여론을 따라 한양으로 서울을 정하였으니, 만세에 한없는 왕업의 기초는 실로 여기에서부터 시작되는 것입니다. (태조실록 3년 11월 3일 기해)

1394년 9월 9일부터 도성 건립을 위한 일련의 작업들이 본격적으로 추진되었다. 권중화 · 정도전 · 김주 · 남은 · 이직 등 한양에 파견된 신료들이 도성의 주요 공간들인 종묘, 사직, 왕궁, 시장, 도로의 터에 관한 설계도를 완성해 올렸다(태조실록 3년 9월 9일 병오). 개경 수창궁에 머물던 왕실이 공사 착수에 앞서 한양으로 옮겨갔다. 1394년 10월 28일 한양에 도착한 왕실은 고려 때 지어진 한양부(漢陽府) 객사를 임시궁궐로 삼고 정무를 시작했다. 태조의 큰 관심 아래 종묘, 사직단, 궁궐의 건립 공사가 궤도에 올랐다. 태조는 종묘와 사직단의 터 닦는 일로부터 재목을 구하는 일까지 직접 참관하면서 공사를 독려했다. 태조 3년 12월 4일에 승려들의 노동력 동원으로 종묘 건립공사가, 그 다음해 1월 29일에 사직단 건립공사가 시작되었다. 사직단은 같은 해 4월에 준공되었지만, 종묘는 공사가 늦어져 9월 말경에 완공되었다(김동욱, 1999, p. 71).

도읍 건설공사의 백미는 역시 군주가 머물게 될 궁궐 공사였다. 1394년 12월 3일, 황천후토신(皇天后土神)과 산천신(山川神)에게 종묘와 왕실의 안녕을 기원하는 제사를 지내는 것으로 새로운 왕궁 건립공사가 시작되

도성도(광여도) (출처: 서울대학교 규장각)

었다. 태조는 하늘을 향해 고유문(告由文)을 올렸다.

조선 국왕 신 이단(李旦)은 문하 좌정승 조준과 우정승 김사형 및 판삼사사 정도전 등을 거느리고서 한마음으로 재계와 목욕을 하고, 감히 밝게 황천후토에 고하나이다. 엎드려 아뢰건대, 하늘이 덮어주고 땅이 실어주어 만물이 생성하고, 옛것을 개혁하고 새것을 이루어서 사방의 도회(都會)를 만드는 것입니다. 그윽이 생각하니, 신 단은 외람되게도 어리석고 못난 자질로서 하늘의 은밀한 도움을 받는 기쁨을 얻어, 고려가 장차 망하는 때를 당하여 조선 유신(維新)의 명을 받은 것입니다. 돌아보건대, 너무나 무거운 임무를 짊어지게 되어 항상 두려운 마음을 품고 편히 지내지 못하고, 영원히 아름다운 마무리를 도모하려고 하였으나 그 요령을 얻지 못했더니, 일관(日官)이 고하기를, '송도의 터는 지기가 오래 되어 쇠해가고, 화산(華山)의 남쪽은 지세가 좋고 모든 술법에 맞으니, 이곳에 나가서 새 도읍을 정하라' 하므로, 신 단이 여러 신하들에게 묻고 종묘에 고유하여 10월 25일에 한양으로 천도한 것인데, 유사(有司)가 또 고하기를, '종묘는 선왕의 신령을 봉안하는 곳이요, 궁궐은 신민의 정사를 듣는 곳이니, 모두 안 지을 수 없는 것이라' 하므로, 유사에게 분부하여 이달 초 4일에 기공하게 하였습니다. 크나큰 역사를 일으키매, 이 백성의 괴로움이 많을 것이 염려되니, 우러러 아뢰옵건대, 황천께서는 신의 마음을 굽어 보살피사, 비 오고 개는 날을 때맞추어 주시고 공사가 잘되게 하여, 큰 도읍을 만들고 편안히 살게 해서, 위로 천명을 무궁하게 도우시고 아래로는 민생을 길이 보호해주시면, 신 단은 황천을 정성껏 받들어서 제사를 더욱 경건히 올릴 것이며, 때와 기회를 경계하여 정사를 게을리 하지 않고, 신하와 백성과 더불어 태평을 누리겠나이다. (태조실록 3년 12월 3일 무진)

1394년 9월 1일에 조직된 '신도궁궐조성도감'(新都宮闕造成都監)의 지휘 아래 다음날부터 왕궁 건립공사가 시작되어 인력 동원령이 내려졌다.

초기에는 주로 승려가 동원 대상이었으며 공사가 막바지로 접어드는 8월경에는 경기도와 충청도의 인력 1만 5천 명이 동원된 것으로 실록은 기록하고 있다(태조실록 3년 12월 4일 기사). 1395년 9월 29일에 드디어 조선의 정궁, 경복궁이 준공되었다.

『태조실록』은 완성된 경복궁의 공간 배치와 주요 건물들의 규모 등을 자세히 언급하고 있다. 총 390여 칸에 이르는 궁의 전체적인 구조와 배치를 요약하자면, 크게 내전(內殿) 영역과 정전(正殿) 영역으로 나뉘어 있다. 내전은 연침(燕寢)과 부속 침소인 동소침(東小寢)·서소침(西小寢)으로 구성된 침전 그리고 왕이 정사를 보는 편전(便殿)인 보평청(報平廳)으로 구성되어 있다. 보평청의 남쪽에 왕이 신하들로부터 조하를 받는, 상하층의 월대(月臺)로 둘러싸인 정전이 있다. 정전의 남쪽에는 전문(殿門)이 자리하고 있고 전문의 남쪽에는 궁의 제일 바깥문인 오문(午門)이 있다(태조실록 4년 9월 29일 경신; 김동욱, 1998).

이러한 모습을 갖춘 궁궐 앞에서 태조는 경복궁이 조선왕조의 정궁임을 알리는, 교서 반포 의식을 치렀다. 1395년 10월 5일, 종묘에서 제례를 올리고 새 궁궐의 오문 앞에 선 태조는 교서를 낭독하기 시작했다.

> 왕은 이르노라. 내가 외로운 몸으로 선대의 쌓은 덕을 입고 신민들이 추대하는 힘을 입어서 크나큰 터전을 마련하여 문득 동쪽의 나라를 차지하고 새 도읍을 한양에 들이게 되어 태세 을해 9월에 종묘가 낙성되고 황고조고 목왕(穆王)과 황고조비 효비(孝妃)며, 황증조고 익왕(翼王)과 황증조비 정비(貞妃)며, 황조고 도왕(度王)과 황조비 경비(敬妃)며, 황고 환왕(桓王)과 황비 의비(懿妃)의 4대 신주를 봉안하고, 10월 을미일에 삼가 몸소 재계하고 친히 희생(犧牲)과 규폐(珪幣)를 올리나니 증제(蒸祭)를 엄하게 할 것이며 의식에 어긋남이 없도록 하라. 생각하건대 종묘의 위패는 나라의 대본이니, 종묘는 빛남이 있어야 하고, 증제와 상제는

나라의 대사이니 공명해야 한다. 이는 모두 선대부터 왕이 될 징조를 갖게 되어 나에게 이르러서 한 집이 나라로 변하니, 이번 성전을 보고서 내가 심히 스스로 경사로 여겼노라. 마땅히 관대한 은전을 베풀어 새로운 법령을 펴고자 하니, 홍무 28년 10월 초 5일 새벽 이전에 지은 죄로 상사(常赦)로서 용서할 수 없는 것을 제외한 이죄(二罪) 이하는 이미 발각된 것이나 안 된 것이나, 이미 판결된 것이거나 안 된 것이거나, 모두 용서하여 석방하라. (태조실록 4년 10월 5일 을미)

이어서 태조는 통치를 위한 근본 덕목들을 세세하게 언급해나갔다. 요약하면 다음과 같다. 첫째, 사대부와 백성들 모두가 예의를 지켜나갈 것이다. 둘째, 나라의 근본인 백성을 긍휼히 여길 것이다. 셋째, 백성들의 조세 부담을 경감해줄 것이다. 넷째, 백성들의 군역 부담을 덜어줄 것이다. 다섯째, 백성들을 위한 법령들을 원활히 시행할 것이다. 여섯째, 농상(農桑)과 학교는 나라의 근본이니 내실을 기할 것이다(태조실록 4년 10월 5일 을미).

왕궁이 완성되면서 도읍명이 한성부(漢城府)로 개칭되고 한성부의 행정구역이 5부(部)(동부 · 남부 · 서부 · 북부 · 중부) 52방(坊)으로 정비되었다(태조실록 5년 4월 19일 병오). 그리고 앞서 1396년 1월 초부터는 인력 118,070명을 징발해 도성의 성곽과 성문 축조공사를 진행했다(태조실록 5년 1월 9일 무진). 아울러 궁궐 내부의 보완 공사 또한 진행해 1397년 4월 20일을 기해 마무리 지었고[4] 다음해부터는 궁성을 쌓는 일이 이루어졌다. 그때까지 궁궐을 둘러싼 성벽은 지어지지 않았음을 의미한다. 공사는 1398년 1월에 시작되어 6월까지 계속되었다. 사고로 죽은 사람이 54명이나 될 정도

4 실록에는 다음과 같은 기록이 있다: 임금이 도당(都堂)에 명령을 내렸다. "궁실을 지은 것이 대개 갖추었으니, 미비한 것만 후일을 기다려 하고, 공역(工役)을 일체 정파(停罷)하여 오직 군사를 양성하고 양식을 저축하는 데에 힘쓰라"(태조실록 6년 4월 20일 임인).

로 힘든 공사였지만 그 대가로 궁궐은 궁성으로 둘러싸이고 동문 · 서문 · 남문을 갖추면서 보다 온전한 외형이 되었다(김동욱, 2002, p. 180).

3. 환도 논의와 권력투쟁

한성부는 조선왕조 도읍으로서의 물리적 · 상징적 위상을 확립해[5]나가는 것처럼 보였다. 하지만 천도를 둘러싼 정치적 대립과 갈등이 또다시 불거지면서 한양의 위상은 흔들릴 수밖에 없었다(고동환 2007, p. 58). 이제 그 과정을 살펴보기로 하자.

1398년 8월, 이방원이 이끄는 군사들에 의해 정도전 · 남은 · 심효생 등의 개국공신들과 세자 방석과 방번이 살해되는 1차 왕자의 난이 발생했다. 이 일로 크게 마음이 상한 태조는 9월에 왕위를 세자에 오른 방과에게 양위했다. 그가 조선의 2대 임금 정종이다. 정종은 왕위에 오른 다음해 초부터 천도의 의지를 보이기 시작했다. 1399년 2월, 어머니 한씨의 능에 참배하러 간다는 이유를 내세워 개경으로 간 왕은 수창궁에 들러 "고려 태조의 지혜로서 여기에 도읍을 세운 것이 어찌 우연한 일이었겠는가!"(정종실록 1년 2월 15일 병진)라고 말하면서 천도의 뜻을 드러냈다. 왕이 즉위한 지 얼마 안 되어 궁궐 위에 까마귀들이 날아와 울고 까치가 머무는 등 불길한 일들이 연이어 벌어졌는데 정종이 한양을 떠나 개경으로 돌아가고자 한 직접적인 이유는 그러한 흉사에 기인한 것이겠지만, 형제지간의 살육이 벌어진 한양에 머무는 일이 고통스러웠을 법하다. 왕은 2월

---

5 도시의 경제적 기능에 필수적인 도로와 시장의 경우에는 태종 대에 들어서야 온전한 모습을 갖추게 된다(장지연, 1999, pp. 48~51).

26일 신료 및 종친들과의 회의를 통해 개경 천도를 결정했다. 그 결정에 도성 사람들이 기뻐했다는 실록의 기사에 근거한다면(정종실록 1년 2월 26일 정묘), 한양에 대한 부정적인 여론 또한 천도에 일정 정도 영향을 미쳤을 것으로 판단된다. 그렇지만 이는 엄격한 의미에서 천도로 부를 수는 없다. 왜냐하면 왕실 · 종친 · 신료 등이 개경으로 옮겨갔지만 도성의 핵심적인 기능인 종묘와 사직이 그대로 한양에 남아 있었기 때문이다. 왕은 직접 한양으로 가거나 신하를 보내 종묘와 사직의 의례를 시행했다. 한양과 개경의 일국양경(一國兩京) 체제가 지속되었던 것이다(고동환, 2007, p. 59). 정종이 신료들에게 종묘의 개경 이전을 주장했던 것은 바로 이러한 점에 연유한다(정종실록 1년 6월 27일 병인). 그런데 불길하다고 판단해 한양을 떠났지만 개경 또한 마찬가지였다. 새들이 궁궐에 자주 출몰하고 별들의 운행이 이상을 보이며 절의 불상이 땀을 흘리는 등 기이한 일들이 벌어졌을 뿐만 아니라 임금의 건강 또한 좋지 못했는데(정종실록 1년 6월 16일 갑인), 급기야는 수창궁의 화재로 많은 피해가 발생했다. 이러한 연유로 한양으로의 환도가 논의되기 시작했다. 정종은 환도를 둘러싼 문제와 관련해 풍수도참 서적의 유통을 금지시켰는데 이는 명당과 길지를 둘러싼 의견이 너무나도 분분해 환도 결정에 혼란이 야기되었기 때문이다(정종실록 2년 12월 22일 임자).

한편, 정종이 왕위를 동생 방원에게 양위하면서 한양으로의 재천도 문제가 새로운 국면으로 접어들었다. 방원의 왕위 계승은 1400년 1월에 발생한 2차 왕자의 난과 관련이 있다. 2차 왕자의 난은, 정치적 야심으로 군사를 동원해 방원을 제거하려 했지만 방원 측의 대응으로 실패한 방간이 황해도에 유배되어 병사한 사건이다. 이 사건이 정리된 뒤 태조는 방원을 세자로 삼았으며 결국 1400년 11월 방원이 태종으로 등극했다. 한양으로 환도하는 것에 대해 태종의 입장은 결코 긍정적이지 않았다. 그럼에도 불구하고 종국에는 도읍을 다시 한양으로 옮기게 되는데 여기에는 매우 복잡한 정치적 과정이 개입하고 있었다. 1400년 1월 14일, 그러니까 태종이 왕위에 오르자마자 홍길민이 한양 환도를 청하는 상소를 올렸다. 그는 다음과 같은 논리를 제시했다. 도읍에는 종묘사직이 있어야 하는데 그런 면에서 개경은 도읍으로 적절치 않으며, 한양이 방치되는 것에 대한 민심이 좋지 않고, 종묘제례를 위해 개경과 한양을 왕래하는 일이 매우 불편하며, 궁극적으로 한양을 새로운 도읍으로 정한 태조에 대한 불효다(태종실록 1년 1월 14일 갑술). 하지만 태종은 그러한 주장을 받아들이지 않았다. 오히려 왕은 7월에 들어 수창궁과 무일전의 수리와 확장공사를 하는 등 한양으로의 환도에 대해 무관심으로 일관했다. 자신의 권력욕에 의해 발생한 정치적 비극들을 떠올리고 싶지 않았을지도 모른다.

하지만, 태종 2년 7월에 이르러 환도 문제가 다시 제기되었다. 사태의 발단은 심각한 가뭄 때문이었다. 태종은 신료들에게 해결책을 찾아볼 것을 명령했는데 아마도 그 중에는 한양으로의 환도안도 포함되었을 것으로 추측된다. 환도에 대한 의견이 분분한 가운데 태종은 7월 11일 하륜·김사형·이무 등을 불러 한양으로 도읍을 옮기는 문제를 토론하도록 했다. 개경 정착, 한양으로의 환도, 무악으로의 천도 등으로 의견이 나뉘었지만 최종적으로는 개경에 머무는 게 낫다는 입장으로 정리되었다. 그러한 입장을 받아들인다면 종묘를 개경으로 옮겨와야 하는 문제가 생기게 되는데, 이에 대해 태종은 왕실은 개경에, 종묘는 한양에 두는 양경체제를 제안했지만 결론을 내리지 못했다. 태종은 종묘사직을 개경으로 옮기자는 사헌부의 제안을 받아들이지 않았다. 이렇게 지지부진하던 환도 문제가 1404년 7월 10일 태종의 지시로 결론에 이를 것처럼 보였다. 태종은 종친과 신료들을 불러 도읍 문제에 대한 심도 있는 논의를 지시했다. 그 과정에서 한 발언을 살펴보면 태종은 일관되게 개경을 도읍으로 선호하고 있었다.

> 지난번에 이곳 송경으로 이어한 것은 길이 천사한 것이 아니고, 피방(避方)한 것이었다. 그러므로 종묘와 사직이 그대로 한경에 있다. 그러나 시일을 끌면서 결정하지 못한 지가 지금까지 6년이다. 요사이 천변(天變)과 지괴(地怪)가 여러 번 경고를 나타내니, 종묘와 사직이 멀리 한경에 있어 도읍이 정해지지 못하고, 인심이 평안하지 못하여 그러한 것이 아니겠는가? 오랫동안 이곳에 살아서 사람들은 모두 살고 있는 땅에 만족하고 생업에 안정하여 천사하기를 어려워하니, 종묘사직을 이 도읍지로 이안(移安)하는 것이 어떠한가? 명일 의논하여 아뢰라.
> (태종실록 4년 7월 10일 기유)

대부분이 개경에 도읍을 정하는 것이 좋다는 의견을 피력했지만 찬성사(贊成事) 남재가 역사를 면밀히 조사한 뒤에 결정할 것을 제안하면서 쉽게 결론에 도달하지 못했다. 이때 좌정승 조준이 주나라에 양경제도가 있었음을 찾아내 조선의 도읍도 그러한 원칙을 따를 것을 제안했는데 태종은 이를 받아들여 "한경은 태조가 창건한 땅이고 종묘가 있는 곳이니, 가기도 하고 오기도 하여, 양도(兩都)를 폐지함이 없도록 하라. 이제부터는 천도 문제를 다시는 의논하지 않을 것이다"(태종실록 4년 7월 10일 기유)라는 결론을 내렸다.

그러나 태종은 두 달이 못되어 자신의 결정을 철회하고 전격적으로 한양으로의 환도를 지시했다. 1404년 9월 1일, 왕은 "한성은 우리 태상왕이 창건한 땅이고 사직과 종묘가 있으니 오래 비워두고 거주하지 않으면, 선조의 뜻을 계승하는 효도가 아닐까 한다. 명년 겨울에는 내가 마땅히 옮겨 거주할 터이니, 응당 궁실을 수즙(修葺)하게 해야 할 것"(태종실록 4년 9월 1일 기해)이라고 의정부에 명을 내렸다. 도대체 무슨 일이 있었기에 태종이 마음을 바꾸었을까? 아버지 태조가 지신사(知申事) 박석명을 불러 개경이 조선의 도읍이 될 수 없다는 확고한 의지를 왕에게 전달한 『태종실록』 4년 9월 1일의 기사가 말해주듯이 태종은 천도 문제와 관련해 태상왕의 압력을 받고 있었을 것으로 추측된다.

부왕의 뜻을 따라 한양으로 돌아가기로 결심했지만 태종은 이미 지어진 경복궁으로 들어가지 않고 새로운 궁궐을 짓길 바랐다. 한양으로 도읍을 옮길 것을 결정한 그날 이직과 신극례를 한양 이궁조성도감의 제조(提調)로 임명했을 뿐만 아니라 9월 9일에는 풍수지리 전문가 유한우·윤신달·이양달을 파견해 한양의 이궁(離宮) 터를 살펴보도록 했다(태종실록 4년 9월 9일 정미). 하지만 몇몇 신료들이 태종의 뜻에 제동을 걸었다. 1404년 9월 13일 성석린과 이무가 한양에는 이미 궁궐이 있는데 도읍을 옮긴다고 해서 이궁을 지을 필요가 없다고 주장했다. 이에 태종은 이궁조성도감을 궁궐보수도감으로 명칭 변경했다(태종실록 4년 9월 13일 신해). 그런데 그 시점에서 태종에게 유리한 국면이 조성되었다. 9월 19일, 태종의 최측근 하륜이 무악 천도설을 주장한 것이다. 그는 무악으로 도읍을 정해 그곳에 새로운 정궁을 지어야 함을 강조했다. 앞서 살펴본 바와 같이 하륜은 태조 앞에서 무악을 도읍으로 정해야 한다는 고집을 꺾지 않았던 인물이었다. 하륜의 뜻이 실현된다면 한양으로 도읍을 옮기면서도 경복궁으로 들어가지 않아도 되는 것이다.

태종은 무악으로 향했다. 10월 4일 무악에 도착한 태종은 터를 살펴보고 일찌감치 자신의 뜻을 드러냈다. “여기가 도읍하기에 합당한 땅이다. 진산부원군(하륜)이 말한 곳이 백기(白旗)[군주의 깃발: 저자]의 북쪽이라면 가히 도읍이 들어앉을 만하다”(태종실록 4년 10월 4일 임신). 이어 대동한 신료들의 입장을 들었다. 한양을 선호한 이들이 있었는가 하면 무악을 찬성한 이들이 있었다. 의견의 일치를 보지 못하자 태종은 자신의 생각을 명확하게 밝혔다. "내가 어찌 신도에 이미 이루어진 궁실을 싫어하고, 이 풀이 우거진 땅을 좋아하여, 다시 토목의 역사를 일으키겠는가? 다만 석산이 험하고, 명당에 물이 끊어져, 도읍하기에 불가한 까닭이다. 내가 지리서를 보니, 말하기를, '먼저 물을 보고 다음에 산을 보라' 하였으니, 만약 지리서를 쓰지 않는다면 그만이지만, 쓴다면 명당은 물이 없는 곳이니, 도읍하는 것이 불가한 것은 명확하다"(태종실록 4년 10월 4일 임신). 무악에 도읍을 정해 새로운 궁궐을 짓고자 하는 자신의 바람을 풍수지리의 관점에서 정당화하고 있다. 하지만 무악에 대한 의견이 일치하는 않는 상황에서 억지로 도읍을 옮길 수는 없는 터, 태종은 10월 6일 새벽에 다음과 같은 해결책을 제시했다. "이제 종묘에 들어가 송도와 신도와 무악을 고하고 그 길흉을 점쳐 길한 데 따라 도읍을 정하겠다. 도읍을 정한 뒤에는 비록 재변이 있더라도 이의가 있을 수 없다"(태종실록 4년 10월 6일 갑술). 개경 · 한양 · 무악을 대상으로 길흉의 점을 친 결과 한양이 가장 길한 도읍으로 나왔다. 무악에 대한 미련이 없지 않았지만[6] 태종은 결국 한양을 도읍으로 정할 수밖에 없었다. 하지만 태종은 향교동에 이궁을 짓도록 명령했다. 끝내, 경복궁이 아니라 새로운 궁궐을 지어 그곳에 머물고자 한 것이다. 그 궁궐이 바로 1405년에 건립된 창덕궁(昌德宮)이다.

여기서 우리는 태종이 왜 새로운 궁궐을 짓고자 했는가를 묻지 않을 수 없다. 태종은 조선의 정궁으로 건립된 경복궁을 민감한 정치적 공간으로 만든 인물이었다. 그는 경복궁을 풍수지리의 관점에서 명당이 아니라는 이유로 선호하지 않았지만 그것은 표면적인 이유일 뿐이었다. 경복궁은 골육상쟁의 무대이자, 부왕의 총애를 받으면서 자신의 주도로 국가 경영

6 태종은 천도 문제를 매듭지고 개경으로 돌아가는 길에 대신들을 향해 "나는 무악에 도읍하지 아니했지만 후세에 반드시 도읍하는 자가 있을 것이다"라고 말한 것으로 전해지고 있다(태종실록 4년 10월 6일 갑술).

을 시도한 정적(政敵) 정도전의 정치적 이념과 의지가 체현된 공간이었다. 그런 점에서 태종은 결코 경복궁에서 편안히 정사를 돌볼 수 없었을 것이다. 태종이 창덕궁에 상주하게 됨에 따라 경복궁은 점차적으로 퇴락해갔다. 하지만 경복궁의 정치적 위상은 창덕궁에 비할 바가 아니다. 그것은 글자 그대로 새로운 왕조, 조선이 지향한 국가적 이념과 철학을 시각적으로 재현하고 있는 공간이기 때문이다. 아들 세종이 경복궁을 다시 조선의 정궁으로 삼아 개축과 확장을 하게 되는 이유는 그러한 사실과 무관하지 않다. 자, 이제 태종이 그렇게도 불편해마지 않았던 경복궁이 조선왕조의 통치철학을 어떠한 모습으로 표상하고 있는지를 살펴보기로 하자.

4. 경복궁과 신왕조의 건축미학

전근대적 왕조국가의 정치적 중심은 궁궐이다. 무엇보다 권력의 정점인 군주가 거주하며 통치를 수행하는 장소라는 기능적 의미에서 궁궐은 국가의 정치적 중심이다. 하지만 왕궁의 정치적 중심성은 기능적 차원을 넘어선다. 그것은 미적 형태화, 즉 상징적 차원에서 시각적으로 드러나기도 한다. 왕궁의 정치적 중심성은 크게 두 영역에서 시각적으로 표출된다. 하나는 왕궁의 위치이며, 다른 하나는 궁의 외관과 내부 구조다. 전자는 왕궁을 수도의 중앙에 배치함으로써 또는 그렇게 배치되어 있다고 믿게 함으로써 국왕이 국가의 중심적 존재임을 가시화하고자 하며, 후자는 왕궁의 외부와 내부를 특정한 예술적 형식과 내용으로 장식함으로써 군주의 존엄성과 절대성을 가시화하고자 한다. 이에 대한 두 가지 사례를 들어보자.

먼저, 전자의 예로서는 마자파힛 왕국(Majapahit Kindgom, 자바 섬을 중심으로 13세기 말부터 16세기 초반까지 존재한 힌두 왕국)의 군주 하얌 우룩(Hayam Wuruk, 14세기 중반부터 후반까지 통치하면서 왕국을 최고의 전성기로 이끈 군주)의 통치를 노래한 "Negarakertagama"(불교 승려인 프라판카[Mpu Prapanca]가 1365년에 쓴 서사시집으로서 군주 우룩의 찬란한 통치를 정열적으로 노래하고 있다)에서 묘사된 왕궁과 주변 공간의 배치 형태를 들 수 있다. 거어츠(C. Geertz)에 따르면 시집은 우룩을 힌두교의 최고신인 시바(Siva)의 화신으로 찬미하고 있는데, 그가 거주하는 궁궐을 중심으로 구성된 주변 공간들의 배치상은 종교적 절대성으로까지 승화되고 있는 군주 우룩의 정치적 위상을 잘 드러내주고 있다.

> 궁궐의 북쪽은 맞이방, 동쪽은 지성소, 남쪽은 군주와 그 가족들의 주거 공간이다. 아울러 서쪽은 신하들의 거처다. 내부 중의 내부인 중앙에는 군주의 별장이 자리하고 있다. 다음으로 궁궐을 중심으로 형성된 복합공간의 동쪽은 힌두 성직자, 남쪽은 불교 성직자의 공간이다. 서쪽은 왕족의 인척들을 위한 장소이며 북쪽은 광장이다. 이어서, 복합공간을 중심으로 형성된 수도의 북쪽은 최고 관리들의 공간이며 동쪽은 왕자의 처소다. 남쪽은 힌두교와 불교 성직자들, 서쪽은 평신도들의 공간이다. (Geertz, 1985, p. 21)

여기서 묘사되고 있듯이 왕국의 공간들은 군주의 별장을 중심으로 동서남북 사방으로 뻗어나가고 있다. 왕궁이 모든 공간의 기준점이 되어 주변 공간들의 체계적 질서화를 구축하고 있는 양상이다. 이러한 공간적 위계화는 공적 공간, 사적 공간, 세속적 공간, 종교적 공간 등 모든 공간에 적용되고 있다. 즉, 모든 공간들이 예외 없이 왕궁, 보다 구체적으로는 왕의 별장을 중심으로 자기 고유의 공간적 의미와 위상을 부여받고 있다. 이는 곧 군주보다 더 높은 가치를 지닌 존재가 없다는 정치적 의미의 시각적 표출이다. 그런데 이러한 공간적 질서화는 한층 더 멀리 연장되고 있다. 시집에는 왕궁이 중심을 차지하고 있는 수도를 기준으로 말레야·보르네오·티모르·뉴기니·캄보디아 등 주변 지역들이 동서남북으로 배치되어 있는 것으로 묘사되어 있다. 거어츠의 해석에 따르면, 이는 "다른 나라들을 현자인 군주가 보호하고 있음"을 상징하는 것이다. 궁극적으로 세계는 자바의 마자파힛 왕국을 향하고 있으며, 왕국의 모든 존재는 "세상에 빛을 비추고 있는 해와 달인" 군주 우룩을 바라보고 있는 형상인데, 그것은 곧 군주와 그가 거주하는 왕궁의 정치적 중심성에 대한 공간적 표상이다(Geertz, 1985, p. 21).

다음은 왕궁의 외관을 특별한 미적 형식과 내용들로 장식함으로써 군주의 정치적 중심성을 드러낸 역사적 예로서 루이 14세가 축조한 베르사유 궁(Palais Versailles)을 살펴볼 수 있다. 프랑스 절대군주의 상징 루이 14세는 부르봉 왕가의 전통이 살아 숨 쉬는 루브르 궁(Palais Louvre)을 떠나, 파리 남쪽의 왕실 사냥터에 새로운 왕궁을 건립하는 중대한 결단을 내렸는데 이는 본질적으로, 약화된 왕권을 회복하기 위한 조치였다. 왕권 강화를 위한 천도의 정치는 비단 고려 말의 예외적인 정치 상황에서만 관찰 가능한 것은 아니었다. 루이 14세의 정치적 삶을 그린 영화 「왕의 춤」이 흥미롭게 보여주고 있듯이 왕은 음악·무용·장식 등 다양한 예술의 동원을 통해 왕권 강화를 꾀하고자 했는데 그는 이 모든 요소들이 궁이라는 건축물 안에서 상징화되어야 함을 잘 알고 있었다. 따라서 베르사유 궁은 군주의 위대함·영원성·절대성·찬란함 등을 시각적으로 드러내는 방식으로 꾸며져야 했다. 이를 위해 루이 14세는 태양의 이미지로 베르사유 궁을 장식하고자 했다. 태양은 군주가 우주와 세계의 중심임을 드러내줄 수 있는 가장 강력한 절대왕정의 상징물이었다. 루이 14세의 명을 받들어 꼴베르(Colbert)를 비롯한 재상들은 태양왕의 이미지를 구현하는 궁의 계획도를 세웠다.

> 그것(태양왕의 이미지)은 베르사유 궁에서 공고화된다. 태양왕의 이미지를 구체화하기 위해 이용된 모든 예술들이 궁의 건설에도 동원될 것이다. 흩어져 있는 스펙터클의 기호들이 태양왕의 이미지를 재생산하기 위해 궁 안으로 흡입될 것이다. 궁의 정원은 아폴론의 전설에 따라 꾸며질 것이다. 지난 시절에는 일시적인 것에 불과했던 군주의 이미지가 대리석 위에서 영속적인 방식으로 조각될 것이다. 아폴론과 아폴론의 신화에 연관된 여러 인물들이 궁과 정원에 생명력을 주기 위한 견고한 뼈대를 형성할 것이다. (Apostolidès, 1981, p. 86)

고대 로마신화의 태양신 아폴론은 루이 14세의 태양 이미지를 보여주기 위한 매우 적합한 상징이다. 아폴론과 함께 생명의 근원인 물과 바다를 관장하는 신들도 배치된다. 궁은 이러한 신화적 상징성에 따라 엄격한 공간적 조직화를 구현해낸다. 궁의 공간은 동서축과 남북축으로 구분되어 동서축은 아폴론의 신화에 관련된 일화들이, 남북축은 테티스, 넵투누스 등, 물과 관련된 신과 요정의 일화들이 형상화된다. 이 두 축이 교차하는 중심에는 왕의 집무실과 사저를 배치하고 통치행위의 상징물을 세운다(Apostolidès, 1981, pp. 88~91).

칸토로위츠(E. Kantorowicz)의 정치인류학에 따르면 군주는 두 유형의 육체를 갖는다. 하나는 다른 인간들과 마찬가지로 생사의 법칙에 종속된 사적이고 개별적인 육체이며, 다른 하나는 공적이며 정치적인 육체로서 그것은 국가라는 추상적 관념의 현현이다. 사적인 육체와는 달리 공적이며 정치적인 육체는 사멸의 법칙으로부터 자유롭다(Kantorowicz, 1997). 군주는 사멸의 법칙에 종속된 자신의 육체를 시간으로부터 자유로운 영속적 육체로 전환시켜내야 한다. 왜냐하면 바로 그것이 육체의 소멸 이후에도 자신의 존재성을 유지함으로써 영원한 권력의 화신으로 남을 수 있는 방법이기 때문이다. 비범하고 화려한 외관과 공간 구조를 가진 왕궁을 국가의 중심에 세우는 일이 사멸로부터 자유로운 정치적 육체를 구현하는 길인 것이다. 영속적 육체를 재현하기 위한 궁궐의 지리적 · 미적 · 공간적 이용은 비단 마자파힛 왕국의 군주 우룩이나 프랑스 태양왕의 정치적 욕망만은 아니다. 그것은 동아시아의 군주들에게도 해당되는, 정치인류학적 보편성에 접근하는 현상이다.

전통적으로 중국의 왕궁은 궁궐만의 독립적 건축물이라기보다는 성벽으로 둘러싸인 도성을 중심으로 구축되는 경향이 지배적이었다. 하지만 물리적으로 왕궁이 도성에 둘러싸여 있다고 해서 전자가 후자에 종속된 것으로 이해해서는 안 된다. 상황은 오히려 그 반대다. 말하자면 "전체 도성은 단지 궁성의 외연으로 간주되었다"(李允鉌, 2000, p. 427)는 것이다. 앞서 언급한 두 사례와 마찬가지로 왕궁은 주변 공간들의 중심에 자리하는 권력의 핵심적 장소로서 그 왕궁을 중심으로 다른 모든 공간들이 엄격한 질서를 이룬다. 중국의 왕궁제도를 이해하기 위해서는 『주례』(周禮)[7]의 「장인」편을 살펴봐야 한다. 그 책에서 정립된 왕궁 조영 원리는 아주 오랫동안, 구체적으로는 동한에서 청나라에 이르는 1900년 동안 중국 왕궁 건립의 전범이 되어왔다(賀業鉅, 1995, p. 33). 그것은 장구한 세월 동안 약간의 변형을 거쳤지만, 중국 도성과 왕궁 건립의 보편적 원리를 제시한다는 의미를 지니고 있다.

「장인」이 제시하고 있는 도성 건립 원리에서 가장 핵심적인 공간은 단연 왕궁이다. 즉, 왕궁을 중심으로 도성의 공간적 질서가 구축되는데 그

7 『주례』는 주나라 시대의 관제를 기록한 책이다. 그런 의미에서 원래 『주관』(周官)으로 명명되었으며 후대, 특히 당나라 이후부터 『주례』로 불리기 시작했다. 한나라 때 5편이 발견되고 그 뒤에 『고공기』(考工記)가 보충되어 6편으로 구성된 『주례』가 만들어졌다.

원리는 크게 셋이다. 첫째, 왕궁은 도성의 '중심'에 남쪽을 향해 위치하며 둘째, 왕궁의 공간적 분할 축인 3조(朝)가 도성의 주축선 위를 통과하며 셋째, 왕궁을 중심으로 정치 · 종교 · 경제적 공간이 배치된다. 이제 이 원리들을 구체적으로 살펴보기로 하자.

우선, 왕궁은 도성의 중앙에 건립된다. 한 연구자는 「장인」이 정하고 있는 왕궁 위치의 정치적 의미를 다음과 같이 해석하고 있다.

> 지중(地中), 즉 국토의 중앙을 택하여 왕의 '국'을 건립하는데 그것이 천사(天事) · 지리(地理) · 인화(人和)의 세 방면에서 가장 유리한 위치라고 했다. 그래서 주나라 사람들은 '택중'을 아주 중히 여겨 국토의 중앙을 택하여 왕도를 세웠을 뿐만 아니라 도성의 중앙을 택하여 왕궁을 세우고자 하였다. 관념상으로 볼 때 '중앙'은 방위 가운데 가장 높아서 최고 통치 권위의 상징으로 간주된다. [……] 계획 위치로 볼 때 중앙은 가장 뚜렷이 드러나는 방위이므로 '왕의 존엄'을 표현한다. "왕은 반드시 천하의 중앙에 거처하여야 하는 것이 예(禮)에 부합한다"(『순자』, 「대략」[大略])고 하였다. 예제(禮制)라는 시각에서 보면, 중앙을 택하여 궁을 세우는 일이 존존(尊尊)의 사상을 체현하였음을 이해할 수 있다. (賀業鉅, 1995, pp. 86~87)

마자파힛 왕국의 궁궐 입지가 드러내고자 하는 정치적 상징성과 근본적으로 같은 맥락이다.

다음으로, 왕궁이 도성의 중심에 자리한다는 사실은 왕궁을 수직으로 가로지르는 주축선 위에 3조를 배치한다는 규정에서 보다 명확한 방식으로 드러난다. 조는 왕실의 공간을 기능과 의미에 따라 구분하는 개념이다. 왕궁은 남에서 북으로 외조(外朝) · 치조(治朝) · 연조(燕朝)—치조와 연조를 합쳐 내조(內朝)로 명명하기도 한다—로 불리는 3조의 공간으로 구성된다.

외조에는 왕국의 관료들이 집무하는 관청을 배치하고, 치조는 군주가 정사를 보는 공적 건물들로 구성되고, 연조는 왕과 왕비의 사적 공간들로 이루어져 있다. 이를 '전조후침'(前朝後寢)으로 부른다. 3조는 고유한 문을 통해 그 모습을 드러내고 있다. 외조의 문이 고문(皐門), 치조가 치문(稚門), 연조가 노문(路門)이다. 이러한 공간 배치를 삼문삼조(三門三朝)로 명명한다(『주례』, 2002, pp. 527~528, 544; 賀業鉅, 1995, p. 86).

끝으로 왕궁을 기준으로 배치되는 정치 · 종교 · 경제적 공간에 관해 살펴보자면, 왕궁의 사방은 '좌묘우사'(左廟右社)와 '전조후시'(前朝後市)의 원리 아래에서 종교 · 정치 · 경제적 공간들이 마련된다. 좌묘우사란 왕궁의 동쪽에 왕실 조상들의 신위를 모신 종묘가, 서쪽에 곡식과 토지의 신을 모신 사직이 자리한다는 것이며, 전조후시는 왕궁의 남쪽에 조정을, 북쪽에 시장을 설치한다는 것이다. 왕궁을 기준으로 현재와 과거를 연결하는 수평(동서)선이 왕권의 혈연적 · 신화적 정통성의 가시화라면, 수직(남북)선은 왕권의 존재론적 · 정책적 정당성의 가시화라고 할 수 있다. 이렇듯 왕궁은 과거와 현재를 아우르는 공간적 질서를 통해 다차원적으로 군주의 정치적 위엄과 존엄을 표현하고 있다.

위치와 외관과 공간구조 등을 통해 군주 권력의 절대성과 권위를 표상하는 이른바 '왕궁의 공간정치학'은 경복궁의 경우에도 예외가 아니다. 사실을 말하자면, 경복궁은 중대한 정치적 기능을 수행해야 할 필요가 있었는데 그것은 곧, 혁명으로 탄생한 신왕조의 통치 기초 확립을 위해 요구되는 정치적 정통성과 정당성과 권위를 시각적으로 구현해야 했던 것이다. 종교학자 엘리아데(M. Eliade)의 통찰력에 기대어 논의를 더 밀고 나가자면 경복궁은 새로운 정치공동체의 탄생과 운명이라는 의미를 응축하고 있는 상징적 건물이기도 했다. 엘리아데는 다음과 같이 말하고 있다.

우선 영토를 잡는다는 것, 즉 주거지를 정하고 가정을 이룬다는 것에는 항상 전체 공동체의 생존을 책임질 엄연한 결단이 내포되어 있음을 염두에 둘 필요가 있다. 다시 말해서 어떤 땅에 '자리 잡아' 그곳을 개척하고 그곳에 거주한다는 것은 실존적 선택을 전제로 하는 행위이다. 이는 '창조'를 통해 비로소 얻을 수 있는 '세계'에 대한 선택이다. [……] 따라서 국가의 창건이건 혹은 단순히 거주지의 확보이건, 인간이 어떤 영토에 들어가 자리 잡는다는 것은 모두 우주 창생을 반복하는 행위라고 할 수 있다. (엘리아데, 1991, pp. 215~216)

잘 알려져 있다시피 경복궁의 상징성치석 원리를 계획하고 구현히는 데 주도적 역할을 한 인물은 "왕조의 설계자"(한영우, 1999) 정도전이었다. 그는 도성을 설계하고, 국가적 이념을 정초하고, 통치의 법률적 기초를 마련하고, 군대를 조직하고, 종묘제례악을 정리하는 등 신왕조의 기반을 확립하는 데 다방면에서 중대한 역할을 수행했다. 경복궁 또한 그의 작품이라고 해도 과언이 아닐 정도로, 궁궐의 터와 방향을 정하는 일로부터 궁과 전각, 문, 루의 이름을 짓는 일에 이르기까지 그의 정치사상과 정치미학이 스며들지 않은 부분이 없었다. 정도전은 궁궐이 갖는 정치적 상징성을 명확하게 인지하고 있던 사람이었다.

신은 상고하건대, 궁궐이란 임금이 정사를 다스리는 곳이요, 사방이 우러러보는 곳이요, 신민들이 다 나아가는 곳이므로 제도를 장엄하게 해서 위엄을 보이고 이름을 아름답게 지어 보고 듣는 자를 감동하게 해야 합니다. 그러므로 한, 당 이래로 궁전의 호칭이 전에 있던 이름을 따기도 하고 혹은 고쳐 부르기도 하였으나 그 존엄성을 보이고 감동을 일으키게 하는 바는 그 의의가 동일합니다. (정도전, 1997, 1권, p. 256)

정도전은 경복궁의 건축미학을 통해 조선왕조의 정치적 새로움을 시각적으로 표상하고자 했다. 그렇다면 경복궁을 통해 담아내고자 했던 그 정치적 새로움이란 과연 무엇일까? 이 문제에 답하기 위해서는 정도전의 국가사상에 대한 논의가 필요할 것으로 보인다.

고려 말의 국가적 혼란은 극에 달했다. 이는 몇 가지 중대한 국내외적 요인들에 기인한다. 우선, 권문세족과 불교사원의 토지독점은 공전제(公田制)의 무력화, 국가재정의 파탄, 국방력 약화, 농민층 수탈 등 심각한 군사적 · 사회경제적 문제를 초래했다. 다음으로, 왜구와 홍건적의 빈번한 침입으로 수도가 위기에 처하고 백성들의 삶이 위협을 받는 등 국가적 안전에도 많은 문제가 있었다. 하지만 보다 심각한 문제는 경직화된 친원외교 노선을 고수하면서 세력 판도의 근본적 변화가 일고 있던 주변 국제정세에 적절하게 대응하지 못하고 있던 고려의 외교 정책이었다(이달순, 1990, pp. 120~123).

고려 말의 이러한 국가적 위기 돌파를 정치적 사명으로 삼은 세력이 있었으니 그들이 바로 개혁 군주 공민왕에 의해 등용된 신흥사대부들이었다(이달순, 1990, p. 136). 이들 가운데 대다수는 문벌이나 재력이 아니라 실력으로 성장한 인물들이었기 때문에 고려의 기득권 세력에 대항해 국가개혁을 소리 높여 외칠 수 있었다. 그들은 고려를 "기본 질서를 상실하고 적절하게 기능하기를 멈춰버린 사회"(도이힐러, 2003, p. 153)로 규정하면서 주자학이라는 매우 정교한 정치철학을 끌어들여 국가적 쇄신을 촉구하고 있었다. 주자학은 사회적 혼란을 극복하고 바람직한 공동체를 구축하는 원리를 예(禮)에서 찾고 있었다(방세영, 2007). 관계적 질서를 만들어내는 외적 규범인 예가 부자 · 형제 · 부부 등의 가족관계를 필두로 군주와 신하 간의 국가관계에까지 확장되어 실현되게 될 때 올바른 사회공동체의 형성이 가능하다는 믿음(방세영, 2007, p. 46) 위에서 주자학은 그러한 사회적 임무를 예의 본질을 알고 있는 학자들에게 부여했다(도이힐러, 2003, p. 45). 이런 면에서 주자학은 정치사회적 실천성을 지향하는 학문이다. 고려 말의 신흥사대부들은 자신들을 예를 실천할 주체적 세력으로 규정했던 것이다.

주자학적 정치 질서를 구축해야 한다는 관점에서는 본질적 동의를 이룬 신흥사대부들이었지만 그것을 고려 사회의 제도적 틀 안에서 실현해야 하는지, 아니면 근본적으로 새로운 정치사회의 토대 위에서 실천해야 하는지에 대해서는 근본적 차이를 드러냈다. 우리가 이 둘을 "중흥세력"과 "혁명세력"으로 나눈다면 정도전은 후자를 대표하는 인물이라고 할 수 있다(박홍규, 2000). 1383년 가을과 이듬해 봄에 함경도 함주(지금의 함흥)에서 이성계를 만나 정치적 협력관계를 구축한 이래 몇 차례에 걸친 정치적 위기들—예컨대, 1391년과 1392년의 탄핵—을 극복하면서 정도전은 신왕조 창업이라는 혁명과업을 선도적으로 추진해나갔다. 주자학의 세례를 받은 혁명가이었기에 유교적 질서에 부합하는 국가의 건설이야말로 그의 정치적 이상이었다.

정도전이 구상한 국가적 질서의 요소들에 관해서는 크게 세 범주로 나눌 수 있을 듯하다. 첫째는 군주의 정치적 존재성과 통치철학이며, 둘째는 국가의 구성과 운영 원리이며, 셋째는 군주와 신하 간의 권력관계다. 먼저, 정도전은 군주의 정치적 위상과 직책을 논한 『경제문감 별집(下)』(한영우, 1999, p. 129)에서 군주는 위엄을 갖춘 인물이어야 함을 강조하고 있다.

> 유순한 마음으로 높은 자리에 있다가 대유(大有)의 시절을 당해 인심이 안이해졌는데, 만일 유순함만 숭상하면 능멸과 오만이 생기게 된다. 그러므로 반드시 위엄 있게 해야 길한 것이니 '위여'(威如)란 말은 위엄이 있음을 말한 것이다.

존귀한 임금 자리에 있는 분이 겸손하고 유순하게 아랫사람들을 접하면 대중이 돌아오기 마련이다. 그러므로 부(富)하면서도 교만하지 않아서 그 이웃을 얻을 수 있다. 그러나 인군의 도리가 오로지 겸손과 유순만을 숭상해서는 안 되고, 반드시 위무(威武)를 같이 쓴 연후에야 천하를 회유하여 복종시킬 수 있는 것이다. (정도전, 1997, 2권, p. 221)

백성들로부터 두려움과 권위를 갖춘 존재가 되어야 하지만 군주는 민본(民本)과 인(仁)의 통치를 실천해야 한다. 『조선경국전(上)』에는 다음과 같은 통치 원리가 기술되어 있다.

대개 임금은 나라에 의존하고 나라는 백성에 의존하는 것이니, 백성이란 나라의 근본이며 임금의 하늘이다. 그러므로 『주례』에서는 인구 수를 왕에게 바치면 왕은 절하면서 받았으니 이것은 그 하늘을 존중하기 때문이었다. 인군이 된 사람이 이러한 뜻을 안다면 백성을 사랑함이 지극하지 않을 수 없을 것이다. (정도전, 1997, 2권, p. 250)

나라의 근본인 백성이 군주를 자발적으로 따르게 하기 위해서는 무력이 아니라 인에 의한 통치를 실천해야 한다. 그것이 바로 군주가 자신의 자리를 지키는 길이다.

『주역』에 "성인의 큰 보배는 위(位)요, 천지의 큰 덕은 생(生)이니, 무엇으로 위를 지킬 것인가? 바로 인이다" 하였다. 현능한 사람들은 지혜를 바치고, 호걸들은 힘을 바치며, 백성들은 분주하여 각기 맡은 역에 종사하되, 오직 인군의 명령에만 복종할 뿐이다.

하민(下民)은 지극히 약하지만 힘으로 위협할 수 없고, 지극히 어리석지만 지혜로써 속일 수 없다. 그들의 마음을 얻으면 복종하게 되고, 그들의 마음을 얻지 못하면 배반하게 된다. 그들이 배반하는 것과 따르는 것의 간격은 털끝만큼의 차이도 되지 않는다. 그러나 그들의 마음을 얻는다는 것은 사사로운 뜻을 품고서 구차스럽게 얻는 것이 아니요, 도를 어겨 명예를 구하는 방법으로 얻는 것도 아니다. 그 얻는 방법 역시 인일 뿐이다. (정도전, 1997, 2권, pp. 230~231)

다음으로, 정도전은 국가를 유기체에 비유하면서(조항덕, 2007, pp. 24~25) 국가 구성원들이 각자 자신들의 직위와 식분에 맞는 일을 수행해야 한다는 국가 운영의 원리를 밝히고 있다(최상용 · 박홍규, 2007, p. 133).

대개 군주는 머리요, 재상은 군주를 위하여 가부를 결정하니 군주의 배와 마음이며, 대간과 감사는 군주를 위하여 규찰하니 군주의 귀와 눈이다. 부위(府衛)를 호위하는 것과 수령이 군주의 교화를 널리 전파하는 것은 군주의 손톱과 어금니요 팔다리가 아니겠는가. 사람이 그 몸의 한 부분을 폐한다면 사람이 아니요, 나라가 그 한 관청을 폐한다면 나라가 아닐 것이다. (『경제문감(하)』 정도전의 발문; 최상용 · 박홍규, 2007, p. 134에서 재인용)

몸에 비유되는 유기체론이 군주와 신하의 관계에 초점을 맞추고 있다면, 집의 비유를 따라 논의되는 직분론은 군주와 신민의 정치적 분업관계로 확장되고 있다.

당우는 비유하면 임금이요, 동량은 비유하면 정승이요, 기초는 비유하면 백성이다. 기초는 마땅히 견고해야 하고 동량은 마땅히 편안하고 높아야 한다. 그런 뒤에라야 당우가 튼튼하게 될 것이다. 동량은 위로 지붕을 받들고 아래로 기초에 의지하니 마치 재상이 군부를 받들고 백성을 어루만지는 것과 같다(정도전 1997, 1권, p. 252).

끝으로, 군신간의 권력 구도와 관련해, 정도전은 재상(宰相)이 실질적 통치권을 행사하는 이른바 '재상정치론'을 이상적 정치제도로 생각했다(박병련, 2005). 그는 "국왕을 상징적 존재로 국한시켜서 그에 주어진 권한을 '재상을 선택하는' 것과 재상과 '정사를 협의, 결정'하는 것으로 하고, 대신 재상을 실질적인 정치의 권한을 가진 존재로 부각시켜서 정책결정권자로 삼아 재상을 정점으로 한 정치제도"(정재훈, 2005, p. 71)를 구축하고자 했다. 정도전은 『경제문감(상)』, 「재상의직」에서 재상의 막강한 정치적 권한에 대해 다음과 같이 언급하고 있다.

> 위로는 음양을 조화하고, 아래로는 서민을 어루만져 편안하게 하며, 안으로는 백성을 밝게 다스리고, 밖으로는 사방의 오랑캐를 진정(鎭定)하고 무마하는 것이니, 국가의 작록과 포상과 형벌이 이에 관련이 있고, 천하의 정치와 덕화, 가르침과 명령이 이로 말미암아 나오는 것이다. 전폐(殿陛) 아래에서 치도를 논하여 일인을 돕고, 묘당의 위에 서서 도견(陶甄)을 잡아 만물을 주재하니, 그의 직임이 어찌 가볍겠는가. 국가의 치란과 천하의 안위가 항상 이에서 비롯될 것이니, 진실로 그 사람을 가볍게 고르지 못할 것이다. (정도전, 1997, 2권, p. 40)

가히 국가의 최고정책결정권자이자 최고정책집행권자(한영우, 1999, pp. 176~178)라고 부를 만하다. 이어 정도전은 「상업」(相業)편에서 자기 몸을 바르게 하며, 임금을 바르게 보필하고, 인재를 바르게 발탁하며, 일을 바르게 처리하는 등 재상이 갖추어야 할 정치적 덕목을 상술하고 있다(정도전, 1997, 2권, p. 41).

정도전이 주창한 새로운 왕조의 건국이념과 통치원리는 권위와 위엄을 갖춘 군주, 인과 민본의 통치, 직분의 질서에 입각한 왕국, 재상정치론 등으로 요약될 수 있다. 이제 그러한 이념과 원리는 신왕조의 정궁인 경복궁에서 시각적으로 구현된다. 이를 위해 정도전은 앞서 언급한 『주례』의 도성 건립과 궁궐 조영모델을 전범으로 삼았다(이강근, 2003, pp. 17~18).

주나라는 송나라의 신유학자들이 생각한 이상 사회의 원형과 같은 것이었으며 이런 면에서 주나라의 국가적 질서와 운영원리를 담은 『주례』는 『예기』(禮記), 『의례』(儀禮)와 함께 주자학의 핵심적인 경전으로 기능했다(도이힐러, 2003, p. 44). 이상적인 유교적 질서를 구현하고 있다고 평가되는 주나라의 통치 질서는 정도전이 조선왕조에 적용하고자 했던 이념과 원리들, 특히 재상정치론을 근간으로 하고 있었으며 이는 정도전이 왜 "『주례』를 모델로 삼아 유교적인 '이상적 공동체'를 구상하고 실현시키려고"(김석근, 2008, p. 20) 했는가를 잘 설명해준다. 『주례』의 「천관총재(상)」은 다음과 같은 구절로 시작하고 있다.

> 왕이 나라를 세워서 동서남북의 방위를 분별하고 천자와 군신간의 지위를 바르게 하여 도시를 정비하고 읍이나 리를 구획하고 관직을 설치하고 직분을 나누어 모든 백성이 지켜야 할 도덕을 만든다. 이에 천관(天官)인 총재(冢宰)를 세워서 모든 관료를 그에게 속하게 하여 통솔케 하고, 나라의 다스림을 관장케 한다. 총재는 왕을 도와 나라를 균등하게 한다. (『주례』, 2002, p. 20; 김용옥, 2004, p. 32)

『주례』에서 밝히고 있는 도성과 궁성의 건립원리는 이러한 통치철학의 공간적 실현으로 해석할 수 있다. 정도전은 다른 중신들과 함께 한양으로 파견되어 왕궁과 종묘의 터를 필두로 도읍의 설계도를 제작했다. 『주례』의 원리들인 왕궁의 남면(南面)과 좌묘우사의 원리가 가장 중요하게 고려되었던 것으로 실록은 전하고 있다.

> 권중화 등은 전조 숙왕(肅王)시대에 경영했던 궁궐 옛터가 너무 좁다 하고, 다시 그 남쪽에 해방(亥方)의 산을 주맥으로 하고 임좌병향(壬座丙向)이 평탄하고 넓으며, 여러 산맥이 굽어 들어와서 지세가 좋으므로 여기를 궁궐터로 정하고, 또 그 동편 2리쯤 되는 곳에 감방(坎方)의 산을 주맥으로 하고 임좌병향에 종묘의 터를 정하고서 도면을 그려서 바치었다. (태조실록 3년 9월 9일 병오)

정도전은 이미 자신이 작성한 태조의 즉위교서를 통해 좌묘우사의 중요성을 언급했다.

> 천자는 칠묘(七廟)를 세우고 제후는 오묘(五廟)를 세우며, 왼쪽에는 종묘를 세우고 오른쪽에는 사직을 세우는 것은 옛날의 제도이다. 고려 왕조에서는 소목(昭穆)의 순서와 당침(堂寢)의 제도가 법도에 합하지 아니하고, 또 성 밖에 있었으며, 사직은 오른쪽에 있었으나 그 제도는 옛날의 것에 어긋남이 있으니, 예조에 부탁하여 상세히 구명하고 의논하여 일정한 제도로 삼게 할 것이다. (태조실록 1년 7월 28일 정미)

설계대로 도읍의 중심 왕궁이 남쪽을 향해 자리하고, 왕궁을 중심으로 동쪽에 종묘가, 서쪽에 사직단이 배치되었다. 그리고 왕궁의 북쪽에 시장의 자리가 마련되었는지는 명확하지 않지만(장지연, 1999, p. 50), 왕궁의 남쪽에 의정부(도평의사사)와 6조의 관청으로 구성되는 조정을 건립했다는 면에서 전조후시의 원리가 부분적으로 적용되었던 것으로 보인다. 우리는 앞서 실록에서 묘사하고 있는 경복궁의 공간구조를 살펴보았다. 크게 내전과 정전으로 구분되어 전조후침의 배치를 보이는 경복궁의 공간이

『주례』의 '삼문삼조' 원리를 따랐는지에 대해서는 논쟁이 있다. 삼문삼조의 원리가 적용되었다고 주장하는 연구자들은 경복궁의 침전을 연조로, 편전에서 정전에 이르는 공간을 치조로, 그리고 전문 바깥으로부터 오문에 이르는 공간까지, 또는 의정부와 6조가 자리 잡은 육조대로까지를 외조로 보고 있다(주남철, 2000, p. 234; 이강근, 2003, p. 100). 하지만 이에 동의하지 않는 쪽에서는 정도전이 『주례』의 왕궁 건축 원리를 따라 경복궁을 건립했지만 그럼에도 불구하고 삼문삼조에 대해 전혀 언급하지 않았을 뿐만 아니라, 경복궁 외조의 구성이 중국 고대궁궐의 외조와 상당부분 다르다는 점에서 엄격한 의미로 삼문삼조의 원리가 적용되었다고 볼 수 없음을 주장한다(김동욱, 2001). 그런데 외조를 전문 바깥으로부터 오문에 이르는 공간이 아니라 오문을 넘어 육조대로까지 확장한다면(주남철, 2000, p. 234) 경복궁의 외조는 "나라 정책을 게시해서 백성들이 보고 알도록 하며 필요할 때는 이곳에 백성들을 모아 왕이 직접 국가적인 결정을 하는" 중국 고대궁궐의 외조에 근접하는 정치적 기능(김동욱, 2001, p. 90)을 수행하는 장소가 되는데, 그런 논리에 선다면 경복궁의 공간은 『주례』의 삼문삼조 원리를 투영하고 있는 것으로 해석될 수 있다.

경복궁의 위치, 공간 구획 원리가 만들어낸 내부 배치, 그 뒤에 정도전이 내린 궁과 전각, 문 등의 이름은 앞서 언급한 조선왕조의 창업 이념과 통치 원리를 표상하고 있다. 도읍, 나아가 왕국의 중심을 차지하고 있는 왕궁은 그 자체로 군주의 위엄, 경외감, 권위의 공간적 표출이다. 종묘·사직·조정·시장을 거느리고 있는 왕궁을 통해 군주는 역사·종교·정치·경제라는 국가적 기능들의 중심에 자리한 존재로 등장한다. 그리고 경복궁 내부의 전각과 문들은 삼문삼조의 원리를 따르는 공간적 '질서'를 보여주고 있고 이는 곧 구성원들이 고유한 신분과 직분에 따라 자신의 역할을 담당해야 한다는 질서의식의 공간적 표출이다(김동욱, 1999, p. 94).

이러한 맥락에서 우리는 정도전이 유교 국가의 핵심적 원리인 예를 질서와 동일시했음을(정도전, 1997, 2권, p. 266) 지적할 필요가 있다. 또한 경복궁은 전조후침의 원리, 즉 사적 공간인 침전보다 정무를 수행하고 관료들과 회동하는 공적 공간인 편전과 정전을 전면에 배치하고 있는데 이는 사사로운 개인적 관심사를 뒤로 하고 백성을 위한 일에 힘써야 한다는 민본주의 통치철학의 가시화로 해석할 수 있다. 나아가, 앞서 언급한 것처럼 주남철의 논리를 따르자면 경복궁의 외조는 전문 앞에 배치된 궐내각사(삼군부 · 중추부 등)와 오문 바깥의 육조대로 중앙관아들로 이뤄진 궐외각사들을 포함하고 있다. 이렇듯 외조는 재상정치를 위한 핵심적 기관들을 포함하는 공간이며, 『주례』는 외조를 3조의 으뜸으로 삼는다는 사실(賀業鉅, 1995, p. 127)에 비춰보면, 정도전이 강조한 재상정치론의 의미와 중요성이 외조 공간을 통해 표현되고 있음을 인지하게 된다.

정도전은 1395년 10월 7일에 궁과 내부 건물의 이름들을 지어 올렸는데 그 명칭들에도 군주의 위엄과 권위 그리고 덕치와 민본과 재상정치론 등의 통치철학이 드러나고 있다. 먼저, 경복궁의 뜻을 살펴보자.

> 신 정도전, 삼가 손을 모으고 머리를 조아려 『시경』 「주아」편에 나오는, '이미 술에 취하고 덕에 배가 불러서 군자 만년의 빛나는 복(景福)을 빈다'라는 시구에서 따와 새 궁궐을 경복궁으로 부르기를 청하오니, 전하와 자손께서 만년 태평의 업을 누리시고 사방의 신민으로 하여금 길이 보고 느끼게 하옵니다. (정도전, 1997, 1권, p. 257)

전각 · 루 · 문의 이름에 대한 정도전의 설명을 들어보자. 먼저, 정도전은 내전의 연침을 '강녕전'(康寧殿)으로 명명하면서 그 뜻을 전했다.

신이 상고하건대 홍범 아홉에 오복(五福)께서 셋째가 강녕이었습니다. 대개 인군이 마음을 비우고 덕을 닦아 대중지정(大中之正)한 도를 세우면 오복을 누릴 수가 있으며 강녕은 곧 그 오복의 하나인데 그 중에서 강녕만 든 것은 그를 들면 나머지는 모두 포함되기 때문입니다. [……] 원컨대 전하께서는 무공의 시를 법받아 안일을 경계하고 경외를 가져서 대중지정의 무궁한 복을 누리소서. 그러면 성자, 신손이 계승하고 계승해서 천만대를 전할 수 있습니다. 그리하여 연침을 강녕전이라 이름 지었습니다. (정도전, 1997, 1권, p. 257)

다음으로 강녕전 옆의 동소침과 서소침을 각각 '연생전'(延生殿)과 '경성전'(慶成殿)으로 명명했다.

천지가 만물을 봄에는 생장시키고, 가을에는 성숙시킵니다. 성인은 만백성을 인으로 생장시키고 의로 제어합니다. 그리하여 성인이 하늘을 대신하여 만물을 다스릴 때 그 정령(政令)과 시위(施爲)는 하나같이 천지의 운행을 본뜹니다. 그래서 동쪽 소침을 연생전, 서쪽 소침을 경성전이라고 하였습니다. 이것은 전하께서 천지의 생장과 성숙을 본받아 정령을 밝힘을 보이려는 것입니다. (정도전, 1997, 1권, p. 258)

이어, 내전의 편전을 '사정전'(思政殿)으로 명명했는데 그 뜻은 다음과 같다.

『시경』에 이르기를 '어찌 너를 생각지 않으리오마는 집이 멀어서 못한다' 했는데, 공자가 이르기를 '생각을 하지 않음이지 어찌 멀어서 그렇겠는가?' 했으며, 『서경』에 이르기를 '생각은 슬기로운 것이며, 슬기로운 성인이 된다'고 했으니, 생각이 사람에게서 작용되는 것이 지극하다고 하겠습니다. 이 궁전은 매양

근정전 (출처: 직접 촬영)

조회 때 여기에서 국사를 봅니다. 그리하여 만 가지 일이 겹쳐 이르는데 모두 전하께 품달되어 조칙을 내리고 지휘를 하게 되니 더욱 생각지 않을 수 없는 곳입니다. 그래서 사정전이라 칭하여 이름지었습니다. (정도전, 1997, 1권, p. 259)

사정전과 함께 핵심적인 통치 기능을 수행하는 정전에 대해 정도전은 '근정전'(勤政殿)으로, 그 문인 전문을 '근정문'(勤政門)으로 칭했다.

저, 한 · 당(漢唐)의 인군들이 삼대(三代)만 못한 것은 바로 이것 때문이니, 그러하다면 인군은 하루도 부지런하지 않을 수 있겠습니까? 그러나 다만 인군이 부지런해야 한다는 것만 알고 부지런히 하는 까닭을 알지 못한다면 그 부지런함이 번쇄하고 까다로운 데 흐르고 말므로 볼 만한 것이 못 될 것입니다. 선유(先儒)가 말하기를, '아침에는 정사를 처리하고 낮에는 어진 이를 방문하고, 저녁에는 조령(朝令)을 만들고 밤에는 몸을 편히 쉰다'고 말했는데 이것이 인군의 부지런함입니다. 또 이르기를 '어진이 구하는 데는 부지런하고, 어진이 임명하는 데는 빨라야 한다'고 하였습니다. 그래서 신이 이로써 올리는 것입니다. (정도전, 1997, 1권, p. 260)

근정전 양 옆의 누각에 대해서는 각각 '융문루'(隆文樓)와 '융무루'(隆武樓)로 명명하면서 그 뜻을 다음과 같이 밝혔다.

> 문은 태평한 정치를 이룩하는 것이요, 무는 난리를 평정하는 것이므로 이 두 가지는 사람에게 양팔이 있는 것과 같아서 하나라도 없어서는 안 되는 것입니다. 대개 예악과 문물이 빛나서 볼 만한 것이나, 군사와 무기가 징연하게 다 갖추어진 것이나, 사람을 등용하는 데 있어서도 문장, 도학의 선비, 과감하고 용력 있는 군사들이 중외에 포열하고 있는 것은 이 모두가 문과 무의 숭상을 지극히 한 데서 온 것이오니, 전하께서 문무를 아울러 써서 장구한 정치가 이룩됨을 보게 될 것입니다. (정도전, 1997, 1권, p. 261)

지금까지의 설명을 통해 알 수 있듯이 궁의 이름들은 중국 고대 현군들의 통치철학을 따라, 『시경』, 『서경』과 같은 유교 경전들을 기초로 지어졌는데 여기서 우리는 새로운 왕조 조선의 주자학적 통치 질서 구현에 대한 정도전의 열망을 보게 된다. 주자학적 질서 속의 군주는 백성을 위해 어진 통치를 해야 한다. 그리하여 궁의 전각들은 깊이 생각하고 부지런히 행동하면서 덕을 쌓는 인군의 이상을 담고 있다. 한편, 정도전은 경복궁의 명칭을 정하면서 궁의 규모에 투영된 민본의 뜻을 전했다. 앞서 언급한 것처럼 경복궁은 총 390여 칸의 규모로 건립되었는데 이는 국가의 정궁으로서는 그리 큰 규모가 아니다(이강근, 2003, p. 22). 이와 관련해 정도전이 중국 고대 경전인 『춘추』(春秋)를 들어, 군주는 궁궐 공사에 백성의 힘을 지나치게 동원해 그들을 힘들게 해서는 안 되고, 오히려 자신이 가진 것들을 그들에게 나눠줄 수 있어야 함을 강조했다는 사실을 언급할 필요가 있다(정도전, 1997, 1권, p. 257).

제3장

광화문공간과 통치이념의 표상

1. 광화문공간의 탄생

지금까지 우리는 새로운 왕조의 도읍과 궁궐이 건립되는 역사적 과정과 상징적 의미를 살펴보았다. 이제 우리의 관심을 경복궁 앞의 광화문공간으로 확장시켜보자. 경복궁 앞에는 의정부를 필두로 중앙 관아들이 배치된 직선의 육조대로(六曹大路)가 조성되었으며 그 육조대로는 궁궐의 정문 광화문과 공간적으로 연결되어 있다. 그렇다면 광화문은 궁궐과 육조대로의 매개물로 등장한다.

그런데 이러한 공간 형식은 조선왕조만의 특성이라기보다는 『주례』에 그 기원을 두고 있는, 동양 역대 도시들의 궁궐 조형 원리를 일정 부분 반영한 것이다. 『주례』에 따르면 왕궁을 기준으로 동서남북의 9개 주축도로(九經九緯)를 내고(주례, 2002, p. 527), 그 중에서 도성 정문에서 왕궁 정문에 이르는 도로를 '어도'(御道), 즉 군주의 길로 부르고, 어도 주위에 중앙 관아들을 배치시킨다(홍성구 · 김성우, 1988, p. 239). 당나라 장안의 나성 남문에서 궁성 남문에 이르는 주작대로(朱雀大路)—주작은 중국 설화 등에서 청룡·백호·현무 등과 함께 하늘의 4신으로서 남쪽의 수호신이자 군주의 위엄과 권위를 상징하는 동물이다—는 이러한 원리의 역사적 재현이다.

위의 논의를 기초로 우리는 한 가지 흥미로운 질문을 던질 수 있다. 『주례』의 원리를 따르자면 어도에 준하는 이름을 붙여야 함에도 불구하고 조선왕조는 왜 그 길의 이름을 '육조대로'로 명명했을까? 이 문제에 답할 수 있다면 우리는 광화문공간의 본질적 성격과 의미를 파악하는 열쇠를 갖게 될 것이다.

정도전은 육조대로에 연결된 궁의 오문(午門)—나중에 광화문으로 개칭되는 문—을 '정문'(正門)으로 이름 지었다.

> 천자와 제후가 비록 그 형세는 다르지만 남면(南面)하고서 정치를 하는 것은, 모두가 정(正)으로써 근본을 하니 그 이치는 하나인 것이다. 고전을 상고하면 천자의 문을 단문(端門)이라 하는데 그 단이 바로 정인 것이다. 이제 오문을 지칭하여 정문이라 한다. 명령과 정교가 반드시 이 문을 통해 나갈 때 살펴서 신실한 뒤에 나가게 하면, 참설(讒說)이 행하지 못하고 거짓이 의탁할 곳이 없을 것이며, 복주(覆奏)하고 복역(復逆)이 반드시 이 문을 통해 들어오니, 살펴서 신실한 뒤에 들어오게 하면 사벽한 것이 들어올 수 없을 것이고 공적(功績)도 상고할 수가 있을 것이다. 그리고 이 문을 닫아 이언(異言)하는 기사(奇邪)한 백성을 끊고, 이 문을 열어 사방의 어진 이를 오게 하는 것, 이 모두가 정의 큰 것이다. (정도전, 1997, 1권, p. 261)

모든 건축물은 예외 없이 문들을 갖추고 있는데 그러한 문들 가운데 '정문'은 몇 가지 점에서 특별히 주목할 만한 의미들을 지니고 있다. 우선, 정문은 건축물의 주체와 용도와 의미 등 건축물에 관한 가장 근본적이고 중요한 정보들을 담고 있으며, 외부 사람들은 정문을 통해 그러한 정보들을 접할 수 있다. 말하자면 정문은 건축물의 얼굴인 셈이다. 또한, 정문은 건축물 내부와 바깥세계를 구분해줌과 동시에 그 두 세계가 서로 접촉할 수 있도록 해주는 소통의 매개체다. 그런 면에서 문은, 언제나 절대적인 구분과 단절을 지향하는 벽과는 본질적으로 다르다. 정문의 이러한 이중적이고 동시적인 특성은 물리적 공간 배치 상, 건축물의 내부와 외부의 접점에 위치한다는 사실에 기인한다.

정문이 지니는 이러한 특성들을 좀 더 자세히 살펴보자면, 물리적으로 비어 있는 공간은 의미를 표출하는 특정한 표식을 통해 자신의 정체성을 확보한다. 예컨대, 아무것도 없는 빈 광장에 정치적 의미를 표상하는 동상을 세우게 되면 그 광장은 특정한 정치적 정체성을 띤 공간으로 거듭나게 된다. 건축물 또한 그러한 표식들 중의 하나라고 할 수 있다. 건축물로 둘러싸인 공간의 내부는 외부와 구별되는 정체성의 영역으로 탄생된다. 그리고 공간적 정체성의 색깔은 건축물이 지향하는 의미와 용도에 의해 결정된다. 정치적 건축물인가, 종교적 건축물인가에 따라 또는 교육적 건축물인가, 문화적 건축물인가에 따라 정체성의 방향과 내용이 달라질 수밖에 없는 것이다. 이러한 방향에서 살펴볼 때 정문은 건축물의 정체성을 위해 가장 본질적인 기능을 수행한다. 무엇보다 정문은 건축물이 어떠한 의미를 내재하고 있으며 어떠한 용도로 활용되는지 또한 그 건축물의 주체와 구성원들이 누구인지, 즉 정체성의 내용들을 바깥세계를 향해 명확하게 인식시킨다. 그러한 역할을 수행할 때에만 정문으로서의 위상이 온전히 확보될 수 있는 것이다.

그런데 정문에는 또 하나의 중대한 기능성이 존재한다. 그것은 정문을 열고 닫는 일이다. 외부세계와 연결되어 있는 정문은 언제나 열려 있을 수도 없고 그렇다고 계속 닫혀 있을 수도 없다. 전자의 경우라면 건축물에 형성된 정체성의 위기가 발생할 수 있으며, 후자라면 외부와의 소통

부재 상태에 빠져 정문으로서의 기능을 전혀 수행할 수 없을 것이기 때문이다. 따라서 정문은 적절한 리듬에 따라 열림과 닫힘을 반복해야 한다. 그렇다면 문은 언제 열리고 언제 닫혀야 하는가? 이는 건축물의 정체성과 관련해 매우 중요하고도 예민한 문제가 아닐 수 없다. 그런 연유로 정문을 열어 외부와 소통하는 일과 문을 폐쇄함으로써 교류를 단절하는 일은 엄격한 원리와 절차를 갖게 되는 것이다. 특히, 건축물 내부에서 만들어진 정체성이 외부 공간과 현격한 의미상의 차이를 보일수록 정문 개폐의 원칙은 매우 엄격하게 작동할 수밖에 없을 것이다. 그러한 경우라면 정문은 외부와의 소통과 단절을 적절히 관리한다는 의미에서 '정치적인' 기능을 하게 된다.

이러한 정문의 의미와 역할이 가장 두드러지게 부각되는 대표적 예가 있다면 그것은 종교적 신성함으로 채워진 건물일 것이다. 교회나 사원의 내부는 절대적인 신성과 영성의 공간인 반면, 그 바깥은 이른바 세속과 물질성의 공간으로 뚜렷한 의미상의 차이를 보인다. 교회와 사원의 주체들은 영적인 공간으로 세속의 것들이 들어오는 것을 경계하지 않을 수 없다. 왜냐하면 그 둘의 섞임으로 영적인 공간이 오염될 가능성이 있기 때문이다. 그러한 위험을 막기 위해 종교적 건축물의 정문은 들어오고자 하는 사람들이 신성한 공간임을 느끼고 미리 마음의 준비를 할 수 있도록 다양한 종교적 표식과 상징적 장치들로 장식되어 있곤 한다(비델스키, 2005, p. 128). 하지만 그것으로 끝나지 않는다. 신성한 공간으로 들어오는 문턱을 넘기 위한 통과의례가 있게 된다(겐넵, 1992, 2장). 이때 정문은 한 공간에서 다른 한 공간으로 진입하기 위해 필요한 의식이 이루어지는 무대가 된다. 왜냐하면 문은 이질적인 두 공간을 매개하고 있기 때문이다. 그런 차원에서 문은 한층 더 상징적인 성격을 띠게 된다.

'경계'는 문자 그대로 '출발점'(문지방)이며 사람이 한 영역에서 다른 영역으로 통과해 갈 때 그는 실질적으로나 주술적, 종교적으로나 특정한 시간 동안 특별한 상황 속에 있는 자신을 발견하게 된다. 그는 두 세계 사이를 왔다 갔다 하는 것이다. 이러한 상징적이고 공간적인 전이 지역은 하나의 사회적이고 신비한 종교적 위치에서 다른 위치로의 이동을 동반하는 모든 의례행사에서 다소 뚜렷한 형태로 발견될지도 모른다. 그러므로 문이나 입구는 그 자체로 신성한 것이다. (웨슬러, 2005, pp. 426~427)

조금 길게 얘기했지만, 징문에 대한 징도진의 관심 또한 이러한 인식론적 맥락과 궤를 같이 하고 있는 것으로 보인다. 무엇보다, 정문은 왕조의 정치적 중심인 궁궐에 내재된 군주의 권위와 통치의 이념을 드러내주어야 한다. 궁궐의 외부에 존재하는 피치자들은 정문의 외관을 통해 궁궐 내부에서 표상되는 군주의 존재와 위엄을 인식할 수 있게 된다. 더불어 정문은 외부세계와 소통하면서도 바깥에서 들어오는 부정적인 요소들을 엄격하게 차단해야 하는 이중적 역할을 수행해야 한다. 정도전이 밝히고 있는 정문의 세 가지 기능들은 이러한 철학적 성찰을 반영하고 있다. 첫째, 정문은 유교적 통치이념을 시각화하고 있다. 유교적 통치는 본질적으로 북쪽에 앉아서 남쪽을 향해 이루어지는 것으로 그것은 곧 통치자의 위엄을 보이는 모습이다. 둘째, 정문은 군주의 통치행위가 실천되는 통로다. 왕궁 안에 잠재되어 있는 통치철학과 정책들은 정문을 통해 바깥으로 나감으로써만 현실화된다는 것이다. 셋째, 정문은 외부에서 들어오는 정치적 언어들을 통제하고 여과하며, 능력 있는 인물들을 받아들이는 기능을 수행한다. 그것은 곧 왕조의 정치적 정체성을 지켜내면서 외부세계와 정치적 소통을 하는 과정이다. 이런 면에서 궁의 정문은 다른 문들이 필적할 수 없는 정치적 상징성을 띠고 있으며 그 상징성은 문의 형태를 통

광화문 (출처: 국가기록원)

해 가시화되고 있다.

광화문의 외관을 관찰해보면 정도전이 말한 정문의 정치적 의미가 명확하게 드러난다.

> 다른 궁의 문들은 낮은 기단에 삼문형식이다. 그러나 경복궁의 4대문(광화문, 건춘문, 영추문, 신무문)은 석축을 높게 쌓고 중앙에 홍예문을 터서 문루를 얹은, 성곽문과 같은 구조다. 다른 궁의 문이 규모 있는 시설의 대문 정도라면 경복궁 사대문은 궐문이다. 그 중에서도 광화문은 잘 다듬은 돌을 쌓아 홍예문을 셋이나 텄다. 당당하고 품격 높은 법궁 정문이다. (양택규, 2007, p. 112)

> 광화문은 위풍당당하다. 석축 기단에 3궐(三闕)의 홍예를 만들고 그 위에 앞면 3칸, 옆면 2칸의 중층 우진각 지붕—지붕 네 모서리의 추녀마루가 처마 끝에서부터 경사지게 오르면서 용마루 또는 지붕의 중앙 정상점에서 합쳐지는 형태—의 목조 문루로 이루어져 있다. (양택규, 2007, p. 114)

다른 궁궐의 정문들과 비교하면 조선왕조 정궁을 대표하는 문임을 한 눈에 알 수 있을 만큼 웅장한 모습이다. 전통적으로 성문이나 누문 등에 많이 사용되었던 우진각 지붕은 중국 궁궐의 주요 지붕 형식이었다.

> [태화전은] 주원장이 명나라를 세운 후 영락 5년(1407)에 남경에서 베이징으로 천도를 결정하고 14년 간에 걸쳐 자금성을 완성하여 500여 년 간 유지되어왔다. 그 정전인 태화전과 태묘가 우진각지붕이고 그 외에도 건청궁, 곤년공, 오문, 신무문 등이 우진각지붕이다. 이것은 중국을 대표하는 지붕이 우진각지붕임을 은연히 암시하고 있나. 득히 태화전은 황세의 즉위, 국경일의 식전, 중요한 조하내전(朝賀大殿) 의식이 행해지는 장소로서 지붕이 2층으로 된 현존하는, 중국에서 가장 큰 목조건물이다. (박태화, 2002, p. 39)

우진각 지붕 형태가 왕실의 위엄을 표상하는 데 적합한 양식임을 말해준다. 이렇게 보면 광화문의 지붕이 우진각인 것은, 그것도 중층으로 이루어졌다는 것은 군주권력의 장엄함과 무게를 시각적으로 재현하고 있는 것으로 해석될 수 있다. 더욱이 광화문은 다른 궁문들처럼 목조로 이루어진 삼문도 아니고, 석조로 이루어진 홍예문 하나만도 아니다. 거대한 석축에 세 개의 홍예문을 거느리고 있다. 홍예문의 정치적 상징성은 각 홍예문의 기능과 천장의 벽화들을 통해 명확하게 드러난다. 홍예문의 중간은 왕과 왕비만 출입할 수 있다. 그러한 의미에서 어칸 또는 어문으로 불린다. 왕의 권위를 상징하기 위해 어문의 천장에는 비상하는 주작의 벽화가 그려져 있다. 앞서 언급한 것처럼 주작은 군주의 위엄과 권위를 상징하는 동물이다(백영자, 1994, pp. 38~39). 어도가 거느리고 있는 좌우의 문은 동협문과 서협문으로 불린다. 동협문의 천장에는 기린이, 서협문의 천장에는 영귀(靈龜)가 장식되어 있다. 기린과 영귀 또한 군주 권위의 상징이다. 기린은 어진 성군이 출현하고 세상이 태평해질 징조로 해석되는 동물이다. 이렇게 보면 광화문 동협문의 기린은 군주의 인과 덕을 드러내주는 상징물이다. 서협문에 그려진 영귀 또한 군주 권위의 상징적 재현으로 해석된다. 전통적으로 거북은 신성한 군주의 출현을 촉구하는 백성의 뜻을 신에게 전달하는 사자였다(한국문화상징사전 편집위원회, 1992, p. 38). 영귀가 그려진 광화문을 통과해 세상으로 나오는 군주는 신성한 존재로 표상된다. 이렇듯 광화문의 외관은 위엄과 권위를 갖추고 있으면서 백성들의 안전과 삶의 풍요, 즉 민본을 실현하고자 하는 인군(仁君)과 왕도정치의 이념을 시각화하고 있다. 동시에 광화문의 두 홍예문은 능력 있는 인재들을 불러들이는 통로이기도 하다.

그런데 경복궁의 정문 광화문은 단독으로 존재하지 않는다. 그것은 공간적으로 육조대로와 연결되어 있으며 이 육조대로의 양 옆에는 중앙 관아들이 배치되어 있다. 조선왕조는 중앙 관아를 아무렇게나 배치하지 않았다. 방위에 따른 관직의 상하 규정, 즉 북쪽과 좌측이 상위를 차지한다는 유교적 정치이념에 근거해 광화문의 좌측에는 북쪽에서 남쪽으로 의정부 · 이조 · 한성부 · 호조를, 우측에는 역시 북쪽에서 남쪽으로 예조 · 사헌부 · 병조 · 형조 · 공조를 배치했다. 그렇다면 이 육조대로는 일차적으로 왕국의 중앙 행정사무를 관장하는 핵심적 공간이겠지만 정문과 연결시켜 해석하자면, 기능적 의미를 넘어서는, 매우 복합적이고 상징적인 의미의 공간으로 우리에게 다가온다. 첫째, 육조대로는 정문에 구현된 왕조의 권위와 통치이념을 시각적으로 인지할 수 있는 자리가 된다. 군주는 북쪽에 앉아서 남쪽을 향해 자리를 잡고 그 양 옆에 의정부와 육조의 관리들이 배석해 있는 모양새라고 할 수 있다. 중국에서 궁궐 정문 앞의 대로가 어도로 불리는 이유는 아마도 그곳이 바로 군주의 권위를 가장 뚜렷하게 느끼게 하는 장소이기 때문일 것이다.

광화문 천장 주작도 (출처: 국가기록원)

> 어쨌든 궁성이 도시의 정중앙에 있든, 가장 북쪽의 가운데에 있든 직선의 주작대로는 평지에서 웅장한 궁성을 시각적으로 더욱 웅장하게 느낄 수 있도록 하는 경관 요소이다. 주작대로 이외의 도로망은 주작대로의 직선을 따라 배치되기 때문에 기본적으로 직선의 형태를 이루게 된다. (이기봉, 2008, p. 69)

둘째, 육조대로는 궁궐에서 확립된 군주의 통치철학이 정문을 지나서 피치자들을 향해 구체적으로 실천되는 출발점이기도 하지만, 역으로 군주를 향한 피치자들의 정치적 의지가 논의되고 수렴되는 정치적 무대이기도 하다. 한마디로 통치 주체와 객체 간의 정치적 커뮤니케이션이 수행되는 공간이라고 할 수 있다. 그렇다면 그곳에서는 군주와 신민 간에 때로는 정치적 긴장이 또 때로는 정치적 화합이 이루어졌을 것이다.

육조대로는 이러한 두 가지 정치적 속성을 내포하고 있는 장소다. 그런데 조선왕조는 이곳을 군주의 길이 아니라 신료들의 길을 의미하는 육조대로로 명명했다. 육조대로의 첫 번째 기능에 염두를 두었다면 그 길은 당나라의 주작대로에 필적하는 이름으로 불려야 했을지도 모른다. 그러나 조선왕조는 육조대로의 두 번째 기능에 초점을 맞춘 것으로 보인다. 그 이유가 무엇일까? 이에 답하기 위해서는 태조 집권기에 구축된 권력관계와 정책 결정의 원리에 대한 심층적 이해가 필요하다. 즉, 우리는 광화문공간의 형식과 왕조의 통치원리 사이에 내재하는 상관관계를 들여다봐야 한다.

2. 태조와 '군신공치제'의 등장

1392년 8월 20일, 방석이 세자로 정해졌다. 방석은 태조의 8명의 아들들(첫째 아들은 사망) 중 막내였기 때문에 그가 세자로 책립된 것은 결코 자연스러워 보이지 않는다. 왕조를 이어갈 중차대한 정치적 사안인 세자 책립 문제가 제기되었을 때, 배극렴 등은 평상시라면 적자를 세우는 것이 옳지만 비상시국이므로 개국에 공이 큰 다섯째 아들 방원을 세자로 정할 것을 주장했다(이달순, 1990, p. 166). 잘 알려져 있다시피 이방원은 조선왕조 개국의 마지막 걸림돌인 정몽주를 제거하고 아버지 이성계의 왕위 추대 과정에 주도적으로 참여한 개국공신급의 인물이었다. 하지만 태조는, 탁월한 정치적 능력을 지녔음에도 불구하고 그를 탐탁지 않게 생각했다. 권력욕에 지나치게 사로잡혀 있을 뿐만 아니라 정치적 목표 달성을 위해 수단과 방법을 가리지 않는 아들의 모습에 큰 불만을 드러냈던 것이다. 방원이 정몽주를 잔인하게 살해한 사건이 결정적인 요인이었을 법하다. 정몽주의 격살 소식을 들은 태조는 아들을 향한 분노를 감추지 않았다.

우리 집안은 본디 충효로써 세상에 알려졌는데, 너희들이 마음대로 대신을 죽였으니, 나라 사람들이 내가 이 일을 몰랐다고 여기겠는가? 부모가 자식에게 경서를 가르친 것은 그 자식이 충성하고 효도하기를 원한 것인데, 네가 감히 불효한 짓을 이렇게 하니, 내가 사약을 마시고 죽고 싶은 심정이다. (태조실록 1권 총서 131번째 기사)

또한, 태조는 세자를 정하는 일과 관련해 계비인 신덕왕후 강씨의 태도를 비중 있게 고려하고자 했는데 이 점 또한 방원이 세자로 정해지기 어려웠던 이유를 설명해준다. 태조의 분노를 가라앉히기 위해 이방원은 정몽주가 자신의 가문을 모함하려 했기 때문에 그를 죽인 것이며 그것이 곧 효라는 논리를 내세웠지만 아버지의 태도는 바뀌지 않았다. 이에 이방원이 어머니를 향해 자신을 변호해주지 않는다고 불만을 털어놓자, 왕비는 그의 입장을 지지하기는커녕 화를 내면서 그를 조롱했다. "공은 항상 대장군으로서 자처하였는데, 어찌 놀라고 두려워함이 이 같은 지경에 이릅니까?"(태조실록 1권 총서 131번째 기사). 왕비 강씨는 친자식이 아닌 방원의 정치적 부상을 경계하고자 했는데 이는 궁극적으로 자신의 두 아들들 중에서 세자책봉이 이루어지기를 바라는 정치적 욕망에 연유하는 것으로 보인다.

이에 태조는 계비 강씨의 두 아들인 방번과 방석 중에서 큰 아들인 방번을 세자로 정하는 것이 좋겠다는 입장을 드러냈으나 조준 · 정도전 · 남은 등 논의에 참여한 대신들이 방번은 "광망하고 경솔하며 볼품이 없다"고 말하면서 태조의 의견에 반대 입장을 분명히 했다. 그러자 태조는 세자로 마땅한 인물을 물었고, 이에 대해 신료들은 방석을 추천했다. 태조가 이를 받아들여 결국 방석이 세자로 책립되었다. 그런데 한 역사학자의 해석을 따르자면 배극렴 · 조준 · 정도전 등이 방번의 세자 책립에 반대한 근본적인 이유는 단순히 그의 함량 미달의 인격적 자질 때문이 아니라 보다 근본적인 정치적 계산에 따른 것이다. 방번의 장인이 공양왕의 동생인 왕우였다는 점을 고려하자면 새로운 왕조를 이끌어갈 왕세자의 장인이 고려 왕실의 중심인물인 것은 결코 자연스러운 모양새가 아닐 뿐만 아니라 신왕조에 잠재적인 정치적 위협이 될 수 있는 요인으로 해석된다(민현구, 2005, pp. 16~17).

세자 책립을 둘러싼 이 역사적 에피소드는 개국 초기 국가적 사안의 결정이 결코 군주의 절대적이고 배타적인 주도권 행사를 통해 이루어지지 않았음을 보여주고 있다. 오히려 왕과 신하의 정치적 이해관계가 때로는 부딪히면서 또 때로는 타협하면서 합의가 도출되었던 것이다. 예컨대, 방석의 세자 책립은 왕비의 의견을 존중하고자 하는 태조의 의지와, 개국 초기의 정국을 안정적으로 이끌어나가고자 하는 재상들의 의지가 서로 접점을 찾았음을 의미한다(민현구, 2005, p. 17). 정치사학자들은 이러한 정책결정 과정을 '군신공치제'(君臣共治制)로 부른다(최연식, 1998; 민현구, 2005; 김영수, 2008). 이러한 정치적 의사결정 구조는 신왕조의 도읍을 정하는 과정에서 이미 명확하게 관찰된 바 있다. 앞서 살펴본 것처럼, 서둘러신 도읍을 세우려는 태조의 의지는 그와 이해관계를 달리하는 중신들의 빈번한 반대에 부딪혀 좌초의 위기에 처한 적이 한두 번이 아니었다. 결국 태조의 뜻대로 한양이 수도로 결정되었지만 그것은 형식적이라고 하더라도 신료들의 명시적 동의를 받음으로써 가능했던 일이었으며, 행정 절차상으로는 군신공치제를 대표하는 권력기관인 도평의사사(김영수, 2008, p. 42)의 건의를 왕이 수용하는 모양새를 취했던 것이다.

군주와 대신 간의 상호작용적 정책결정은 개국 직후 이루어진 공신책봉과 구(舊)왕족의 처리 과정에서도 확인된다. 태조 즉위년인 1392년 8월 2일 공신도감(功臣都監)이 설치되어 공신책봉이 시작되었다. 그해 8월 20일 태조는 교지를 내려 개국공신 위차에 관한 기준을 세웠다. 첫째, 배극렴 · 조준 · 정도전 등 16명을 "천명의 거취와 인심의 향배를 알고, 백성과 사직의 대의로써 의심을 판단하고 계책을 결정하여, 과궁(寡躬)을 추대하여 대업을 함께 이룬" 공로자로 둘째, 윤호 · 이민도 · 박포 등 11명을 "모의에 참여하여 과궁을 추대"한 공로자로 셋째, 안경공 · 김균 · 유원정 등 16명을 "고려 왕조의 정치가 문란할 때를 당하여 과궁에게 뜻을 두고 오늘날까지 이르도록 지조를 굳게 지키고 변하지 않은" 공로자로 선정했다(태조실록 1년 8월 20일 기사). 이후 그해 9월 16일 공신도감에서는 태조의 교지를 따라 배극렴 · 조준 등 16명에 일등공신,[8] 윤호 · 이민도 등 11명에 이등공신, 안경공 · 김균 등 16명에 삼등공신의 칭호를 내렸다. 태조는 공신도감의 상언을 승인하고 공신들에게 토지와 노비 등의 포상을 내릴 것을 명령했다(태조실록 1년 9월 16일 갑오). 그로부터 11일 후인 9월 27일에 태조는 조견(이등공신), 한상경 · 임언충 · 황거정 · 장사정 · 한충 · 민여익(삼등공신) 등 7명을 추가로 개국공신으로 추록한다는 교서를 도평의사사에 내렸다(태조실록 1년 9월 27일 을사). 하지만 태조의 결정은 대간(臺諫)의 반대에 부딪혔다. 대간은 추가로 개국공신에 추록될 사람들이 과연 그에 합당한 공로를 세웠는지 의문인데 그들을 공신 반열에 오르게 하면 그들만큼 공을 세웠지만 공신에 들지 못한 사람들의 불만이 클 것이라는 이유를 들어 반대론을 폈다. 하지만 태조는 대간의 의견을 받아들이지 않고 7명을 추가로 공신에 추록했다(태조실록 1년 10월 3일 신해). 이어 11월에는 황희석을 추가로 개국공신(이등공신)에 책봉한다는 교지를 내렸다(태조실록 1년 11월 19일 병신). 개국공신 책봉이 마무리되는 시점인 태조 1년 10월부터 원종공신(原從功臣) 책봉이 시작되어 태조 6년(1397년) 12월까지 10여 차례에 걸쳐 1,400여 명이 선정되었다(최승희, 2007, p. 58).

8 이미 사망한 중추원사(中樞院使) 김인찬(金仁贊)에게도 일등공신의 칭호를 내렸다.

위의 공신책봉 과정에 대한 정치적 해석을 시도해보자. 원종공신의 경우 태조의 정치적 의지가 상당부분 관철된 것으로 보인다. 원종공신들은 출신 지역과 신분 등에서 고른 분포를 보이고 있었다. 예컨대, 회유와 포섭의 대상이 되는 고려시대의 관리들과, 이성계의 친인척들이 상당부분 포함되어 있었으며, 향리 · 평민 · 서자 · 여진과 원나라의 귀화인 등 다양한 출신성분으로 이루어졌다. 최승희는 이러한 구성이야말로 공신책봉에서 태조의 의지가 절대적인 영향력을 행사했음을 보여주고 있는 것이라고 해석하고 있다. 그는 "만약 사대부 출신 또는 중신들의 합의로 공신이 선정되었다면 공신들의 출신 지역과 신분, 직업이 한정될 수밖에 없었을 것"이라는 논리를 전개한다(최승희, 2007, p. 58). 하지만 개국공신 책봉에 대해서는 다른 해석이 존재한다. 개국공신에 책봉된 52명 중에서 한충과 황희석을 제외한 50명이 태조의 즉위 전날인 7월 16일에 이성계를 찾아가 즉위를 권유한 인물들이다(류주희, 1999, p. 7).[9] 말하자면 개국공신은 그야말로 조선왕조가 건국되기 이전에 이성계를 지지하면서 그와 정치적 행보를 같이한 인물들이다. 민현구에 따르면 이성계를 새로운 왕으로 추대한 52명은 "정도전, 조준, 남은 등이 충성도, 명망, 능력 등을 감안하고, 직접 · 간접으로 이성계의 호오를 확인하여 선정하되, 그의 일족과 하급 관료, 장교 등도 고르게 포함"시킨 전략적 고려의 결과물이다. 민현구는 신중한 처신을 필요로 하는 미묘한 정치적 국면에서 이성계가 스스로 자신의 추대를 주도한 인물들을 선택했다고 보기 어려우며 오히려 그의 핵심 측근들이 이성계의 의지를 존중해 미리 인물들을 선정하고 그 뒤에 이성계의 확인과 승인을 받은 것으로 해석하고 있다(민현구, 2005, p. 20). 이

9 당시 이성계의 사저를 찾아간 사람들은 모두 52명이었고 그 중에는 이방원과 민개가 포함되어 있었으나 이 둘은 개국공신 책봉과정에서 제외되었다.

는 곧 군주와 핵심 관료들의 정치적 협의 또는 타협으로 개국공신 책봉 문제가 정리되었음을 의미하는 것이다.

다음으로, 고려 왕족의 처리 과정을 보면, 1392년 7월 28일에 내린 태조의 즉위교서에는 다음과 같은 내용이 명시되어 있었다.

> 왕씨의 후손인 왕우(王瑀)에게 기내(畿內)의 마전군(麻田郡)을 주고, 귀의군(歸義君)으로 봉하여 왕씨의 제사를 받들게 하고, 그 나머지 자손들은 외방(外方)에서 편리한 데에 따라 거주하게 하고, 그 처자와 동복(僮僕)들은 그전과 같이 한 곳에 모여 살게 하고, 소재 관사(所在官司)에서 힘써 구휼(救恤)하여 안정된 처소를 잃지 말게 할 것이다. (태조실록 1년 7월 28일 정미)

이어 태조는 같은 해 8월 7일에 왕우의 형, 왕요(王瑤), 즉 공양왕을 공양군(恭讓君)에 봉했으며, 고려의 왕대비 안씨를 의화궁주(義和宮主)로 삼는 조치를 취했다(태조실록 1년 8월 7일 병진). 이들 고려 왕족들은 상당한 숫자의 노비를 거느리는 등[10] 태조의 적극적 배려 아래에 있었던 것으로 보인다. 나아가, 태조는 왕우를 만나 격구를 하면서 공민왕을 함께 섬긴 일을 회상하고 그를 해할 의도가 결코 없음을 강조해마지 않았으며(태조실록 2년 4월 4일 무인), 고려 왕족인 왕강을 뛰어난 학식과 전문성을 지닌 사람으로 칭송하면서 원종공신으로 임명했다(태조실록 2년 8월 10일 계미). 이 기록들로 미루어볼 때, 고려 왕족에 대한 신왕조의 태도는 결코 적대적이지 않았던 것으로 읽힌다.

---

10 고려 왕족이 소유한 재산을 제한해야 할 필요가 있다는 사헌부의 상소에 대해 "고려의 종친과 양부(兩府) 이상의 관원에게는 노비 20명을 주고, 이하의 관원에게는 노비 10명을 주고 그 나머지는 관(官)에 소속하게" 하라는 태조의 명령(태조실록 1년 8월 20일 기사)이 그 점을 잘 보여준다.

하지만, 이러한 상황은 태조 3년(1394년)에 발생한 한 정치적 사건으로 인해 급반전되기에 이른다. 동래현령 김가행과 염장관(鹽場官) 박중질이 맹인 이흥무에게 이성계와 공양왕 중에서 누구의 운명이 더 길한가, 왕씨 일족 가운데 명이 귀한 사람이 누구인가를 점을 통해 알려줄 것을 청한 사건이 1월 16일에 발각되었다. 이는 생각하기에 따라서는 신왕조를 뒤엎고 고려왕조를 부흥시키기 위한 정치적 의지로 읽힐 수도 있는 일이었다. 점을 친 이흥무를 잡아 취조를 한 결과 참찬문하부사(參贊門下府事) 박위가 계획한 일로 밝혀졌다. 관련자들과 함께, 점복의 대상에 오른 왕씨 일족들(왕화 · 왕거)이 체포되었다(태조실록 3년 1월 16일 병진). 그런데 이 사건에 대한 태조와 신하들의 입장은 사뭇 달랐다. 대간과 형조가 수차례에 걸쳐 상소를 올려 "공양군 부자와 여러 왕씨를 잡아서 일체 모두 영절(永絕)하신다면 종사에 매우 다행이겠습니다"라고 주장했다. 하지만 태조는 상소 올리는 것을 금지시켰음을 강조하면서 신료들의 제안을 받아들이지 않았다(태조실록 3년 4월 10일 기묘). 태조는 자신과 정치적 동지였던 박위를 용서하고 나머지 관련자들 또한 가벼운 형벌로 매듭짓길 원했다(태조실록 3년 3월 3일 임인; 민현구, 2005, p. 22). 그럼에도 불구하고 대간과 형조의 신료들은 왕의 뜻을 거부하고 거듭 상소를 올렸다. 그들의 정치적 저항에 부딪힌 태조는 왕화 · 왕거 · 김가행 · 박중질 · 김유의 · 이흥무 등을 죽이는 일로 마무리 지으려 했다(태조실록 3년 3월 13일 임자). 하지만 신료들은 석방된 박위를 탄핵하고(태조실록 3년 3월 22일 신유), 모든 왕씨를 제거할 것을 주장하는 상소를 중단하지 않았다. 결국 굴복한 태조는 스스로는 차마 왕씨 일족을 제거할 수 없으니 도평의사사가 주도해 문제를 풀어가는 것이 좋겠다는 입장을 밝혔다. 도평의사사의 논의 결과, 왕씨를 모두 제거하자는 의견이 지배적이었으나 서운관(書雲觀) 등에서는 죽이지는 말고 섬으로 귀양을 보낼 것을 주장했다. 이에 도평의사사는 여러 의견을 종합해 결정해야 할 것이라는 제안을 임금에게 올렸다. 태조는 "왕씨를 구처할 일은 한결같이 각 관사의 봉해 올린 글에 의거하게 하나, 왕우의 삼부자는 선조를 봉사하는 이유로써 특별히 사유(赦宥)한다"는 결정을 내렸다. 왕우와 그의 두 아들을 제외하고 삼척에 유배된 공양왕을 비롯해 고려의 모든 왕족들을 제거하는 일이 시작되었다. 고려 왕족이 살고 있는 곳(정남진 · 삼척 · 강화도 · 거제도 등)으로 관원들을 보내 바다에 빠뜨려 죽이거나, 목을 베어 죽이거나, 목 졸라 죽였다. 공양왕과 그의 두 아들은 교살(絞殺)되었다. 또한, 전국에 존재하는 왕씨의 자손들을 대대적으로 수색해 모두 목을 베어 죽였다(태조실록 3년 4월 14일 계미; 4월 15일 갑신; 4월 17일 병술; 4월 20일 기축). 이러한 일들이 마무리된 후에 태조는 왕씨 성을 가진 사람은 모두 어머니의 성을 따르게 함으로써 왕씨 성을 쓰지 못하도록 하는 극단의 조치를 취했다(태조실록 3년 4월 26일 을미).

지금까지의 사태 전개 과정을 통해 알 수 있듯이 태조는 문제를 원만하게 해결하고자 했던 자신의 본래 의지를 관철시킬 수 없었다. 임금은 결국 구왕족의 존재가 신왕조의 정치적 안정에 위협을 가할 수 있다고 판단한 중신들의 정치적 압력에 굴복해 자신의 의지를 꺾어버린 것으로 해석된다(민현구, 2005, p. 24).

지금까지의 역사적 사례들이 보여주고 있는 군신 간의 정치적 긴장과 협력은 단순히 일회적이거나 예외적인 상황이라기보다는 신왕조 초기 국면에서 형성된 권력구조에 깊이 연결된 것으로 보인다. 태조 이성계는 1395년 4월 4일에 공표된, 재해에 처해 재상들의 도움을 청하는 교서에서 다음과 같이 말했다.

때는 바야흐로 양기가 한창인 이 달에 이러한 비바람의 재변이 있어 변고가 보통이 아니니, 내가 심히 두려워하노라. 사람의 하는 일이 옳고 그름에 따라 하늘이 재앙을 내리기도 하고 상서를 주기도 한다. 그러므로 옛날 슬기로운 임금들은 천재를 만날 때마다 반드시 사람의 일에서 '그 원인을' 찾아보고, 혹은 몸을 기울여서 도를 닦기도 하고, 혹은 널리 여러 사람의 말을 구하기도 하였으니, 대개 그 근본으로 돌아가려고 하는 것이다. 과인이 천직을 대신해서 천물을 다스리고 있으나, 나 홀로 다스릴 수가 없어서 재상들과 더불어 다스리는 것이니, 시정(時政)의 득실과 생민(生民)의 휴척(休戚)을 숨김없이 말하여, 천선개과(遷善改過)해서 천변이 없어지게 하라. (태조실록 4년 4월 24일 정해)

이렇듯 태조는 교서라는 공식적 커뮤니케이션을 통해 군주와 재상 간의 권력 분점을 인정하고 있었다. 군신공치제의 기초가 되는 이와 같은 권력 분점 구도는 왕조의 창업 과정에서 파생될 수밖에 없었던 불가피한 정치적 산물로 보인다. 조선왕조의 개국은 이성계가 장악하고 있던 군사력만으로 가능한 일이 아니었다. 그것은 뛰어난 지력과 결단력을 가진 측근 사대부들의 협력과 지원이 없었다면 불가능했던 일이다. 태조와 그의 핵심 지지세력들은 공통의 목표를 향해 예측 불허의 정치적 파도들을 정면으로 돌파해나간 운명적 동지들이었으며 그런 면에서 태조로서는 그들을 제쳐놓고 자신이 국가권력을 독점하는 것을 상상하기란 매우 힘들었을 것이다. 또한 혁명의 성공 이후에 실천해나가야 할 신왕조의 제도적 기초 확립과 관련해서도 그들의 정치적 식견과 전문성이 필요했을 것이다(민현구, 2005, p. 31).

그러한 권력 분점의 원리를 제도적인 차원에서 구체화한 사람이 정도전이었다. 앞서 살펴본 것처럼, 정도전은 『조선경국전』과 『경제문감』을 통해 재상정치론이란 이름으로 군주와 신하의 권력 분점과 정치적 협력 관계를 명문화했다. 이상적 유교 통치를 구현하고 있는 원리인 재상정치론 속에서 국가권력은 삼분된다. 군주는 국가의 최고 존재로서 상징적 권력과 함께 재상 임명권을 지니고 있고, 재상은 군주의 명령을 받아 국가를 실질적으로 통치해낼 권한을 지니고 있다. 그리고 간관(諫官)은 왕의 인사를 견제하고, 군주와 재상의 통치행위를 감시할 권한을 보유하고 있다(김영수, 2008, pp. 40~42). 이것이 곧 군신공치제의 핵심적 구조다.

앞의 사례들이 보여주듯이 군주는 국가적 결정을 독점할 수 없었다. 오히려 군주와 재상과 간관이 각자 자신의 정치적 입장과 이해관계 아래에서, 협력과 갈등의 메커니즘을 통해 공동의 결정들을 도출해낸 것이다. 광화문공간은 이러한 군신공치제의 원리를 시각화하고 있는 것으로 보인다. 광화문의 장대하고 화려한 외관은 국가 최고의 권력자인 군주의 위임을 표상하고 있으며, 육조대로의 명칭과 배치는 국왕과 함께 국가 통치를 담당하는 신료들의 권한과 군신 간의 협력적 정치를 공간적으로 재현주고 있는 것으로 보인다. 그런데 이러한 광화문공간은 태조가 권력을 이양하자마자 그의 두 아들에 의해 점차적으로 그 실제적 · 상징적 위상을 잃어갔다. 개경으로의 환도 그리고 새로운 궁궐의 건립에 따른 결과였다. 하지만 세종이 경복궁으로 이어하고 광화문을 대대적으로 수리하며 육조대로를 정치적 의례의 무대로 활용하기 시작하면서 광화문공간의 위상 또한 회복될 수 있었다. 광화문공간을 둘러싼 이러한 대립적인 움직임들 또한 앞의 설명 논리와 마찬가지로, 당대 군주들이 지향한 통치철학적 요인으로 설명할 수 있을 것으로 판단한다.

3. 세종과 광화문공간의 재탄생

경복궁-광화문-육조대로로 연결된, 신왕조의 핵심적인 정치적 무대는 태조가 물러난 뒤에 그 위상이 흔들리는 위기에 직면한다. 정종이 도읍을 다시 개성으로 옮기면서 시작된 위기는 도읍을 한양으로 복원시켰음에도 불구하고 경복궁 동쪽에 새로운 궁궐인 창덕궁을 지은 태종에 이르러 한층 더 심각해졌다. 경복궁을 왕조의 정궁으로 인정하지 않겠다는 것이었기 때문에 그 앞의 광화문공간 또한 본래의 의미와 위상을 상실할 수밖에 없었다. 그렇지만 이러한 움직임에 맞서서 경복궁과 광화문공간의 정치적 의미와 무게를 본래대로 옮겨놓은 인물이 있었으니 그가 바로 세종이다.

세종은 경복궁과 광화문공간에 대한 남다른 애정을 드러낸 군주였다. 경복궁 근정전에서 즉위했을 뿐만 아니라 재위 8년째부터 경복궁으로 옮겨 정사를 보기 시작했으며, 광화문을 대대적으로 중수하고, 육조대로를 정치적 의례의 무대로 적극적으로 활용하곤 했던 것이다. 경복궁에 대한 세종의 애착은 재위 15년에 제기된 경복궁 풍수 논쟁에서 명확하게 관찰된다. 7월 3일, 최양선이 경복궁의 터가 잘못되었음을 주장하고, 창덕궁을 명당인 승문원(承文院) 자리로 옮겨야 한다고 주장했다. 세종은 최양선을 신뢰하지는 않았지만 답사를 통한 조사를 명했다. 남산에 올라 지세를 살펴본 신료들은 최양선과 같은 의견을 올렸다. 하지만 세종은 풍수지리란 그렇게 쉽게 파악할 수 있는 게 아니므로 맑은 날 다시 조사해야 할 필요가 있음을 강조했다(세종 15년 7월 3일 갑인). 7월 9일, 영의정 황희 등으로 하여금 신료들을 이끌고 남산에 올라 경복궁의 배치를 자세히 살필 것을 명했다. 답사에 참여한 신료들이 상이한 입장들을 보였다(세종실록 15년 7월 9일 경신). 그러한 연유로 황희가 직접 최양선 등을 데리고 백악산을 올라가 지형을 살폈지만 역시 합의를 이끌어내지 못했다. 이에 세종은 그 다음날 자신이 직접 경복궁이 내려다보이는 백악산으로 올라가서 전문가들의 의견을 듣고 결론을 내렸다. "오늘 백악산에 올라서 오랫동안 살펴보고, 또 이양달과 최양선 등의 두 가지 말을 들으면서 여러 번 되풀이로 살펴보니, 보현봉의 산맥이 곧게 백악으로 들어왔으니 지금의 경복궁이 바로 명당"이다(세종실록 15년 7월 18일 기사). 7월 29일, 영의정 황희, 예조판서 신상 등이 경복궁의 입지가 명당임을 확인하는 최종적인 보고를 임금에게 올림으로써 경복궁 입지 논쟁이 마무리되었다. 경복궁이 정궁의 위상을 강화하는 순간이다. 그런데 세종은 스스로 백악산에 올라가 경복궁이 명당에 위치하고 있음을 확인한 후에 남대문의 터를 다시 다져 그 위에 문을 다시 세워야 할 필요성을 언급했다.

> 경복궁의 오른팔은 대체로 모두 산세가 낮고 미약하여 널리 헤벌어시게 트이어 품에 안는 판국이 없으므로, 남대문 밖에다 못을 파고 문안에다가 지천사(支天寺)를 둔 것은 그 때문이었다. 나는 남대문이 이렇게 낮고 평평한 것은 필시 당초에 땅을 파서 평평하게 한 것 때문이었으리라고 생각한다. 이제 높이 쌓아 올려서 그 산맥과 연하게 하고 그 위에다 문을 설치하는 것이 어떻겠는가. 또 청파역에서부터 남산에까지 잇닿은 산맥의 여러 산봉우리들과 흥천사 북쪽 봉우리 등처에 소나무를 심어 가꿔서 무성하게 우거지도록 하는 것이 어떻겠는가. (세종실록 15년 7월 21일 임신)

남대문을 통해 경복궁의 풍수지리적 약점을 보완하고자 했던 것이다. 이어서 그는 경복궁에 명당수가 부족하다는 여론을 고려해 도랑을 파 물을 끌어들이고자 했으며, 경복궁 주산인 백악산에 행인들이 다니는 것이 풍수지리학적으로 좋지 못하다고 판단해 사람들의 통행을 금지시키고자 했다(세종실록 15년 7월 21일 임신). 한마디로 말하자면 세종 또한 경복궁의 풍수지리학적 약점을 알고 있었다는 것이다. 그럼에도 불구하고 그는 여러 보완책들을 통해 경복궁을 지키고자 했으며 이는 결국 경복궁에 대한 세종의 애정이 얼마나 컸던가를 여실히 보여주는 부분이다.

재위 8년 되던 해, 창덕궁으로부터 옮겨온 세종은 오랫동안 방치되어 있어 퇴락해가던 경복궁이 정궁으로서의 위용을 갖출 수 있도록 대대적인 중수공사를 진두지휘해 나갔다. 임금은 재위 9년째부터 25년째에 이르기까지 무려 16년간 지속적으로 공사를 진행해나갔다. 공사는 다음과 같이 이루어졌다(김동욱, 2002, p. 131).

- 세종 9년 3월: 동서십자각 철거
- 세종 9년 6월: 영추문 수리
- 세종 9년 8월: 동궁 개축
- 세종 10년 5월: 건춘문 중수
- 세종 11년 1월: 사정전과 경회루 중수
- 세종 11년 2월: 내루 3간 신축
- 세종 11년 4월: 사정전 완공
- 세종 13년 4월: 광화문 건립
- 세종 14년 11월: 문조전 건립
- 세종 15년 7월: 북문 신축
- 세종 16년 8월: 융문루 · 융무루 수리
- 세종 19년 3월: 내전 수리
- 세종 19년 8월: 강녕전 · 남월랑 개수
- 세종 20년 1월: 흠경각 건립
- 세종 20년 3월: 선원전 이축
- 세종 22년 9월: 교태전 건립
- 세종 25년 5월: 계조당 건립

한편, 세종은 공사를 시작하기 전에 미리, 집현전 학자들에게 경복궁 주요 문들의 이름을 새로 지을 것을 명했다.

> 집현전 수찬(修撰)에게 명하여 경복궁 각 문과 다리의 이름을 정하게 하니, 근정전 앞 둘째 문을 홍례(弘禮), 셋째 문을 광화(光化)라 하고, 근정전 동랑(東廊) 협문(夾門)을 일화(日華), 서쪽 문을 월화(月華)라 하고, 궁성(宮城) 동쪽을 건춘(建春), 서쪽을 영추(迎秋)라 하고, 근정문 앞 석교를 영제(永濟)라 하였다. (세종실록 8년 10월 26일 병술)

여기서 우리는 세종이 궁성문을 포함해 궁궐 문이 지니고 있는 의미상의 무게를 명백하게 인지하고 있었던 것으로 추론할 수 있다. 경복궁이 4대문의 체계를 갖추지 못하고 있는 것에 불만이 있던 세종이 재위 15년 7월에 북문인 신무문을 지어 4대문을 완성했다(세종실록 15년 7월 21일 임신)는 사실 또한 그러한 추론에 정당성을 부여한다. 세종은 4개의 궁성문 가운데 광화문에 가장 큰 애착을 보였다. 그것은 곧 정도전이 말한 것처럼, 궁궐의 남문을 통해 군주의 존재와 위엄과 통치이념을 표출한다는 정치적 의지로 해석할 수 있다. 집현전에서 명명한 광화문의 유래에 대해서는 두 가지가 전해지고 있다. 하나는 유교 경전인 『서경』(書經)의 "광피사표"(光被四表, 빛이 사방을 덮고 교화가 만방에 미친다)에서 유래한다는 것이며, 다른 하나는 『위서』(魏書)의 「덕화」(德化)에서 태평성대를 뜻하는 "광천화일"(光天火日)에서 유래한다는 것이다(문화재청, 2005, p. 12). 이 두 유래를 따르자면 광화문은 공히, 덕치를 통해 백성들의 평화로운 삶을 만들어나간다는 이상적 군주의 이미지를 표상하고 있는 이름이다. 이러한 의미에 걸맞게 세종은 정종과 태종 조에 퇴락해가던 광화문을 거대하고 화려한 모습으로 복원해냈다. 이로써 정도전이 명명한 정문이 광화문이란 이름과 그에 걸맞는 화려한 모습으로 육조대로 앞에 다시 등장했다.

경복궁이 정궁의 위상을 확보하고 정문이 새로운 모습으로 건립됨에 따라 육조대로의 위상과 기능 또한 복원되었다. 세종은 두 가지 정치적 목적 하에 광화문공간을 적극적으로 활용했는데, 하나는 군주와 왕실의 존재와 권력을 신민들에게 가시화하는 일이며, 다른 하나는 신민들과 적극적인 소통과 교류를 시도하는 일이었다. 세종이 깊은 관심을 기울였던 오례(五禮)와 같은 국가적 의례와 왕실의 주요 행사들은 위의 정치적 목적들이 실천되는 과정이었으며 광화문공간은 그러한 의식들이 이루어지는 주요 무대들 중의 하나였다(김동욱, 2008, p. 36).

조선은 성리학을 통치이념으로 하는 국가다. 성리학의 근본 통치이념은 예를 그 원리로 하고 있다. 예는 만물에는 질서가 있다는 철학적 사고가 인간사회와 국가의 질서를 만들어내는 규범적 원리로 확장된 것이다. 조선왕조의 창업자들은 예의 원리에 따라 사람 · 조직 · 신분 · 국가 간의 질서를 확립함으로써 조화로운 이상적 공동체를 구현할 수 있다는 정치적 믿음을 공유하고 있었는데, 우리는 그것을 예치주의로 부른다. 정치적 관점에서 볼 때 예는 크게 두 유형의 권력 효과를 산출해낸다. 하나는 예를 통해 군주 중심의 정치질서 확립을 도모함으로써 군주권의 강화를 꾀할 수 있다는 것이며, 다른 하나는 질서가 규범적 차원으로 승화된 예의 원리를 바탕으로 국가체제의 안정과 통합을 도모할 수 있다는 것이다. 중국 고대의 경전인 『예기』에 따르면 예는 구체적으로 길례(吉禮) · 가례(嘉禮) · 군례(軍禮) · 빈례(賓禮) · 흉례(凶禮)로 구성되는데 그것을 하나로 묶어 오례로 명명한다. 길례는 天神 · 地神 · 人神(조상신)에게 올리는 제에 관한 예를 의미한다. 길례의 유일한 주체는 군주다. 신에 제사를 올림으로써 군주는 자신의 정치권력이 초월적 존재들로부터 그 정통성을 부여받았음을 시각적으로 보여주어 왕권의 상징적 기반을 강화할 수 있게 된다. 가례는 왕의 혼인이나 즉위, 세자나 세손의 혼인과 책봉 또는 칙서 전달을 위한 의례를 뜻한다. 이러한 의식은 왕실, 특히 군주의 위엄과 화려함을 시각적으로 재현해주며, 신민들에게 덕을 베푸는 통치자의 이미지가 창출될 수 있게 한다. 말하자면 가례에는 통치자와 피치자 사이의 정치적 차이와 피치자를 향한 정치적 통합의 원리가 공존하고 있다. 국가의 존립을 위해 절대적으로 필요한 군사력의 존재를 알리는 의례인 군례는 군주가 군사력의 최고 통수권자임을 인지시킴으로써 군주의 실질적 힘을 피치자들이 느끼게 한다. 빈례는 외국의 사신을 맞이하고 배웅하는 외교적 행사에 관한 의례인데, 빈례를 통해 왕은 자신의 통치권이 대외적으로도 승인되고 보호되고 있음을 엄숙한 모습으로 보여준다. 조선왕조에서 중국사신을 위한 빈례가 좋은 사례가 될 수 있다. 마지막으로 흉례는 왕족의 사망 또는 국가적 재난과 같은 불운한 사태가 발생했을 때 행해지는 의례로서, 국가적 혼란과 분열의 위기를 방지하고 공동체의 재통합을 위해 매우 필요한 의식이다(이범직, 1988, pp. 72~83). 한마디로 말하자면 오례의 정치적 본질은 "국가체제의 전 분야에서 왕권을 최고의 위상으로 두고, 왕에게 최고의 권위를 가질 수 있게 해주었던 의례체계"라는 데 있다(이완재 · 김송희, 1998, p. 32).

태조 이래 국가적 의례로서 오례에 대한 관심이 있어왔지만 제도화를 비롯해 오례제도의 심화를 위한 본격적인 움직임은 태종 때부터 시작되었다. 태종이 설립한 '의례상정소'(儀禮詳定所)가 그 점을 단적으로 보여준다. 또한 세종실록 『오례』 서문에는 태종이 오례에 대한 깊은 관심을 갖고 연구를 독려했다는 사실이 기록되어 있다. 뒤를 이은 세종은 국가의례에 대한 관심을 지속시킴과 동시에 한층 더 깊은 차원으로 발전시켰다. 세종은 그 누구보다 예치주의에 대한 믿음을 강하게 지니고 있던 인물이었다(김영수, 2006, pp. 81~82). 그는 원로대신들의 제한적 참여로 특징지어진, 태종 조의 오례 연구를, 집현전 설립을 통해 전문학자들의 포괄적이고 심층적 연구로 전환시켰다(이범직, 1988, pp. 57~58). 하지만 오례의 제도화를 위한 관심과 노력은 집현전 학자들만의 것이 아니었다. 실록에 따르면 세종 스스로가 그 연구에 깊이 참여하고 있었다. 단종 즉위년(1452년) 9월에 『오례의주』(五禮儀註)를 실록에 포함하는 문제를 두고 신료들 간에 논쟁이 벌어졌는데 그때 신숙주가 한 발언은 오례에 대한 세종의 관심이 얼마나 컸던가를 잘 보여준다.

> 『오례』는 세종께서 친히 쓰고 지우며, 취하고 버리고, 덜고 더하는 것을 스스로 단정하여 손때가 아직 남았고, 우리들이 오랫동안 외람되이 시종(侍從)하며 평소에 목격(目擊)하였는데, 세종이 정력을 둔 바가 이보다 더함이 없었다. (단종실록 즉위년 9월 13일 임인)

이제 광화문공간을 무대로 치러진 오례의 예들을 들어보자. 먼저, 군례의 하나인 '계동대나의'(季冬大儺儀)가 있다. 이는 고려시대로 거슬러 올라가는 것으로서, 섣달그믐 전날 밤에 열린 의례다. 서운관(書雲觀)이 선발한 12~16세까지의 장정 48명이 가장(假裝)을 하고 광화문을 무대로 악귀를 쫓는 제사를 지낸다. 서운관의 관원이 나자들을 거느리고 근정문 밖에 서면 승지가 나와 역질을 쫓아내기를 서운관의 관원에게 명령한다. 나자들이 북을 치고 함성을 지르면서 악귀를 내쫓는 주문을 외치면서 돌아다니다가 4패로 광화문 앞에 집결한다. 서운관의 관원이 이들을 데리고 도성 4문(숭례문 · 흥인문 · 숙정문 · 돈의문)을 향해 나아간다. 각 문에서 제사를 지냄으로써 의례가 끝난다(세종실록 오례/군례의식/계동대나의). 또 하나의 군례로서 취각령(吹角令)이 있다. 국가적 긴급사태가 발생했을 때를 대비해 군사의 명령체계를 전달하는 훈련에 관한 의례인 취각령의 핵심 무대 역시 광화문공간이었다. 임금의 명령에 따라 궁궐 안의 나팔수가 나팔을 불면 이에 호응해 광화문 문루 위의 나팔수가 나팔을 불고, 곧이어 주변의 높은 곳에 올라간 나팔수들이 나팔을 분다. 군마가 광화문 앞 육조대로에 다 모일 때까지 나팔 소리는 계속된다(세종실록/오례/군례의식/취각령). 중국 황제의 칙서를 전달받는 의례인 영칙서의(迎勅書儀)의 경우에도 광화문공간이 그 무대였다. 왕을 제외하고 왕세자 · 문관 · 종친 · 무관 등이 각각 자신의 자리에 맞추어 광화문 앞에 선다. 왕은 궁궐에서 나와 광화문 밖에 이르러 어가(御駕)를 타고 칙서를 맞이하기 위해 모화관으로 향한다. 행사 참가자들이 광화문을 통과해 궐 안으로 들어가는데 종친과 문무백관은 서협문으로, 왕과 왕세자는 동협문으로 그리고 칙시를 담고 있는 용정과 사신은 어문으로 들어간다(세종실록/오례/가례/영칙서의). 흉례 중의 하나로서 왕이 직접 조상의 묘를 방문하는 산릉친행제의(山陵親行祭儀)가 시작되는 무대 또한 광화문 앞이었다. 제사 4일 전부터 예조의 주도로 제사 준비가 끝나면, 제사 당일에는 행사에 참여할 종친과 문무백관들이 흰 옷을 입고 모두 광화문에 집결해 왕이 나오기를 기다린다(세종실록/오례/흉례/산릉친행제의).

여기서 한 가지 주목해야 하는 사실은 오례가 치러지는 광화문공간이 개방되어 있었다는 점이다. 특히 가례에 관련된 의례가 열릴 때에는 결채(結綵, 행사를 축하하는 뜻으로 여러 빛깔의 실 · 종이 · 헝겊 따위를 문이나 지붕 · 다리 · 길에 내다 걸어 장식하는 일)를 통해 행사가 치러질 것임을 알리고 사람들이 모이도록 했다(김동욱, 2008, p. 37). 또한, 오례와 같은 국가적 의례만이 아니라 왕실의 행사 때에도 광화문 앞은 사람들에게 개방되어 있었다. 예컨대, 왕비가 온천에서 돌아왔을 때의 상황을 실록은 다음과 같이 기록하고 있다.

왕세자는 헌릉(獻陵) 동구에 나가 맞이하고, 숙의 · 소용과 왕세자빈은 삼전도에 나가 맞이하고, 각사(各司)의 관원 한 사람씩은 홍인문 밖에서 맞이하였다. 홍인문으로부터 광화문 동구 병문(屛門)까지 모두 결채하고, 공인(工人)이 풍악을 연주하면서 앞에서 인도하여 수진방(壽進坊)에 이르니, 교방(敎坊)에서 가요를 드리어 아뢰는 기생이 침향산(沈香山)을 이끌어 행하므로, 왕비가 연(輦)을 멈추고 구경하였다. 창기가 앞에서 인도하여 노래하고 춤추면서 근정전 뜰에 이르니, 사대부의 부녀들이 연로(沿路) 좌우에 채색 장막을 치고 홍인문에서 광화문 밖까지 구경하는 사람들이 담과 같았다. (세종실록 22년 4월 6일 정축)

지금까지의 예들을 통해 알 수 있듯이 세종 조에서 광화문공간은 매우 역동적인 정치적 무대였다. 군주와 왕실은 광화문 앞에서 자신과 왕실의 존재를 보여주고, 육조대로의 신민들은 그러한 의식들로부터 배제됨 없이 적극적 관람자가 될 수 있었다. 한 연구자는 세종의 이러한 정치적 의지를 다음과 같이 해석하고 있다.

왕실의 권위만을 위하여 급급해 오던 단계에서 벗어나 인민 대중을 저변으로 하는, 조선왕조 전체 구성원들이 참여하는 권력구조와 조화된 정치력을 얻어야 된다는 단계에 이르렀음을 보여준 것이다. (이범직, 1988, p. 113)

결론적으로 말하자면, 세종은 경복궁−광화문−육조대로로 이어지는, 조선왕조의 핵심적인 정치적 공간을 복원하고 활용했다. 즉, 그는 정궁 경복궁의 본래 모습과 위상을 되돌리고, 광화문이란 새로운 이름 아래 장대하고 화려한 정문을 중수하고, 육조대로를 국가적 의례의 무대로 활용하기를 주저하지 않은 군주였다. 그런데 그러한 정치적 행위는 명백히 부왕 태종에 맞서는 것이었다. 왜냐하면 태종의 정치적 의지는 경복궁이 아니라 창덕궁에 구현되어 있었기 때문이다. 하지만 그것은 조부 태조의 뜻을 다시 세우는 일이라는 의미를 갖는다. 그렇다면 세종은 왜 그러한 정치적 선택을 한 것일까? 여기서 우리는 경복궁과 광화문공간에서 전개된 세종의 '공간정치학'이 지향하는 근본적인 이념을 고찰할 필요가 있음을 인식하게 된다.

4. 태종에서 세종으로: 군신공치제의 복원 혹은 확장

태조 때의 군신공치제적 결정구조는 이방원이 정치적 실권을 장악하기 시작하면서 근본적 변화의 운명에 처하게 된다. 태종 이방원은 군주와 대신의 협력적 통치모델보다는 강력한 왕권이 주도하는 중앙집권적 통치체제를 선호했던 것으로 보인다. 그의 권력은 형제 살해를 통해 장악된 것이라는 면에서 정통성과 도덕성의 흠결을 지닐 수밖에 없었으며 그러한 취약성은 왕권의 불안정으로 이어질 가능성이 컸다. 논리적인 결과로서 이방원은 강력한 왕권을 구축하기 위한 노력에 매진해야 했다(최승희, 2007, p. 60).

태종은 정치적 야심으로 똘똘 뭉쳐 있던 인물이었지만 그 욕망을 쉽게 실현할 수는 없었다. 왕조 개국의 마지막 장애물인 정몽주를 제거했지만 부모로부터 호된 질책을 받았으며, 아버지의 왕위 추대 과정에 깊이 개입했지만 개국공신 책봉에서 철저히 배제되었다. 그렇게 쌓여간 불만과 분노는 세자 책봉 과정에서 극에 달했다. 왕조 창업의 공을 세운 자신을 제치고 제일 어린 왕자 방석이 세자로 책봉된 것이 못마땅하지 않을 수 없었다. 그는 정도전 · 조준 · 남은 · 심효생 등 아버지가 총애하는 최측근 대신들의 정치적 계산과 이해관계 때문에 그 모든 일들이 자신에게 불리하게 돌아간 것으로 판단했다. 그들은 이복동생 방석을 세자로 삼아 방석의 왕위 계승을 확고히 하는 데 결정적인 역할을 수행한 사람들이 아니었던가. 그렇다면 이방원에게는 두 가지 정치적 목표가 설정되게 된다. 하나는 자신의 정적들을 제거하는 일이며, 다른 하나는 자신이 세자가 되는 일이다. 태조 7년(1398) 8월에 발발한 1차 왕자의 난은 그러한 목표를 위한 서곡이었다.

이방원은 자신과 마찬가지로, 태조와 핵심 대신이 주도하는 폐쇄적인 결정구조에 불만을 가지고 있는 세력들을 규합해 정적들을 제거하는 일을 추진하고자 했다. 그런데 그러한 정치적 음모의 실천에 속도를 내야 하는 요인이 발생했다. 남은의 사병 혁파 조치 제안이 그것이었다. 남은은 임금에게 다음과 같이 말했다.

> 상감께서 잠저(潛邸)에 계실 때에 일찍이 군사를 장악하고 있지 않았던들 어떻게 오늘날이 있사오며, 신 같은 자도 또한 보전할 수 없었을 것입니다. 개국하는 처음을 당하여 여러 공신으로 하여금 군사를 맡게 한 것은 가하였지마는, 지금 즉위하신 지가 이미 오래오니, 마땅히 여러 절제사(節制使)를 혁파하고 합하여 관군을 만들면 거의 만전할 것입니다. (태조실록 7년 3월 20일 정묘)

왕자와 공신들 휘하의 사병을 폐지하는 일은 태조의 병환이 빈번해지기 시작하면서 혹시 모를 왕위 계승을 둘러싼 분쟁을 막기 위한 전략적 조치로 이해된다(류주희, 1999, p. 12). 태조는 남은의 제안을 받아들여 8월 중순경에 왕자들 휘하의 사병 혁파 조치를 시행했다(태조실록 7년 8월 26일 기사). 이방원을 필두로 하는 반대 세력에게는 그야말로 정치적 위협 그 자체였다. 더 이상 기다릴 시간이 없었다. 이방원은 사병을 동원해 정도전 · 남은 · 심효생 등의 정적들을 제거하는 데 성공했다. 이어서 새로운 세자 책립의 과정을 밟아나갔다. 사태의 전모를 파악한 신료들이 임금 앞에서 이방원의 세자 책봉을 청하자 이방원은 "나라의 근본을 정하고자 한다면 마땅히 적장자에게 있어야 할 것입니다"라고 말하면서 그의 형인 방과(둘째아들)를 세자로 삼을 것을 제안했다. 그 과정에서 이방원은 세자 책립과 관련해 적장자를 세자로 세우지 않은 아버지에 대한 불만을 토로하기를 주저하지 않았다. 계비의 두 아들인 방번과 방석이 살해되는 비극적 상황 속에서 태조는 마침내 방과를 세자로 삼는 교서를 내렸다. 교서를 통해 태조는 적장자를 세자로 세우지 못한 자신의 실수를 인정하고, 혁명의 동지들이었던 정도전과 남은 등을 반역의 무리로 몰아붙이고, 자신이 사랑한 세자 방석을 국가적 혼란을 초래하는 화의 근원으로 비난했다(태조실록 7년 8월 26일 기사). 하지만 그것을 태조의 진심으로 보기는 어려울 것이다. 병마에 시달리던 태조는 왕자의 난을 주도한 세력에게로 이미 정치적 주도권이 넘어갔음을 인식하고 체념했을 것으로 판단된다. 1398년 9월 5일 태조는 왕위를 계승하는 교서를 세자에게 내렸다.

왕은 말하노라. 내가 덕이 없는 사람으로 조종(祖宗)의 음덕을 계승하고, 천자의 존엄을 받들어 국가를 처음 세워 신민을 통치한 지가 지금 7년이나 되었는데, 군려(軍旅)에 오래 있음으로 인하여 서리와 이슬을 범하여, 지금에 와서는 나이 많고 병이 발생하여 아침저녁으로 정사에 부지런하기가 어렵겠으므로, 여러 가지 사무의 많고 번잡한 것을 빠뜨린 것이 많을까 염려된다. 다만 너 왕세자 방과는 자신이 적장의 지위에 있어 일찍부터 인덕과 효도를 나타냈으며, 또한 개국의 초기를 당하여 나를 보좌한 일이 많은 것은 온 나라 신민들이 모두 이를 알고 있다. 그런 까닭으로, 홍무(洪武) 31년 9월 초5일에 종묘에 고하고 왕위에 오르기를 명하니, 너는 전장(典章)을 따라 행하여 군자를 친근히 하고 소인을 멀리 하며, 보고 듣는 것은 자기 한 사람의 편사(偏私)를 없게 하고, 좋아하고 미워하는 것은 나라 사람들의 공론에 따라 감히 폐기하지도 말며, 감히 태만하지도 말아서, 그 지위를 영구히 편안하게 하여 후사(後嗣)를 번성하게 하라. 아아! 너 아버지는 덕이 적은 사람이므로 비록 본받지 못할 것이지만, 선성(先聖)의 도가 간책(簡册)에 실려 있으니, 새벽에 일어나고 밤늦게 자서 너는 항상 공경할 것이다. (태조실록 7년 9월 5일 정축)

방과가 경복궁 근정전에서 임금으로 즉위하니 2대 임금 정종이다. 정치적 욕심이 없는 형이 주도하는 정국 속에서 방원은 상황을 자신의 뜻대로 수월하게 끌고 나갈 수 있었다. 이후에 자신이 잇게 될 왕권의 안정적 행사를 위한 사전 포석의 목적이 있었다. 먼저, 형들(방의 · 방간)과 함께 방원은 개국 1등 공신에 추록되었다. “세 아우들이 맨 먼저 대의를 주창하여 나라를 세우고 왕업을 창건하였으니, 그 공이 매우 커서 황하가 띠와 같이 좁아지고 태산이 숫돌과 같이 작게 되어도 잊을 수가 없다”라는 왕명이 추록의 정당성이었다(태조실록 7년 12월 15일 정사). 다음으로, 제2차 왕자의 난(1400년)을 계기로 형 방간이 축출되자마자 방원이 왕위를 이을 왕세자로 책봉되었다(정종실록 2년 2월 4일 기해). 이로써 방원은 왕권을 확실하게 보장받는 위치에 서게 된다.

세자가 된 방원은 조만간 차지할 왕권의 강력한 기초를 닦기 위한 제도 개혁들을 추진해나갔다. 사병을 혁파하고, 도평의사사를 폐지하고 의정부를 설치했으며, 중추원을 삼군부로 흡수하고, 승정원 등 국왕을 보좌할 기관들을 신설했다. 개혁 조치들은 궁극적으로 왕권에 위협적 요소로 작용할 세력들을 통제하기 위함이었다. 태조의 권력 장악이 그러했듯이 이 방원 또한 자신을 지지하는 세력들의 지원에 힘입어 정치적 실권을 보유할 수 있었다. 그들은 태조 대에 개국공신의 반열에 오른 신료들 일부, 태조 대의 권력공간으로부터 소외되어 있던 인물들, 그리고 비개국파 사대부들 등이다(류주희, 1999, pp. 16~17). 특히 그 중에서도 정사공신에 책봉된 개국공신들의 힘과 영향력은 무시할 수 없는 것이었다. 그들이 거느린 적지 않은 규모의 사병 때문이다. 두 번에 걸친 왕자의 난을 경험한 이방원이 사병의 정치적 중요성을 모를 리가 없었다. 더욱이 그는 아버지처럼 그들과 혁명적 동지애로 묶인 것도 아니었다. 따라서 그들의 존재와 영향력을 인정하면서 효과적으로 통제할 수 있는 제도적 방안을 구상해야 할 필요가 있었다. 사병혁파 조치는 그러한 전략의 하나였다.

1399년 정종은 대간의 건의에 따라 소수의 종친과 훈신(勳臣)들에게만 각 도의 군사 지휘권을 부여하는 조치를 실시했다(정종실록 1년 11일 1일 정묘). 상황이 자신들에게 불리하게 돌아간다고 판단한 개국공신들은 개혁조치에 대응했다. 2차 왕자의 난은 그러한 정치적 대립과 무관하지 않은 것이었다. 하지만 난은 이방원의 선제 대응으로 평정되었으며 그 결과 개국공신들의 힘은 점차 약화될 수밖에 없었다(류주희, 1999, p. 25). 이제 사병혁파를 위한 개혁 작업이 속도를 내기 시작했다. 1400년 4월에 권근과 김약채가 사병혁파를 위한 상소를 올렸다. 논리는 다음과 같다. 병권의 분산은 왕권에 위협적 요소가 될 수 있으며, 사병은 정치사회적 혼란만을 부추기는 부정적 제도이며, 사병에 소속된 백성들의 고통이 도를 넘어서고 있다는 것이다(정종실록 2년 4월 6일 신축). 이러한 논리를 기초로 대신들은 사병혁파를 강하게 밀어붙일 것을 임금에게 주문했다.

> 원하건대, 이제부터 서울에 머물러 있는 각 도의 여러 절제사를 모조리 혁파하고, 서울과 외방의 군마를 모두 삼군부에 붙여 공가(公家)의 군사를 삼아서, 체통을 세우고 국권을 무겁게 하고, 인심을 편안케 할 것입니다. 양전(兩殿)의 숙위를 제외하고는, 사문(私門)의 숙직은 일절 모두 금단하고, 조회하는 길에도 사사 반당(伴黨)으로 하여금 병기를 가지고 근수(根隨)하는 일이 없게 하여, 예전의 집에 병기를 감추지 않는다는 뜻에 응하고, 후일에 서로 의심하여 난을 꾸미는 폐

단을 막으면, 국가에 심히 다행이겠습니다. (정종실록 2년 4월 6일 신축)

조치는 신속하게 이루어졌다. 사병을 빼앗긴 개국공신들의 불만과 분노가 컸지만 정국의 흐름을 결정적으로 반전시키지는 못했다. 1400년 4월 18일, 대간의 상소에 따라, 사병혁파에 불만을 품은 정사공신 조영무를 귀양 보내고, 좌명공신 이천우와 조온을 파면했다(정종실록 2년 4월 18일 계축). 이어서 7월에는, 무관들의 협의기구로서 군사력이 결집될 수 있는 근거인 장군방(將軍房)을 폐지했다(정종실록 2년 7월 2일 을축).

한편, 사병혁파 조치에 관련된, 권근과 김약채의 상소가 올라가던 날, 정종은 하륜에 명해 관제 개혁을 추진했다. 앞서 언급한 것처럼 도평의사사는 양부(兩府)로 불린 국가 최고 행정기관 문하부(門下府)와 중추원(中樞院)의 모든 재상들이 모여 국사를 논의한, 왕권 견제의 핵심 기관이었다. 따라서 그 명칭을 의정부로 바꾼 것은 왕권 강화를 위한 상징적 조처라는 함의를 갖는다. 하지만 제도 개혁은 상징성 이상의 의미가 있었다. 가장 본질적인 것은 의정부의 기능을 약화시킨 데 있었다. 왕은 중추원의 핵심적 기능인 왕명출납과 군사기무를 분리, 왕명출납 기구로 승정원을 설치하고, 군사기무를 삼군부로 이관함으로써 중추원을 해체했다. 또한 삼군부에 속한 관료들이 의정부 업무에 참여하는 것을 금했다. 이로써 의정부는 정무와 군무를 통합적으로 수행하던 도평의사사에 비해 정치적 비중과 영향력이 상대적으로 약화될 수밖에 없었다(최승희, 2007, p. 62).

1400년 11월, 실권 없이 왕위를 차지하고 있던 정종이 물러나고 이방원이 즉위했다. 좌승지 이원을 태상왕에게 보내 왕위 계승의 뜻을 알렸지만 이성계는 "하라고도 할 수 없고, 하지 말라고도 할 수 없다. 이제 이미 선위하였으니 다시 무슨 말을 하겠는가"라며 다섯째 아들의 왕위 계승에 대한 반대를 분명히 했다(정종실록 2년 11월 11일 신미). 태종의 취약한 정통성과 도덕성의 문제는 다른 누구보다 아버지로부터 제기되었던 것이다. 태종 2년(1402년)에 발발한 조사의의 난은 태상왕과 태종의 정치적 불화가 적나라하게 드러난 대표적 사건이었다. 또한, 정종의 선위(禪位)를 부당한 것으로 생각한 신하들의 정치적 저항도 심상치 않았다. 태종 1년에 선위 반대운동을 벌인 정종의 신하들이 사헌부의 탄핵을 받기도 했다(태종실록 1년 2월 2일 신묘). 태종으로서는 보다 강력한 왕권강화책들을 구사해나갈 필요성이 대두될 수밖에 없었다. 태종은 부왕과의 화해를 도모하면서, 자신의 왕권을 흔들만한 세력들—공신세력과 외척세력—을 제거해나가는 강경책들을 취해나갔다. 예컨대, 이거이 부자 사건과 민무구・민무질 형제(태종의 정비 원경왕후의 동생들) 사건을 언급할 수 있다(박홍규・방상근, 2006).

그렇지만 왕권의 지속적 안정을 도모하기 위해서는 권력구조의 제도화가 필요하다. 이와 관련해서는 앞서 잠깐 언급한 의정부의 정치적 위상 변화에 주목할 필요가 있다. 태종은 중추원에 이어 문하부를 폐지하고 그 기능을 의정부로 이관함으로써(태종실록 1년 7월 13일 경자) 의정부로부터 도평의사사의 정치적 색채, 즉 군신공치제적 흔적을 지웠다. 결과적으로 의정부는 재상들의 합좌기구라는 성격을 벗어나 왕의 직속 관청으로서 국사를 총괄하는 핵심기관으로 등장하게 된다. 일종의 왕권강화책이다(김비환, 2008, p. 22). 하지만 태종은 의정부로 정치권력이 집중되지 않도록 의정부의 기능들을 육조로 이관하는 권력 분장을 실시했다. 태종 5년(1405)에 육조 장관을 정2품 판서로 승격하고 의정부 기능의 일부를 맡도록 했다(태종실록 5년 1월 15일 임자). 이어 태종 8년(1408)에는 좌정승 성석린의 상소에 따라 의정부의 업무를 모두 육조로 이관했다. 하지만 태종 13년(1413) 겨울 대간의 상소를 보면 의정부와 육조 사이의 권력 분장이 제대로 실시되지 않았던 것으로 보인다. 대사헌 심온은 다음과 같이 상소

했다.

> 정부는 백관을 거느리고 서무를 총괄하면서 불법을 많이 행합니다. 만약 신의 말이 미덥지 않거든 정부에서 나날이 정사를 행한 문안(文案)을 검사하면 분명하게 알 수 있을 것입니다. [……] 도리를 논하여 나라를 다스리고 음양을 섭리하는 것이 정부의 직사입니다. 이제 친히 세세한 잡무까지 결재하니, 도리를 논하는 정치에서는 아직 듣지 못한 바입니다. 청컨대, 옛 제도에 의방(依倣)하여 정부에는 삼공(三公)을 두고 육조로 하여금 각각 그 직사를 이바지하게 하소서. (태종실록 8년 12월 16일 신유)

이에 대해 임금은 겉으로는 반대를 표명했지만 의정부의 정치적 비중을 낮추어 왕권 강화를 꾀하려는 자신의 의지에 비추어볼 때 이는 진심이 아닌 것으로 이해된다(김영수, 2008, p. 45). 결국, 다음해에 이르러 의정부의 모든 업무를 육조로 이관하는 조치를 완결했다. 태종은 이러한 관제개혁의 정당성을 중국의 행정제도와 연결시킴으로써(태종실록 14년 4월 17일 경신) 사안의 정치적 해석 가능성을 미리 차단하려했다. 예조는 명나라 제도를 거론하면서 구체적인 시행방침을 제시했다.

> 지금 조정에서는 중서성을 파하여 육부로 하여금 직사를 나누어 맡는데, 이는 바로 성주(成周)가 남긴 뜻입니다. 그러나 총재를 두지 않고 육부에서 각각 직사(職事)를 바로 아뢰고 칙지(勅旨)를 받들어 시행하고, 의논할 일이 있으면 육부장관이 주의부(主議部)에 모여서 같이 의논하여 아룁니다. 빌건대, 육조로 하여금 각각 직사를 바로 아뢰게 하고[直啓] 왕지(王旨)를 받들어 시행하게 하며, 의논할 일이 있으면, 육조장관이 같이 의논하여 아뢰게 하소서. 나이와 덕망이 아울러 높고 정치의 대체(大體)에 통달한 자를 의정부에 두어서 군국의 중요한 일을 의

논하여 아뢰도록 하소서. (태종실록 14년 4월 17일 경신)

창업 이래, 조선은 고려의 제도를 모방해 군신공치제적 모델인 '의정부서사제'(議政府署事制)를 실시했다. 이 제도에서는 정책결정 과정에서 의정부(도평의사사)의 역할이 핵심적이다. 의정부는 육조의 업무를 관장하면서 육조에서 올라온 의견을 검토해 임금에게 올리고 또한 임금의 교지를 받아 육조에게 내려 보내는 중요한 역할을 수행한다. 의정부의 정치적 실권이 막강한 제도인 것이다. 정치권력의 관계에서 볼 때 이는 왕권 강화를 위해서는 결코 바람직한 제도가 아니다. 이러한 연유로 태종은 집권 초기부터 계속해서 의정부서사세를 육조직계제(六曹直啓制), 즉 예조가 제시한 것처럼, 육조의 판서가 의정부를 거치지 않고 정책에 대한 의견을 임금에게 올릴 수 있으며, 왕의 명령 또한 곧바로 육조에게 하달되는 제도로 바꾸고자 했다. 하지만 그것은 정치권력 관계의 대폭적 변화를 수반하는 것이기 때문에 태종 14년에 가서야 실현될 수 있었을 만큼 어려운 사안이었다(박홍규 · 이세형, 2006, pp. 16~17).

이로써 개국 초기에 성립된 군주와 재상의 군신공치제적 권력구조가 완전히 변모되었다(김영수, 2008, p. 46). 태종은 재위 시는 물론이거니와 왕위를 물려주고 상왕으로 있을 때까지도 강력한 왕권의 의지를 지속적으로 펼쳐나갔다. 강상인과 심온의 옥사 사건이 대표적이다(김영수, 2008, p. 48). 하지만 강력한 왕권을 기초로 한 태종의 통치 패러다임은 세종의 즉위로 다시 변화의 조짐을 보이기 시작했다. 1418년 8월 10일 즉위한 세종의 즉위교서 일부를 인용해보자.

영락 16년 무술(戊戌) 8월 초10일에 경복궁 근정전에서 위에 나아가 백관의 조하를 받고, 부왕을 상왕으로 높이고 모후를 대비로 높이었다. 일체의 제도는 모두 태조와 우리 부왕께서 이루어놓으신 법도를 따라 할 것이며, 아무런 변경이 없을 것이다. (세종실록 즉위년 8월 11일 무자)

세종은 태종이 이룩해놓은 통치이념을 그대로 따른다는 뜻을 천명한다. 부왕 태종이 여전히 생존해 있으면서 강력한 정치력을 발휘하던 상황임을 고려해야 할 것 같다. 태종은 아들에게 왕위를 물려주면서 세종이 장년이 될 때까지 군사권을 직접 행사할 것이며 국가적 정책결정 과정에도 참여할 것임을 선언했다(태종실록 18년 8월 10일 정해). 하지만 부왕이 사망하고 자신이 왕권의 자율적 주체로 등장하면서 세종은 국정 운영상의 변화를 꾀하기 시작했다. 궁극적으로 세종은 강력한 왕권을 도모하면서도 이상적 유교 통치의 구현을 위해 왕과 신료들의 합의제적 국정 운영모델을 광범위하게 실천하고자 했다.

즉위한 해에 이루어진 최초의 인사를 통해 세종의 그러한 통치철학의 단면을 엿볼 수 있다. 세종은 한 대신과의 대화를 통해 신료들과 협의해서 관직을 내리고자 한다는 의지를 밝히고 좌의정·우의정 및 이조와 병조 당상관과의 논의를 통해 인사를 단행한 바 있다(세종실록 즉위년 8월 12일 기축). 또한, 세종은 신하들과 상하관계가 아니라 수평적이고 평등한 관계 속에서 국정을 수행하길 원했다. 세종은 신하들에게 "중국의 사대부들은 황제 앞에 나아올 때나 물러갈 때에 절대적으로 머리를 숙이고 엎드리는 예절이 없다"고 들었음을 상기하면서(세종실록 5년 7월 3일 신사), 군주와 신하 사이에 자유로운 의사소통을 통해 개방적이고 협력적인 통치 과정이 실현되길 바랐다. 의정부와 육조의 관료들이 임금의 위엄에 압도되어 자신들이 주장하고 싶은 바를 제대로 표현하지 못하는 것에 대한 세종의 불만도 그러한 맥락에서 읽힐 수 있다(세종실록 7년 12월 8일 계유).

결국, 군주의 절대적 권력을 통한 일방적인 통치가 아니라 군주와 신하의 협력적인 통치를 구현하고자 한 세종의 정치적 의지는 세종 18년(1436) 4월 육조직계제로부터 의정부서사제로 전환한다는 교서로 구체화되기에 이른다.

> 하물며, 조종께서 이미 제정하여놓은 법령을 다만 수시로 손익할 뿐이니, 지금 태조께서 제정하여 놓으신 법에 의하여 육조에서는 각각 맡은 직무를 먼저 의정부에 품의(稟議)하고, 의정부에서는 가부를 의논하여 아뢴 뒤에 분부를 받아서 도로 육조로 돌려보내서 시행하게 하고, 오직 이조와 병조에서의 관리 제수나, 병조에서 군사를 쓰는 것과, 형조에서 사형수 이외의 형결은 해당 조(曹)로 하여금 직접 아뢰어서 시행하게 하고 즉시 정부에 보고하여, 만일에 합당하지 못한 일이 있으면 정부에서는 이에 따라 반대하고 다시 계문해서 시행하게 하라. 이렇게 되면 거의 옛날 재상에게 전임(專任)하는 본의에 합당할 것이니, 예조에서는 중외에 밝게 알리라. (세종실록 18년 4월 12일 무인)

세종의 이러한 협력적 통치의 의지는 군신의 영역을 넘어 때때로 백성들과의 관계 속에서도 시도되었다. 이에 관해서는 두 가지 예가 언급되고 있다. 먼저, 재위 12년에 이루어진 조세제도의 개혁과 관련해, 세종은 백성들의 생활과 밀접히 관련된 부분이므로 신료들만이 아니라 백성들의 광범위한 의견을 묻고자 했다(최승희, 2007, p. 193). 1430년 8월에 호조가 공법시행에 관한 가부 논의를 정리해 올렸는데 그 논의에 참여한 사람들은 관료들만이 아니라 촌민을 포함해 다양하게 구성되었다(세종실록 12년 8월 10일 무인). 다음으로, 재위 26년에 왕이 병 치료차 온천을 방문했을 때, 충청감사가 백성들의 민원을 우려해 왕과의 접촉을 차단하자 세종은 다음과 같은 반응을 보였다.

[……] 감사 이선이 각 고을에 이첩하기를, '곡식종자가 부족한 인민들이 거가 앞에서 하소연할까 염려되니 현재에 있는 장곡으로 고루 주게 하고, 그 떠들썩하게 하소연하는 자를 금하게 하라' 한 것이다. [……] 임금이 보고 승지들에게 이르기를, '거가 앞에서 하소연하는 것이 비록 법으로 금지되었다 하지만, 혹 법을 범하면서까지 등장을 바치는 자가 있게 되면, 이를 받음은 백성의 불쌍함을 살피려는 것이니, 거가가 이르는 곳에서 백성으로 하여금 보지 못하게 하는 것은 예전에도 듣지 못한 일이다. 이제 선이 백성들의 관망하는 것을 금하게 한 것은 필시 자기의 허물을 덮어 가리려는 것이겠으나, 내가 일찍이 들으니 나라에서 사람을 보내어 백성들에게 이익이 되는 것과 해되는 것을 살피게 하려는 것을, 수령들이 미리 효유하여 감추게 한 것을 내가 이제야 처음으로 그 실상을 알았다. (세종실록 26년 5월 5일 갑인)

한 연구자는 세종의 이러한 의지를 "군신공치제를 넘어, 정치를 '군-신-민' 공치제로까지 확대하고자" 하는 움직임으로 해석하고 있다(김영수, 2008, p. 51).

*　　*　　*

태조 집권기에 조성된 경복궁과 광화문공간은, 우리가 앞서 살펴본 것처럼, 군신공치제라는 통치철학이 구현된 상징적 공간으로 해석된다. 강력한 왕권을 원했던 태종이 부왕의 뜻을 받아들여 개경에서 한양으로 환도를 단행하면서도 끝까지 경복궁에 들어가지 않고 새로운 궁궐인 창덕궁을 건립한 근본적 이유를 이러한 맥락에서 파악할 수 있을 것 같다.[11]

11 물론, 태종이 경복궁에 대해 아무런 관심을 기울이지 않은 것은 아니었다. 태종은 재위 11년과 12년 사이에 경복궁 수리를 명했다. 하지만 그 공사는 근본적으로 경복궁을 왕조의 정궁으

태종은 경복궁에 내재되어 있는 정치적 상징성을 정확하게 파악하고 있었던 것으로 판단되는데 그러한 면에서 태조와 정도전의 정치이념이 구현된 경복궁과 광화문공간에서 국정을 운영한다는 것은 사실상 받아들이기 어려웠을 것이다. 그렇지만 세종은 달랐다. 그의 통치철학은 아버지 태종보다는 할아버지 태조에 가까운 것으로 보인다. 앞서 살펴본 것처럼, 그는 민본이라는 유교 통치의 궁극적 이념이 군주의 힘과 능력만으로는 실현되기 불가능하며, 여러 신료들과의 합의정치를 통해서만, 또 필요할 때에는 통치의 대상인 백성들의 의견도 수렴함으로써 이뤄질 수 있다고 판단했다. 그런 면에서 그는 군신공치제의 원리를 복원 또는 확장한 군수였는데 그러한 정치적 의지는 태조와 정도전의 통치철학이 응축되어 있는 경복궁–광화문–육조대로라는 정치적 공간의 회복을 통해 발현된 것이다.

로 인정했기 때문이 아니라, 부왕이 창건한 궁궐로서 공사를 통해 중국 사신을 맞이하고 접견하는 장소로 만들고자 했기 때문이었다(태종실록 11년 5월 7일 정묘, 12년 6월 2일 을묘).

제4장

흥선대원군과 경복궁 중건의 정치

1. 흥선대원군의 정치적 부상

1863년 12월 조선의 25대 임금 철종(哲宗, 1831~1863)이 죽었다. 자식을 두지 못했던 철종이 병환으로 오랫동안 누워 있었기 때문에 왕위를 이을 인물을 정하는 일이 일찌감치 중대 사안으로 제기될 수밖에 없었다. 그 문제의 주도권을 잡은 사람이 신정왕후(神貞王后), 조대비였다.[12] 순조의 며느리이자 익종의 비였던 신정왕후는 철종의 비인 철인왕후의 의지를 꺾고 자신이 옥새를 거두었다(이이화, 2004a, p. 23). 조대비는 서둘러 철종의 후계자를 지명했다. 철종이 사망한 날인 12월 8일 대왕대비는 전직·현직 대신들을 불러 모은 자리에서 "흥선군의 적자에서 둘째 아들 이명복으로 익종대왕(翼宗大王)의 대통(大統)을 입승(入承)하기로 작정하였다"라는 교서를 내렸다(고종실록 즉위년 12월 8일 경진).

여기서 몇 가지 의문점들이 떠오른다. 첫째, 신정왕후가 철인왕후의 옥

---

12 신정왕후는 1857년 익종의 어머니인 순원왕후가 사망함에 따라 대왕대비에 봉해졌다.

새를 빼앗아 서둘러 후계를 정한 이유가 무엇일까? 둘째, 흥선군과 그의 아들 이명복이 누구이며 신정왕후는 왜 12세인 어린 소년을 새로운 왕으로 선택했을까? 셋째, 그녀는 왜 새로운 임금이 철종이 아니라 익종의 대통을 이을 것을 명했을까? 이 모든 질문들은 순조 때부터 철종 때까지 이어진 세도정치(勢道政治)의 역사를 이해해야만 제대로 풀릴 수 있다.

정조가 사망한 1800년 6월로 거슬러 올라가보자. 정조의 사망에 대해 시파(時派) 계열의 인물들은 애석해 했지만 그동안 시파의 주도 하에 억눌려 있던 벽파(辟派)의 인물들은 내심 새롭게 부상할 정치적 기회가 왔다고 생각했다. 주지하는 것처럼 시파와 벽파는 정조의 아버지인 사도세자의 죽음을 둘러싼 의견 대립으로 갈라진 파당이었다. 시파가 사도세자의 죽음에 동정을 보냈던 반면에 벽파는 그의 죽음을 마땅히 그래야 했던 일로 생각했다(이성무, 2007, pp. 213~214). 그러한 연유로, 조부 영조의 통치 후반기에 정치적 실권을 장악했던 벽파에 대한 정조의 감정이 좋을 리 없었다. 정조는 집권한 후에 자신을 지지하는 시파 계열의 인물들을 등용하면서 벽파의 정치적 기반을 약화시켰다. 이러한 벽파를 뒤에서 후원하고 있던 인물이 영조의 계비 정순왕후였다. 사도세자를 죽음으로 내모는 데 앞장선, 벽파의 영수를 자임하던 김귀주가 정조에 의해 유배되어 그곳에서 사망하는 사건이 발생했는데 김귀주는 정순왕후의 오빠였다. 정조에 대한 정순왕후의 적개심은 그 일로 일어나기 시작했고 급기야 정조를 죽인 사람이 그녀라는 소문까지 나돌 정도였다. 정조가 사망하자 그의 후궁이 낳은 아들이 왕위에 올랐다. 순조(純祖) 임금이다. 이제 11세의 어린 임금을 대리해 대왕대비 정순왕후의 수렴청정이 시작된다. 쉽게 예측할 수 있듯이 정순왕후는 벽파의 사람들을 요직에 등용하고 정조가 신임했던 인물들의 관직을 박탈했다.

왕실에서는 순조비의 간택이 중요 사안으로 떠올랐다. 순조는 정조 생전에 이미 김조순의 딸과 혼인을 약속했다. 안동김씨 김조순은 정조의 총애를 받던, 시파의 인물이었다. 따라서 정조가 사망하게 되자 김조순의 딸을 비로 앉히는 것을 저지하고자 했던 벽파의 움직임은 충분히 이해할 만하다. 정순왕후는 물론 벽파를 지지하는 인물이었지만 그럼에도 불구하고 벽파의 시도를 국왕의 결정을 뒤집는 일이자 왕실의 권위에 대한 도전으로 생각했다(이성무, 2007, p. 262). 결국 정순왕후는 1802년 9월 김조순의 딸을 왕비로 결정했다. 그것은 곧 안동김씨의 세도정치가 시작될 것임을 알리는 신호탄이었다.

1804년에 수렴청정을 마친 정순대비가 그 이듬해 사망했다. 이로써 벽파의 정국 주도권은 상대적으로 약화되었으며 시파가 그 틈을 비집고 들어왔다. 1802년 9월 어영대장직을 시작[13]으로 다음 달 비변사 대표가 되어 군권을 장악하기 시작한 김조순이 순조의 친정체제에 맞서 권력을 휘두르기 시작했다. 그는 정순왕후의 사망을 계기로 벽파의 주요 인물들을 제거하고 정조를 지지했던 시파들을 등용하기 시작했다. 또한, 1812년부터 안동김씨의 인물들을 중앙 요직에 앉히기 시작하고, 벽파 제거를 통해 권력 기반을 다지기 위한 조치로 풍양조씨 세력과 정치적 연합을 형성했다. 풍양조씨와의 연합은 풍양조씨의 거두 조득영의 사촌뻘 되는 조만영의 딸이 효명세자(익종)의 빈이 되는 것을 성사시키면서 한층 더 견고하게 다져졌다. 그녀가 바로 훗날 흥선군의 둘째아들을 왕위에 앉히는 데 결정적인 역할을 하게 되는 신정왕후다.

순조는 안동김씨의 세도정치를 종식시키기 위해 많은 노력을 기울였으나 번번이 실패했다. 그는 세자를 통한 대리청정으로 그러한 목표를 달성

13 "대왕 대비가 특별히 하교하여 어영대장 신대겸을 체직시키고 김조순으로 대체하였다"(순조실록 2년 9월 2일 경오).

하고자 했다. 1827년, 19세에 달한 효명세자는 대리청정을 시작했다. 시파 세력들의 관직을 박탈하고 풍양조씨 세력들을 요직에 앉히는 인사 조치를 통해 안동김씨의 세도정치를 견제하고자 했으나 안타깝게도 그 다음해에 갑작스럽게 사망해버렸다. 이에 안동김씨는 세자가 키운 인물들을 공격하면서 다시 권력의 중심으로 들어왔다. 1832년 안동김씨 세도정치의 핵심 인물 김조순이 사망함에 따라 권력구도의 변화 가능성을 기대할 수도 있었지만 김조순의 권력이 그의 아들 김유근에게로 이어지고 김유근이 풍양조씨와의 정치적 연합을 통해 권력 기반을 한층 더 강력하게 다져나감에 따라 세도정치의 위세는 결코 약화되지 않았다.

1834년 순조가 죽고 8세의 손자가 왕위(헌종)에 올랐다. 순조의 비인 순원왕후의 수렴청정이 시작되었다. 순원왕후는 안동김씨와 풍양조씨 세력을 골고루 기용하면서 정치적 균형을 유지하려 했다. 하지만 의도와는 달리 풍양조씨 세력이 급부상하면서 안동김씨와의 사이에 팽팽한 정치적 긴장관계를 형성했다. 안동김씨는 정치적 헤게모니를 다시 장악할 기회를 노렸다. 헌종의 왕위 계승 문제를 둘러싸고 그 기회가 찾아왔다. 점차적으로 건강이 나빠지고 있는 헌종이 왕위를 계승할 아들이 없었던 터라 왕위 계승자의 결정을 서둘러야 했던 것이다. 안동김씨의 거두 김좌근은 순원왕후에게 왕위를 계승할 인물을 정할 것을 촉구하면서 헌종의 조카뻘에 해당하는 이하전이라는 인물을 추천했다. 순원왕후는 이하전을 후계자로 내정했지만, 정작 1849년 6월 6일 헌종이 사망했을 때에는 이하전이 아니라 이원범이 왕위를 계승하는 것으로 발표했다(이성무, 2007, p. 292). 그 과정에는 안동김씨의 정치적 개입이 있었다. 이하전이 벽파의 인물들에 가깝다는 사실을 안 안동김씨는 이원범이라는 인물로 왕위(철종)를 이을 것을 주장했던 것이다. 철종을 대신해 순원왕후의 수렴청정이 시작되면서 자신들이 원하는 대로 정치적 국면을 조성해나간 안동김씨 세력은 이제 풍양조씨들을 공격하기 시작했다. 또한 1851년 대왕대비의 명으로 김문근(김조순의 7촌 조카뻘)의 딸을 철종의 비로 결정하면서 안동김씨의 세도정치는 또다시 정점에 이르렀다. 철종은 군주로서 독자적이고 자율적인 정치적 권한을 행사하기보다는 안동김씨의 결정에 절대적으로 의존함으로써 안동김씨의 세도정치가 깊고 넓게 전개되는 것을 방조해왔다. 하지만 1857년 순원왕후의 사망과 1863년 철종의 사망으로 풍양조씨 집안의 신정왕후가 왕실의 최고 어른이 됨에 따라 정국의 급변이 불가피해졌다.

지금까지의 맥락에 비추어보면 신정왕후의 정치적 이해관계는 궁극적으로 안동김씨 세력의 견제에 있었음을 이해할 수 있다. 헌종이 왕위에 올랐을 때 순원왕후가 자신의 친정 사람들(풍양조씨)을 괴롭히지 않을까 조대비가 노심초사했다는 사실을 환기하는 것이 좋을 듯하다. 철종의 비 철인왕후는 안동김씨 김문근의 딸이었다. 따라서 왕실의 정치적 정통성이 철인왕후에게 돌아가서 안동김씨가 정치력을 장악하기 전에 서둘러야 한다는 계산이 신정왕후에게는 있었을 법하다. 그러한 연유로 조대비는 철종이 사망하자마자 신속하게 왕실의 정치적 주도권을 장악하고자 했던 것이다. 그렇다면 왜 흥선군의 아들 명복인가? 신정왕후는 안동김씨 세력을 견제하기 위해 왕실의 친족들인 종친 세력을 이용하는 길을 택했다. 물론, 그로서는 자신의 친정인 풍양조씨 세력의 중용을 통해 그러한 작업을 수행하는 것이 가장 바람직했지만 철종 대에 이미 풍양조씨 세력의 정치적 기반이 상당부분 약화되었기 때문에 그것은 현실적으로 가능한 대안이 아니었다.

신정왕후는 이제 왕실의 최고위에 위치했다. 그는 안동김씨 세력에 대응할 수 있는 세력을 규합하기 위해 종친세력을 정비할 필요가 있었다. 하지만 이것은

> 자칫하면 안동김씨 집단과의 충돌을 야기할 것이기 때문에 처신에 신중을 기해야 했다. 신정왕후는 안동김씨 집단과의 정치적 대립을 무마하고 그들과의 일정한 협력 체제를 가능하게 할 인물을 탐색했다. 그가 주목한 인물이 바로 흥선군이었다. 흥선군은 궁중 출입이 자유로운 상태였기 때문에 신정왕후와의 정치적 논의가 가능했다. 이 과정에서 신정왕후와 흥선군은 종친세력의 정비를 통해 안동김씨 세력에 대응할 정치기반을 모색했다. 이것이 신정왕후 조대비와 흥선군의 정치적 제휴가 가능했던 이유였다. (김병우, 2006, p. 85)

종친들 가운데 흥선군 이하응은 몇 가지 면에서 조대비의 정치적 목적 달성에 적임자였다. 첫째, 그는 얼마 남지 않은 왕족들 중의 한 사람이었다. 흥선군은 영조의 아들 사도세자의 증손이다. 사도세자의 후궁 숙빈(肅嬪) 임씨가 두 아들을 두었는데 은언군과 은신군이 그들이다. 은언군의 계보는 전계군/거평군/영평군—철종으로 이어지고, 은신군은 남연군(은신군의 양자)—/흥선군(4형제 중 막내)으로 이어진다. 이러한 가계도를 볼 대 흥선군의 아들 명복이 왕위를 잇는 것이 큰 문제가 없어 보인다. 둘째, 그는 헌종 이래로 종친세력의 정비와 종친부의 위상 강화를 도모하면서 종친부 내의 실권을 장악한 인물이었다(김병우, 2006, pp. 72~73). 따라서 흥선군을 통하면 안동김씨를 견제하기 위한 종친세력의 동원이 가능한 일인 셈이다. 셋째, 흥선군은 왕족임에도 불구하고 스스로를 '파락호'(破落戶, 행세하는 집안의 자손으로서 방탕한 인물)로 부르면서 안동김씨들의 경계 바깥에 자리하는 인물로 남아 있었다(이이화, 2004a, p. 25). 넷째, 철종 11년(1860년)에 안동김씨와 종친부 사이에 갈등이 생겼을 때 일이 원만하게 해결될 수 있도록 중재력을 발휘한 인물이 흥선군이었다. 그렇다면 신정왕후로서는 안동김씨 세력이 자신과 흥선군의 정치적 연합을 크게 경계하지 않을 것이라고 판단했을 법하다. 오히려 안동김씨에게서 흥선군은 신정왕후와의 극단적 대립을 피하면서 자신들의 정치적 기반을 안전하게 유지하게 해줄 인물로 간주될 만한 상황이었다(연갑수, 2001, p. 22). 이러한 모든 정치적 계산 속에서 흥선군은 안동김씨의 견제를 위한 신정왕후의 정치적 연합으로 떠올랐다.

한편, 신정왕후가 왕실의 법도를 어겨가면서 철종이 아니라 익종의 대통을 잇기로 결정한 이유는 무엇일까? 그렇게 되면 고종은 자신의 아들이 되는 셈인데 그것은 곧 신정왕후가 고종의 수렴청정을 할 수 있는 정통성의 기반이 되는 일이었다. 말하자면, 만약 고종이 철종의 대통을 잇는다면 수렴청정의 자격이 철종의 왕비 철인왕후에게로 돌아가지만 익종의 대통을 잇게 되면 수렴청정의 권한이 자신에게 부여되는 것이다(이이화, 2004a, p. 24).

신정왕후가 고종의 수렴청정을 통해 공식적으로 왕실의 권력을 장악했지만 그 실권은 흥선대원군에게 절대적으로 귀속되었다. 이는 신정왕후의 독자적인 정치세력이 존재하지 않았기도 하지만 그 스스로가 대원군에게 권력을 맡긴 때문이었다(성대경, 2000, p. 144). 그러한 의지는 대원군의 작위 문제를 둘러싼, 대왕대비와 대신들 간의 회의를 통해 잘 드러나고 있다.

> 대왕대비가 이르기를, 대원군에게 봉작(封爵)하는 것은 국조(國朝)에서 처음 있는 일인데, 모든 절차를 응당 대군의 규례대로 거행해야 할 듯하다. 대원군이 굳이 사양하고 있는데 그의 말도 괴이하지 않으니, 어떻게 하면 좋겠는가? 하니, 정원용이 아뢰기를, 무슨 일이든 이전의 법식을 끌어다가 한다면 행하기 쉽지만 이 예는 전례를 찾아볼 데가 없습니다. 나중에 상의하여 우러러 아뢰겠다고 하였다. 대왕대비가 이르기를, 여러 대신이 이미 연석에 나왔으니 지금 의논하여 정하는 것이 좋을 듯하다고 하니, 김흥근이 아뢰기를, 이것은 처음 만드는 일이

므로 갑자기 결정하기는 어려운 점이 있습니다. 그리고 내외 조정의 체례(體例)가 매우 엄하므로 신들과 대원군이 아마 서로 접할 때가 없을 것입니다라고 하니, 대왕대비가 이르기를, 그렇지만 혹시 서로 만나게 될 때에는 어떻게 하는 것이 좋겠는가? 하니, 김좌근이 아뢰기를, 이미 서로 만날 기회가 없는 이상 예수(禮數)를 미리부터 강정(講定)할 필요는 아마 없을 것이라고 하였다. (고종실록 즉위년 12월 13일 을유)

이러저러한 구실을 들어 흥선대원군의 정치참여 가능성을 봉쇄하고자 하는 대신들에 맞서 대왕대비는 흥선대원군에게 공식적인 정치적 지위를 부여하고자 했다(김영수, 2003, p. 52). 이렇게 흥선대원군은 국왕의 아버지라는 지위와 함께 대왕대비의 정치적 지지에 힘입어, 아무런 공식적인 직함 없이도—그의 유일한 공식 직위는 종친부의 최고 수장인 '종친부 구관위(勾官位)'였지만 그것은 왕실 및 종친관계 사무를 관장하는 것일 뿐 국정에 관여할 직위는 아니었다(안외순, 1996b, p. 433)— 정사에 실질적인 영향력을 행사하며 국정을 주도해나갈 수 있었다. '대원위분부'(大院位分付)로 상징되는 그의 권력 행사에는 어떠한 공식적 승인도 부여되지 않았지만 그는 "스스로 분부를 내림으로써 자신의 권한을 기정사실화"(연갑수, 2001, p. 19)했다.

그렇지만 그의 권력행사가 실질적인 정치적 무게를 가지고 오랜 시간 지속될 수 있었던 것은 단지 그의 지위와 대왕대비와의 정치적 연합에 기인하는 것만은 아니었다. 그의 주변에 여러 정치세력들이 포진해 있었기 때문으로 해석해야 한다. 흥선대원군의 권력행사를 뒷받침해준 세력들로는 앞서 언급한 종친부를 포함해 사조직과 무반계층의 세 범주로 구분될 수 있다(안외순, 1996b, pp. 453~454). 앞서 언급한 것처럼 흥선대원군은 권력을 장악하기 이전에 이미 종친부를 자신의 세력권 안에 편입시켰다. 스스로를 안동김씨를 정점으로 하는 세도정치의 희생양이라고 간주한 종친

세력들과 세도정치를 혁파하고 왕실을 부흥시키고자 했던 흥선대원군의 정치적 이해관계는 상당부분 중첩되었으며 그러한 맥락 속에서 흥선대원군은 종친부의 위상을 강화해주면서 자신의 정치적 기반을 견고히 해나갈 수 있었다. 다음으로 흥선대원군은 사저인 운현궁을 포함해 왕궁과 중앙 및 지방관아 등에 자신의 개인조직을 거느리고 있었다. 운현궁의 가령(家令: 권문세가에서 피고용인들을 지휘 · 감독하고 집안일을 관리하는 사람), 궁중 내 상궁과 내시, 그리고 의정부와 육조 및 지방감영의 관리들은 비공식적인 네트워크 속에 편입되어 흥선대원군을 위한 중요한 정보처 구실을 수행했다(안외순, 2000, pp. 237~239). 아울러 흥선대원군은 자신의 권력 강화를 위해 무인들을 활용했다. 문인양반 계급을 척결 대상으로 설정한 흥선대원군으로서는 무인 계층을 활용하는 것이 실질적인 대안이 될 수 있었다(안외순, 1996b, p. 454; 2000, p. 227).

흥선대원군은 국왕의 아버지와 신정왕후의 정치적 지지라는 공식적 위상을 기반으로 그를 지지하는 여러 세력들을 활용해 자신의 정치적 목표를 달성하기 위한 개혁정치를 가동시켰다. 개혁정치의 본질은 외척들의 농단으로 무너져버린 왕실의 권위를 되찾아 강력한 "전제군주국가"를 재건하는 것이었다(안외순, 1996a, p. 43).

2. 흥선대원군의 개혁정치

흥선대원군은 무엇보다 안동김씨의 정치적 영향력을 축소시키는 방향으로 제도개혁을 추진했다. 그것은 비변사(備邊司)를 없애고 의정부의 위상을 바로 세우는 일로 구체화되었다. 삼포왜란의 발발에 따라 변방의 안보 문제를 담당하기 위해 명종 10년에 창설된 군사기관인 비변사는 임진왜란을 거치면서 군사 문제만이 아니라 거의 대부분의 정치적 사안들을 관장하는 최고 기관으로 변모하기 시작했다. 비변사의 권한과 기능 확대는 불가피하게, 군사 문제를 담당할 병조와 국가 최고 정책결정기관인 의정부의 정치적 위상이 약화되는 결과로 이어졌다. "의정부는 유명무실한 관서가 되어 매년 두 차례 실시하는 포폄과 참알, 망궐례 등의 사대의식, 제향 때 서약 받는 의식의 집행 외에는 항상 빈 관청이 되었다"(연갑수, 2001, p. 35). 이 비변사는 세도정치의 핵심세력인 안동김씨를 필두로 하는 문벌 권력의 기반으로 활용되었다. 안동김씨 세도정치의 기초를 닦은 김조순의 권력 장악이 비변사 대표직을 맡는 일에서 시작되었다는 사실을 환기할 필요가 있다. 흥선대원군의 세도정치 혁파의지가 우선적으로 비변사 개혁에서 시작된 본질적 이유는 이러한 맥락에 자리한다.

비변사 개혁을 위한 움직임은 1864년 1월 조대비의 지시를 통해 최초로 구체화되었다. 조대비는 대신들을 향해 "의정부와 비변사를 다 같이 묘당(廟堂)이라고 부르면서도 문건은 오직 비변사에서만 다루는 것이 극히 이상하니, 이제부터는 따로따로 다루는 것이 좋겠다"(고종실록 1년 1월 13일 을묘)라고 명했다. 이에 따라 비변사가 군사 업무를 맡고 의정부가 나머지 군국사무를 담당하는 식으로 업무 분담이 이루어졌다. 하지만 비변사의 운영과 행정실무를 담당하는 관리들에게 의정부의 직무를 겸임하게 함으로써 실질적인 업무 분담은 이루어지지 않았다. 결국 비변사의 기능 축소가 형식적인 차원에서만 이루어지고 있다는 판단 하에 흥선대원군은 비변사의 인사에 손을 댔다. 고종 1년(1864년) 11월 20일, 신정왕후는 국왕과 비변사 당상들의 국정회의에 참석한 인원이 정원의 10분의 1인 6명에 불과하자 이를 문제 삼아 12명의 당상들을 해임했다. 그로부터 이틀 뒤 비변사의 대대적인 인사개편이 단행되었다. 이러한 일련의 인사 개혁에 이어 대원군은 비변사 자체의 폐지를 위한 조치를 시행했다. 비변사를 의정부로 통합하는 것이었다. 이를 위한 본격적인 조치는 건물이 너무 낡아 수리가 필요하다는 의정부의 건의를 허락하면서 시작되었다. 고종 2년 2월 9일 신정왕후는 재정 지원을 통해 의정부 건물 중수를 대대적으로 시행할 것을 주문했으며 고종 또한 의정부 중건 때 편액을 직접 써주겠다고 밝혔다. 의정부의 수리가 완료되자 고종 2년 3월 28일 신정왕후는 비변사를 폐지해 의정부로 통합할 것을 지시했다.

> 의정부는 대신이 백료를 동솔(董率)하고 서정을 규찰하는 곳이다. 그 소중함이 다른 관사와는 다르다. 경외(京外)의 사무가 비변사에 일체 위임된 것이 언제부터인지 모르나 사체(事體)가 그런 것이 아니다. 지난번 문부를 구별하게 한 것은 구규(舊規)를 회복하기 위함이었다. 이제 정부가 이미 중신되었다. 이제부터 정부와 비국을 일체 종부시와 종친부의 합부지례(合附之例)에 의거하여 일부로 합치고, 비국은 정부의 조방으로 삼아 대문지미(大門之楣)에 각게(刻揭)하고 묘당 편액은 (의정부의) 대청에 이게(移揭)하라. (승정원일기 고종 2년 3월 28일; 김병우, 2006, p. 215에서 재인용)

이로써 세도정치의 중심무대였던 비변사의 흔적은 완전히 사라져버렸다(연갑수, 2001, p. 40).[14]

제도개혁에 이어 흥선대원군은 중앙의 권력 판도를 획기적으로 바꾸기 위한 인사조치를 단행했다. 그 본질은 안동김씨의 주요 인물들을 퇴진시키면서 종친들을 필두로 남인 세력과 북인 세력들을 중앙정치 무대로 불러들이는 인사 개혁이었다. 고종 원년에, 안동김씨 가문의 추종자로 지목

---

14 또한 신정왕후는 비변사의 도장을 녹여서 완전히 없애버리고, 국가문서는 '정부'(政府)라는 말머리로 시작하게 했다(연갑수, 2001, p. 40).

된 심의면과 심이택 부자를 유배와 자발적 사직의 방식으로 퇴진시키고, 세도정치의 원흉으로 간주되던 김좌근과 김홍근의 관직을 박탈하고, 김좌근의 아들 김병기를 광주로 좌천시키는 조치를 취했다. 반면에 노론 계열의 집권기에 희생된 남인과 북인들을 복권시키고 요직에 기용했다. 예컨대, 좌 · 우의정에 발탁된 유후조(좌의정) · 한계원(우의정) · 강로(좌의정) 등은 안동김씨의 세도정치 기간 동안에 소외된 남인과 북인의 인물들이었다(안외순, 1996b, p. 437). 또한, 세도가들의 위압적 권력 아래에서 철저한 소외를 경험했던 종친들의 위상 강화를 위해 노력을 기울였다. 흥선대원군은 의정부 건물 중수와 같은 논리로, 우선 종친부 건물을 개수했다. 고종은 다음과 같이 말했다.

내가 잠저(潛邸)에 있을 때 이미 종친부가 황폐하고 무너졌다는 것을 듣고 매우 유감스럽게 생각하였다. 국조에 융성했던 시절에야 어찌 이러하였겠는가? 본손과 지손 백대를 내려와 공족이 득실거렸을 것이다. 번성한 기상을 상상하면 붉은 옷을 입고 푸른 패옥을 찬 사람들이 찬란하게 자리를 메우고 화수의 즐거움이 모두 이 종친부에서 있었을 것이니, 어찌 옥우(屋宇)를 수리하지 않고 이 지경이 되도록 놔두겠는가? 내가 즉위한 후로 중건을 하려고 하였으나 겨를이 없었는데, 우리 대원군께서 빨리 수리하여 모두 옛 모습을 회복하였으니 웅장하고 미려한 아름다움이 옛날에 비해 낫다. 본궁에 의대(衣襨)를 봉진(封進)하는 것은 옛 규례를 이미 회복하였으며 선원록(璿源錄)의 편집도 완성되어가니, 이 종친부가 백사(百司)보다 중요하다는 것을 누가 모르겠는가? 이로부터 자손들이 번성한다는 내용의 인지(麟趾)와 종사(螽斯)의 시가 유독 주나라에서만의 아름다움은 아닐 것이다. 천만년을 국가와 함께 번창할 것이니, 이것이 내가 기원하는 심정이다. 종친부의 편액은 친히 써서 내리겠다. (고종실록 2년 2월 20일 병술)

이어서 흥선대원군은 종친들을 정치무대로 끌어들이기 위한 제도적 절차를 구축하고자 했다. 그것은 종친을 위한 특별과거인 종친과의 시행이었다(김영수, 2003, p. 56). 그러한 제도의 시행은, 통계치만을 살펴보자면 성공적이었다고 말할 수 있다. 흥선대원군 집정기인 1863년부터 1873년까지 141명의 최고 관직들(3정승 · 좌우찬성 · 좌우참찬 · 육조판서)의 성씨별 출신을 보면 전주이씨가 안동김씨를 누르고 수위를 차지(12,4%)한 것은 그러한 인사 정책의 결과인 것으로 보이기 때문이다(성대경, 2000, p. 156). 또한, 흥선대원군은 앞서 언급한 것처럼, 무관들을 중용했다. 예컨대, 군부의 요직이라고 할 수 있는 4군영대장의 경우에는 전원 무과 출신 인물들로 채웠으며 특히 그들 중에는 안동김씨 출신이 전무하다는 특징을 보였다(안외순, 1996b, p. 442). 이들이 경복궁 중건사업에도 적극 참여했다(성대경, 2000, p. 169)는 사실이 말해주듯이 무관들은 흥선대원군이 추진한 개혁정치의 핵심을 이루는 세력이었다.

흥선대원군의 개혁정치는 또 다른 곳을 향하고 있었다. 그는 서원으로 상징되는 지방 유림의 권력기반을 해체하기 위한 조치들을 단행해나갔다. 조선 후기에 이르러 서원은 선현을 기리고 후학을 교육한다는 본래의 목적과 취지를 벗어나 지방 유림들의 권력 기관화되어가는 병폐를 드러내고 있었다. 서원을 운영하기 위해서는 많은 자산이 필요했는데 국가는 이를 위해 서원에 딸린 토지에 대해서는 세금을 면제해주고, 군역을 면제받은 노비들을 제공해주었다. 뿐만 아니라 서원 건축의 수리비용까지도 지원하는 파격적 혜택을 부여했다. 한편, 임금의 글씨를 현판에 걸어 새겨둔 서원을 사액서원(賜額書院)으로 불렀는데 이 사액서원은 더 큰 경제적 · 정치적 혜택을 누릴 수 있었다. 그러한 이유로 조선 후기에 서원은 1천 여 개 이상을 헤아렸으며, 임금의 사액을 받기 위한 정치적 줄 닿기가 커다란 사회적 문제를 야기하기도 했다. 한층 더 심각한 문제는 중앙에서 파견된 지방관의 행정력이 서원에까지 미치지 못하고 있었다는 점이다(안외순, 1996a, p. 29).

서원의 부작용은 이미 영정조 때부터 인지되기 시작했다. 영조와 정조는 서원을 당쟁의 소굴로 간주하면서 서원의 폐해를 줄이기 위한 조치를 취했으며 그러한 움직임은 철종 때에도 지속적으로 나타났다. 그렇지만 실효는 미비했다. 서원은 조선 후기 문벌 정치가 확산되면서 그 수도 불어났을 뿐만 아니라 한층 더 심각한 정치 · 경제 · 사회적 문제를 유발했다. 가장 존경해마지 않았던 군주인 영조와 마찬가지로 흥선대원군 또한 서원에 대해 대단히 부정적인 입장이었다(승정원일기, 고종 1년 7월 27일). 그는 국가재정과 농가경제의 빈곤이 서원을 중심으로 하는 양반 수의 증대 및 면세와 면역, 그리고 그들에 의한 농민층 수탈에 기인한다고 생각했다(김병우, 2006, p. 290). 따라서 서원을 정리하는 일은 국가 재정을 확대하는 경제적 이해관계이자 지방토호들의 세력을 꺾음으로써 왕권 강화라는 종국적 목적을 실현할 수 있는 중대한 정치적 사안이었다.

흥선대원군은 서원제도의 개혁을 단계적으로 실시해나갔다. 먼저, 전국에 분포하는 서원에 대한 정확한 정보를 수집하고자 했다. 대왕대비가 하달한 전교가 그 근거가 되었다. "각 고을에 있는 서원, 향현사(鄕賢祠), 생사당(生祠堂)과 그 원이나 사들에 소속되어 있는 결총(結總)과 보액(保額)을 상세히 기록하여 낱낱이 등문(登聞)하는 일을 묘당(廟堂)으로 하여금 팔도(八道)와 사도(四都)에 행회(行會)하여 누락이 없도록 하라"(고종실록 1년 4월 22일 임진). 다음으로 흥선대원군은 서원을 설치한 목적과 임금이 편액을 내리고 토지와 노비들을 내린 원칙을 환기한 후, 서원들의 폐단과 죄악상을 적발해 처분할 것을 명령하고 국가의 허락 없이 서원을 설치하는 것을 금지했다. 그리하여 고종 2년 3월에는 만동묘(萬東廟) 철폐 명령이 내려졌다. 서원 중에서 가장 영향력이 컸던, 노론의 영수인 송시열을 기리는 화양서원이, 송시열의 뜻에 따라 중국 명나라 황제 신종(神宗)을 기리는 사당으로 설립한 곳이 만동묘였다. 이 화양서원이 지역에서 누리고 있던 권력은 그야말로 절대적이었다. 예컨대, 화양서원이 발행한 '화양묵패'(華陽墨牌, 제사를 앞두고 경비 염출을 위해 지역 관아와 부호들에게 전달된 문서의 일종)는 거스를 수 없는 무소불위의 권위 그 자체였다. 흥선대원군의 만동묘 철폐 조치는 전국 유림의 반대를 가져왔지만 그럼에도 불구하고 사원 개혁을 위한 그의 의지는 약화되지 않았다. 1868년부터 70년 사이, 서원전에 대한 면세 규정이 폐지되고, 사액서원의 관리를 해당 지역의 수령에게 이양하는 조치를 하달했다. 그리하여 마침내 고종 8년(1871) 3월, 47개의 사액사원만 남겨놓고 나머지 모두를 철거하라는 서원 철폐령이 내려졌다(성대경, 2000, pp. 160~161).

한편, 조세정책의 개편은 흥선대원군이 추진한 또 하나의 중대한 개혁 조치였다. 그것은 무엇보다 부국강병을 위한 국가재정의 확대 조치였지만, 앞서 설명한 일련의 개혁들과 같은 정치적 연장선상에 놓인 것이었다. 말하자면 농민 수탈을 자행하는 세도정치 세력들을 제거하는 일이자(고석규, 1998, 2부 1~2장) 향촌토호들에 대한 중앙통제를 현실화하는 것이었다. 조선 후기 들어 국가재정의 축인 삼정, 즉 전정(田政)·군정(軍政)·환정(還政)의 문란은 극에 달했다. 토지에 부과하는 세수 관리책이 제대로 작동하지 않아 농민들의 부담만 가중시키는 불공정한 양상이 반복적으로 발생했으며, 군정 역시 양반들이 수세 대상에서 제외되고 농민들에게만 부과되었다. 마찬가지로 환정도 제 기능을 발휘하지 못했다. 본래 환정은 춘궁기나 흉년에 식량을 빌려주었다가 추수 때 되돌려 받는, 즉 백성을 구제하기 위한 목적으로 만들어진 제도였지만 조선후기에 들어 고리대적인 국가 영리사업으로 변질되었다. 이러한 폐단은 1862년에 전국 각지에서 일어난 임술민란의 직접적 원인이었다(안외순, 1996a, p. 38).

흥선대원군이 단행한 조세제도의 개혁 내용은 다음과 같았다. 우선, 지방 토호들이 보유하고 있지만 신고 되지 않은 토지들을 적발해 수세결(收稅結)로 편입시켰다. 또한 세수로 걷히는 쌀을 수송하는 과정에서 발생하는 폐단을 없애기 위해 지방 수령이 직접 수송을 관장하도록 조치했다(성대경, 2000, pp. 165~166). 다음으로, 호포제(戶布制)의 실시를 통해 군정의 개혁을 단행하고자 했다. 호포제란 사람이 아니라 가구(戶)를 단위로 군포를 부과하는 제도를 뜻한다. 그것은 양반과 상민이 똑같이 군포를 부담하게 되면 계급 구분이 없어진다며 군역제도를 반대한 양반계급의 명분론을 무력화시키기에 적합한 조치였다. 아울러, 대원군은 장부상에만 기록되어 있는 환곡을 탕감하고, 남은 것으로 환곡제도를 운영하도록 했으며, 정부로부터 받은 환곡의 운영을 민간이 운영하는 사창제(社倉制) 실시를 통해 환곡제도의 개혁을 시도했다(김영수, 2003, pp. 60~61).

지금까지 흥선대원군이 추진한 개혁정책들의 면면을 간략하게 살펴보았다. 이 모든 개혁 조치들은 공통적으로 왕실의 정치적 권위와 영향력을 회복하기 위한 의지의 발현이었다. 그것은 왕족인 대원군의 개인적인 정치적 바람일 수도 있었지만 군주와 왕실의 체통과 위엄을 실추시킨 문벌정치라는 구조적인 상황에 기인하는 것이었다. 앞서 언급한 것처럼, "왕실을 중심으로 하는 확고한 유교적 신분사회를 재건"(안외순, 2000, p. 227)[15]한다는 정치적 목표가 달성되기 위해서는 그러한 구조적 한계를 돌파할 필요가 있었던 것이다.

그런데 흥선대원군의 이러한 정치적 목표는 지금까지 살펴본 조직 · 인사 · 경제 · 사회적 차원의 개혁을 통해서만 달성될 것이 아니었다. 흥선

15 그런 면에서 그의 개혁정치의 한계, 즉 근본적으로 근대적인 것과는 거리가 멀다는 비판적 평가가 제기되는 것이다.

대원군은 왕실의 권위 회복이 제도적 영역만이 아니라 상징적 영역을 매개로 달성될 수 있는 것임을 인식했다. 이와 관련해 우리는 두 가지 흥미로운 사례를 살펴볼 수 있다. 하나는 왕실 교육에 관한 것이다. 흥선대원군은 1870년, 그러니까 개혁정치가 궤도에 올라 있을 때 『교학정례』(教學定例)를 만들어 왕손을 비롯한 왕실 자녀들의 교육 지침을 확립하고자 했다. 흥선대원군의 이러한 조치는 독창적인 것이라기보다는 강력한 왕권강화를 이룩해낸 영조로부터 배운 것이었다. 영조는 두 손자인 은언군과 은신군의 교육을 위해 1757년(영조 33년)에 『왕손교전상견례』(王孫教傳相見禮)를 만들었다. 영조는 당쟁으로 인한 분열을 막고 왕권을 강화하기 위해 교육을 동원하고자 했는데(정옥자, 1997), 흥선대원군은 자신의 이상적 군주상인 영조의 통치모델을 받아들였다. 그런 면에서 『교학정례』의 제작은 대단히 상징적인 것이었다. 다음 사례로 왕실의 중요 행사인 '능행'(陵幸)을 들 수 있다. 고종은 1864년 8월 15일에 철종의 산릉에서 제사를 지내기 위해 처음으로 도성 밖으로 행차했고, 10일 뒤에는 태조의 건원릉과 익종의 수릉 그리고 헌종의 경릉을 참배했다. 대체로 국상 기간 중에는 복색이 좋지 않다는 이유로 새로 만들어지는 산릉 이외 다른 왕릉은 참배하지 않았다는 관례에 비추어볼 때 철종의 국상 기간이 끝나지 않은 상태에서 고종이 태조를 비롯해 익종과 헌종의 능을 참배한 것은 이례적인 것으로 보인다. 그렇다면 그 이유에 대한 설명이 필요할 텐데, 한 연구는 다음과 같은 답을 제공하고 있다. "왕실 방계로서 복잡한 왕위 계승의 과정을 겪은 고종에게는 자신의 왕통상 선고(先考)에 해당하는 익종과 형제에 해당하는 헌종의 왕릉을 의도적으로 참배함으로써 자신의 정당한 왕위 계승을 대내외에 알리는 것이 매우 중요한 일"이었다(조인수, 2006, p. 32). 1864년은 신정왕후의 수렴청정 시기였음을 고려한다면 능행을 통한 상징정치는 흥선대원군이 구상한 정치적 연출 행위일 수 있다는 추측을 가능케 한다. 흥선대원군의 상징정치는 이제 살펴보게 될 경복궁 중건 사업에서 한층 더 대규모로 전개된다.

3. 궁궐의 중수와 권력 과시의 상징정치

흥선대원군은 엄청난 경비와 공역을 들여 경복궁을 중건했다. 그것은 결국 그 이전까지는 경복궁이 존재하지 않았음을 의미한다. 사실을 말하자면 경복궁은 1592년 임진왜란으로 완전히 소실된 이후 몇 차례의 중건 논의에도 불구하고 잡풀들로 채워진 황량한 터로만 남아 있었다. 그렇다면 그 이유가 무엇일까? 당대의 군주들이 경복궁의 중건에 성공하지 못한 이유는 무엇인가? 이에 답하기 위해서는 흥선대원군의 경복궁 중건 과정을 살펴보기 이전에 경복궁의 전사(前史)를 간략히 살펴볼 필요가 있을 것 같다.

경복궁의 파란만장한 운명은 명종 8년(1553)에 일어난 대화재로부터 시작되었다. 9월 14일, 경복궁이 거대한 불길에 휩싸였다.

> 경복궁의 대내(大內)에 불이 났다. [태조가 즉위한 뒤 3년에 창건한 강녕전(康寧殿)·사정전(思政殿)· 흠경각(欽敬閣)이 모두 불타버렸다. 이 때문에 조종조로부터 전해오던 진보(珍寶)와 서적 및 대왕대비의 고명(誥命)과 복어(服御) 등도 모두 재가 되고 말았다. 이때 삼전(三殿)이 창덕궁으로 이어하였으므로, 궁인들이 변고를 듣고 달려가서 재물을 꺼내려 하였으나 하나도 꺼내지 못하고 서책 몇 궤짝만을 경회루 연못에 있던 작은 배에 내다가 실었을 뿐이었다. 이에 앞서 유성이 동쪽으로부터 서쪽을 향하고 빛이 서울을 환히 비추었으므로 화재가 있을 것이라는 소문이 있었는데, 얼마 안 되어 이 화재가 있었다.] 정원에 전교하였다. "대내가 모두 불타서 하늘에 계신 조종(祖宗)의 혼령을

놀라게 하였으니, 나의 마음이 망극하다. 문소전(文昭殿)과 연은전(延恩殿)에 위안제(慰安祭)를 거행하는 일을 예조에 말하라." (명종실록 8년 9월 14일 정사)

화재의 원인은 중종 때 불타 없어진 동궁을 짓기 위한 공사 때문이었다. 홍섬이 지은 『경복궁중신기』(景福宮重新記)에 기록된 공사 내용들을 보면 다음과 같다. 첫째, 화재로 인해 남으로는 사정전 남랑, 동으로는 강녕전 외동랑, 북으로는 청연루 남월랑, 서북으로는 함원전 영태문, 북으로는 교태전, 서남으로는 경회문 등이 불타고 오직 근정전 · 경회루 · 함원전 · 청연루만이 남았다. 엄청난 규모의 화재였음이 드러난다. 둘째, 경복궁 대내에 설치된 선수도감은 영의정을 도제조로 좌찬성 · 이조판서 · 공조판서를 제조로 삼아 동궁조성도감과 하나로 합치되, 낭료 가운데 일을 잘 주관할 사람을 뽑아 분조로 일을 맡기고 도청(都廳)으로 삼았다. 작업장은 8소로 구성되었는데 동궁은, 재료가 마련되어 있었기 때문에 3월에 먼저 공사를 시작해 9월에 마쳤다. 경복궁 복원의 의지를 엿볼 수 있는 대목이다. 셋째, 공사 규모가 커서 대부분 부역에 의존했으나 재료는 물길 가까운 곳에서 조달하고 모자란 것은 강원도와 함경도에서 샀다. 노동력은 동원된 군인과 승려가 2,200명이고 대가를 받고 일한 사람이 1,500명이었다. 넷째, 중건된 건물은 전이 강녕 · 사정 · 교태 · 경성 · 연생의 다섯, 당이 자미, 양심 둘, 각이 흠경 하나, 합이 비변 하나 등 문랑 청랑을 합해 모두 370여 칸이었다(이강근, 2003, pp. 31~32에서 재인용).

이러한 대역사를 통해 1553년 9월 18일에 중건된 경복궁이었지만 그로부터 40여 년 뒤에 발발하는 임진왜란의 화재로 완전히 소실되어버렸다. 그런데 경복궁이 불에 타게 된 원인에 대해서는 의견이 분분하다. 선조가 도망치자 종들이 장례원(掌隷院, 노비문서를 보관한 곳)을 불태우는 과정에서 경복궁도 불탔다는 이야기도 있고, 왜군이 퇴각하면서 불을 질렀다는 이야기도 있다. 물론, 창덕궁과 창경궁 또한 경복궁과 마찬가지로 화재로 인해 소실되었다. 전쟁이 끝난 뒤에 화재로 불타버린 궁궐들을 재건해야 했는데 궁궐의 정치적 · 역사적 위상을 고려하자면 경복궁이 먼저 재건되어야 했지만 결과적으로 보면 창덕궁이 먼저 중건되었다. 이에 대해서는 몇 가지 중요한 이유가 있다.

선조는 재위 26년(1593)에 경복궁 터에 임시 궁궐을 지을 준비를 하라는 명령을 내리고 관리들로 하여금 경복궁 터를 찾아가 그에 맞추어 설계를 하고 목재를 마련하라는 등 중건 준비를 진행시켰다. 전쟁이 끝나고 10년 안에는 궁궐을 짓지 못한다는 풍수지리상의 이유가 있었기 때문에 선조 39년(1606)에 와서야 중건에 관한 본격적인 논의가 이루어졌다.

궁궐영건도감(宮闕營建都監)이 아뢰기를, "사간원이 아뢰기를, '궁궐의 역사(役事)가 매우 호대하니 그 사이의 사소한 폐단까지 근심할 수야 없겠지만 다만 이번의 역사에 민력을 쓴다면 감당해낼 도리가 없을 것이다. 경기 · 강원 등 산현(山縣) 백성들의 경우 겨우 벌목의 역사를 시작했을 뿐인데도 도망하여 떠도는 자가 즐비하다고 하니, 듣기에 매우 참담하다. 역대의 성대한 궁궐의 제도를 일시에 모두 거행할 수는 없을 것 같으니 우선 긴급한 전각만을 빨리 결정하고 그 나머지 궐내의 각 아문도 칸 수를 결정하여 들여오는 모든 재목을 간략하게 하도록 힘씀으로써 조금이나마 민력을 펴게 하여야 할 것이다. 이보다 더 급한 일이 없으니 도감으로 하여금 십분 헤아려 속히 거행하게 하라' 하였는데, 이에 대해 전교하시기를 '조종조의 법궁을 영건하지 않는다면 그만이지만, 영건한다면 그 제도에 의거하여 점차로 하지 않을 수 없다. 그러나 도감으로 하여금 의논하여 아뢰게 하라'고 하셨습니다. 신들이 지난번 경복궁의 구지(舊趾)를 그림으로 그려 올렸는데, 대내의 처소에 있어서는 사체가 지엄할 뿐만 아니라 일의 선후와 완급도 알 수 없어서 아래에서는 감히 함부로 할 수 없습니다. 오직 상의 재결을 바랄 뿐입니다. 지금 간원의 계사(啓辭)를 보건대 대체적인 뜻은 칸 수를 결정하여 들어갈 재료를 마련함으로써 간략하게 하기를 힘써 조금이라도 민력을 펴게 하려는 것입니다. 삼가 생각하건대 외처의 제사(諸司)는 신들이 재력에 따라 상의하여 처리하면 되겠습니다마는, 광화문에서 근정전에 이르기까지는 모두 좌우의 월랑(月廊)이 있어야 되고 근정전에서 사정전 · 강녕전까지는 전후좌우의 회랑(回廊)을 먼저 영건하여 법궁의 체제를 갖추지 않을 수 없습니다. 또 별전(別殿)에 있어서는 점차로 영건하는 것이 의당하겠습니다마는, 이른바 정전 세 곳과 각 문의 좌우 장랑(長廊) 등에 대한 역사도 광대하여 아마 1~2년 안에는 다 만들지 못할 것입니다. 이것 또한 점차로 영건해야 할 것이겠기에 감히 아룁니다" 하니, 윤허한다고 전교하였다. (선조실록 39년 11월 7일 임신)

이러한 논의 과정이 지나고 드디어 경복궁을 중건해도 좋다는 선조 40년(1607)이 도래했다. 그런데 이 해에 들어와 공사 대상이 창덕궁으로 바뀌었다. 갑자기 바뀐 이유에 대해서는 명확한 기록이 없지만 한 가지 중요한 상황적 요인을 고려할 수 있을 것으로 보인다. 선조 40년 2월 12일 임금은 건국 초기 경복궁을 지을 때 논의된 내용들과 풍수상의 정보들을 남김없이 써서 보고하라는 명령을 내렸다. "건국 초기에 한양을 도읍으로 정하고 경복궁을 지을 때에 반드시 여러 신하들이 논의한 것과 술사(術士)들이 지형을 살펴보고 한 말들이 있었을 것이다. 실록을 상고하여 빠짐없이 써서 들이라"(선조실록 40년 2월 12일 을사). 이러한 기록으로부터 유추할 수 있는 사실은 결국, 선조가 경복궁 터를 정할 때 정도전과 무학대사의 논쟁, 하륜의 반대, 세종조 풍수가의 경복궁 풍수 비판, 권력을 둘러싼 형제간 암투와 살인의 무대 등에 관한 정보들을 들었을 것이며 그 정보들이 경복궁 중건 계획을 철회하는 요인으로 작용했을 수 있었을 것이라는 점이다(김동욱, 1999, p. 104).

끝내 경복궁 중건 계획이 철회되었다. 경복궁 중건을 위해 마련되었던 재료들이 창덕궁 복원을 위해 사용되었다. 광해군 원년(1609) 5월 9일에 임금이 창덕궁 보경당(寶慶堂)으로 행차한 것은 경복궁이 아니라 창덕궁 중건 공사가 진행되어 마무리되었음을 의미하는 역사적 사실이다. 광해군은 관리로 하여금 경복궁 터의 조사를 명령하는 등 경복궁 재건의 의지를 드러내는 것처럼 보였지만[16] 사실 그 이후에 별다른 구체적인 논의와 계획을 만들어내지는 못했다. 오히려 광해군은 창덕궁마저 마음에 들어하지 않았는데 그러한 연유로 인왕산 아래에 인경궁(仁慶宮)이라는 새 궁궐의 건립을 계획하고 그 서쪽에 또 하나의 궁궐로서 경덕궁(慶德宮, 이후 경희궁으로 개명)을 짓도록 했다(김동욱, 1999, p. 105). 하지만 반정으로 권좌에 오른 인조는 광해군이 지은 인경궁을 철저히 파괴했다. 그는 창덕궁에 화재가 발생하자 인경궁을 헐어 궁궐을 복구했다. 그 사이 경복궁은 조선왕조 정궁의 위상을 갖게 된 창덕궁에 가려져 서서히 잊혀져가고 있었다. 현종 때에 이르러서는 다른 건물들을 지으면서 그 터가 침해되기까지 했고, 궁궐터 내에 있는 물건들을 가져다 사적인 건물을 짓는 데 사용했으며 호랑이가 출몰하는 등(영조실록 27년 6월 9일 갑진) 그 훼손과 망각의 정도가 상당했음을 알 수 있다(조재모 · 전봉희, 2000, p. 34). 영조와 정조 대에 이르러 경복궁이 다시 주목을 받긴 했으나 그렇다고 해서 경복궁 중건이 실제로 시도된 것은 아니었다. 경복궁이 옛 모습을 회복하는 데에는 그로부터 한 세기가 더 흘러야 했다.

16 선수도감(繕修都監)이 아뢰기를, "신들이 오늘 경복궁 옛터에 나아가 [……] 근정전 옛터에다 쇠[鐵]를 띄워보았습니다. 각자의 의견은 별단에 서계하였습니다. 감히 아룁니다" 하니, 알았다고 전교하였다(광해군일기 7년 윤 8월 2일 병오). "날씨가 몹시 추워지기 전에 별다른 일이 없는 날 경복궁의 좌향(坐向)을 속히 회의하여 물어가지고 아뢸 일로 도감에 말하라" (광해군일기 9년 11월 17일 무인).

앞서 언급한 것처럼 흥선대원군이 경복궁을 중건하고자 한 근본적인 이유는 왕실의 권위 회복을 가시화한다는 정치적 상징성의 차원에 있었다. 조선왕조의 개국과 더불어 정궁의 위상을 지닌 채 무너져내린 경복궁의 복원 그 자체가 조선왕실의 권위를 드높이는 일임은 의심의 여지가 없다. 그가 가장 존경하는 고조부(영조) 또한 왕실의 위엄을 구축하기 위해 경복궁 터에 행차하고 채상단(採桑壇)—성종 대에 경복궁 후원에 설치되었다—을 조성하는 등 궁궐의 중건에 큰 관심을 기울이지 않았는가(조재모, 2007, p. 34). 경복궁에 대한 흥선대원군의 정치적 관심은 고종의 즉위 직후에 구체적인 모습을 띠게 된다.

먼저, 대원군은 고종을 데리고 경복궁 터를 방문해 경복궁의 의미를 알려주었고 대왕대비에게도 익종과 헌종을 포함한 역대 임금들이 경복궁 중건의 뜻을 품어왔음을 말하곤 했다. 또한 그는 경복궁 중건을 위한 계책을 꾸미기도 했다. 1865년 3월에 육조대로 앞에 있는 의정부 청사를 수리하는 과정에서 청사 안에 있는 우물을 팠는데 그곳에서 네모진 돌이 나왔다. 그 돌에는 경복궁을 다시 세우면 나라가 번영하고 자손이 번성하며 백성이 풍요로울 것이라는 이야기가 새겨져 있었다. 이는 대원군이 자신의 심복을 시켜 연출한 에피소드로 전해지고 있다(이이화, 2004a, pp. 90~91).

1865년 4월 2일 신정왕후의 전교를 통해 경복궁 중건 계획이 공식적으로 발표되었다. 대왕대비는 다음과 같이 말했다.

> 경복궁은 우리 왕조에서 수도를 세울 때 맨 처음으로 지은 정궁이다. 규모가 바르고 크며 위치가 정제하고 엄숙한 것을 통하여 성인의 심법(心法)을 우러러볼 수 있거니와 정령(政令)과 시책이 다 바른 것에서 나와 팔도의 백성들이 하나같이 복을 받은 것도 이 궁전으로부터 시작되었다. 그러나 불행하게도 전란에

의하여 불타버리고 난 다음에 미처 다시 짓지 못한 관계로 오랫동안 뜻있는 선비들의 개탄을 자아내었다. 지금 정부의 중수로 인하여 왕조가 번창하던 시기에 백성들이 번성하고 물산이 풍부하며 훌륭한 신하들도 많이 등용되었던 것을 늘 생각하면 사모하는 동시에 추모하는 마음이 더욱 간절해진다. 돌이켜보면, 익종께서 정사를 대리하면서도 여러 번 옛 대궐에 행차하여 옛터를 두루 돌아보면서 개연히 다시 지으려는 뜻을 두었으나 미처 착수하지 못하였고, 헌종께서도 그 뜻을 이어 여러 번 공사를 하려다가 역시 시작하지 못하고 말았다. 아! 마치 오늘을 기다리느라고 그랬던 것 같다. 우리 주상은 왕위에 오르기 이전부터 옛터로 돌아다니면서 구경하였고 근일에 이르러서는 조종조(祖宗朝)께서 이 궁전을 사용하던 그 당시의 태평한 모습을 그리면서 왜 지금은 옛날처럼 못 되는가 하고 때 없이 한탄한다. 이것은 비단 조상의 사업을 계승한다는 성의(聖意)일 뿐만 아니라 넓고도 큰 도량까지 엿볼 수 있는 것이니, 이것은 백성들의 복이며 국운의 무궁할 터전도 실로 여기에 기초할 것이다. 내 마음은 경사와 행복을 이기지 못하겠다. 이 궁전을 다시 지어 중흥의 큰 업적을 이루려면 여러 대신들과 함께 타산해보지 않을 수 없으니 내일 음식을 내린 다음에도 시임 대신과 원임 대신들은 머물러서 기다리라. (고종실록 2년 4월 2일 병인)

경복궁 중건의 당위성이 크게 세 가지로 제시되고 있다. 조선왕조의 정궁이었으며, 익종과 헌종이 중건을 계획했으며, 고종 또한 중건이 이루어지지 못한 것을 안타깝게 생각하고 있다는 것이다.

다음날 대왕대비는 정2품 이상의 전, 현직 대신들을 불러 모아 경복궁 중건에 관한 의견을 물었다. 그러면서 대왕대비는 호조판서의 참석을 강조했다. 이는 경복궁 복원공사에서 가장 중요한 문제가 재정이라는 사실을 알고 있었기 때문이었을 것이다(김병우, 2006, p. 258). 경복궁 중건에 대한 대신들의 입장은 원론적으로는 찬성이었지만 대규모 공사인 만큼 신중할 것과 특히 재원 마련 계획이 세심하게 만들어져야 한다는 데 의견을 모았다. 아울러 또 하나의 민감한 문제로서 백성들의 노동력을 동원해야 하는가의 문제도 제기되었다. 이에 대왕대비는 우선적으로 백성들의 노동력 동원 문제를 그 자리에서 해결하고자 했다. 그만큼 예민한 사안이었음을 의미한다. 결국 대신들은 백성들 또한 "아버지의 일에 아들들이 달려오듯이" 기쁘게 참여할 것이라고 말하며 인력 동원에 동의했다.

이렇게 해서 경복궁 중건의 원칙들이 정해지기 시작했는데 대왕대비는 회의의 말미에 중대한 발언 하나를 던졌다. "이처럼 더없이 중대한 일은 나의 정력으로는 모자라기 때문에 모두 대원군에게 맡겨버렸으니 매사를 꼭 의논하여 처리하라"(고종실록 2년 4월 3일 정묘). 이로써 대원군은 대왕대비의 승인 하에 경복궁 중건의 모든 결정 과정을 주체적으로 이끌고 나갈 힘을 얻게 된다.

같은 날 경복궁 중건을 담당할 기관으로 영건도감이 설치되어 조직 구성이 이루어졌다. "영건도감 도제조는 영의정 조두순, 좌의정 김병학으로 삼고, 제조는 흥인군(興寅君) 이최응, 좌찬성 김병기, 판중추부사 김병국, 호조판서 이돈영, 대호군(大護軍) 박규수, 종정경 이재원으로 차하(差下)하며, 대사성 이재면, 부호군 조영하와 조성하를 부제조(副提調)로 차하하라"(고종실록 2년 4월 3일 정묘). 한편, 대왕대비는 중건을 위해 해결해야 할 또 하나의 미묘한 사안인 재원 마련에 관한 대신들의 염려를 불식시키기 위해 양반들과 종친들을 중심으로 적지 않은 기부금이 이미 들어오고 있음을 환기하면서 10만 냥을 영건도감으로 보내는 조치를 취했다. 그러면서 대왕대비는 백성들의 노동력에만 의존하는 사업이 되어서는 안 된다는 점도 언급하는 것을 잊지 않았다(승정원일기, 고종 1865년 4월 5일). 이는 결국 경복궁 중건에 대한 여론이 매우 긍정적임을 우회적으로 전달하면서 대원군의 정책에 반대하는 문벌세력들의 의지를 꺾기 위한 조치로 해석할 수 있다.

대왕대비는 4월 13일을 중건일자로 선택하는 것이 좋을 것 같다는 영건도감의 의견을 받아들였다. 중건에 관한 전체적인 계획이 마련되자 고종은 4월 12일 관료들을 대동하고 경복궁 터를 방문함으로써 분위기를 고양시켰다(승정원일기, 고종 1865년 4월 12일). 이어 4월 25일 고종은 경복궁 공사현장을 방문해 "영건하는 일은 속히 거행하도록 하라", "모든 곳을 직접 시찰하겠다"는 언급을 통해 적극적인 관심을 표명했다(승정원일기, 고종 1865년 4월 25일). 공사는 빠르게 진행되어 시작된 지 10여 일 만에 연못과 궁터들이 그 모습을 드러냈고 두 달이 못되어 교태전 상량식이 이루어졌다. 다음은 경복궁 주요 건물들의 공사 일정이다.

<table>
<tr><th>건물명</th><th>결정일</th><th>정초일</th><th>입주(立柱)일</th><th>상량일</th></tr>
<tr><td>교태전</td><td rowspan="2">고종 2년 04/28</td><td rowspan="2">고종 2년 06/20</td><td>고종 2년 10/09</td><td>고종 2년 10/11</td></tr>
<tr><td>궁성</td><td></td><td></td></tr>
<tr><td>광화문</td><td rowspan="4">고종 2년 05/02</td><td></td><td></td><td>고종 2년 10/11</td></tr>
<tr><td>신무문</td><td></td><td></td><td>고종 2년 09/22</td></tr>
<tr><td>건춘문</td><td></td><td></td><td rowspan="2">고종 2년 12/25</td></tr>
<tr><td>영추문</td><td></td><td></td></tr>
<tr><td>강녕전</td><td rowspan="2">고종 2년 06/01</td><td rowspan="3">고종 2년 06/20</td><td rowspan="3">고종 2년 10/09</td><td rowspan="3">고종 2년 10/11</td></tr>
<tr><td>연생전</td></tr>
<tr><td>경성전</td><td>고종 2년 06/16</td></tr>
<tr><td>함원전</td><td rowspan="4">고종 2년 09/06</td><td rowspan="2">고종 2년 10/09</td><td rowspan="2">고종 2년 10/24</td><td rowspan="2">고종 2년 11/16</td></tr>
<tr><td>인지당</td></tr>
<tr><td>천추전</td><td>고종 2년 10/22</td><td>고종 2년 11/07</td><td>고종 2년 11/09</td></tr>
<tr><td>만춘전</td><td>고종 2년 10/24</td><td>고종 3년 01/11</td><td>고종 3년 02/22</td></tr>
<tr><td>자미당</td><td>고종 2년 10/26</td><td>고종 2년 11/22</td><td>고종 2년 12/03</td><td>고종 2년 12/15</td></tr>
<tr><td>근정전</td><td rowspan="2">고종 3년 03/10</td><td rowspan="2">고종 3년 08/25</td><td rowspan="2">고종 4년 01/07</td><td rowspan="2">고종 4년 02/09</td></tr>
<tr><td>사정전</td></tr>
<tr><td>경회루</td><td rowspan="3">고종 3년 12/08</td><td>고종 4년 02/07</td><td>고종 4년 04/12</td><td>고종 4년 04/22</td></tr>
<tr><td>근정문</td><td rowspan="2">고종 3년 12/26</td><td rowspan="2">고종 4년 01/04</td><td rowspan="2">고종 4년 01/19</td></tr>
<tr><td>홍례문</td></tr>
<tr><td>수정전</td><td>고종 4년 05/01</td><td>고종 4년 05/20</td><td>고종 4년 06/13</td><td>고종 4년 06/29</td></tr>
<tr><td>자선당</td><td>고종 2년 05/24</td><td>고종 4년 05/27</td><td>고종 4년 06/12</td><td>고종 4년 06/28</td></tr>
<tr><td>함원전</td><td>고종 2년 08/06</td><td>고종 4년 11/15</td><td>고종 4년 11/28</td><td>고종 4년 12/07</td></tr>
</table>

* 출처: 조재모 · 전봉희, 2000, p. 36.

초기 공사는 순조롭게 진행되었지만 9월 들어 날씨가 쌀쌀해지면서 민심이 동요하기 시작했다. 급기야 흔들리는 민심을 직접적으로 자극하는 일들이 벌어졌다. 하나는 1866년 고종 3년 3월에 발생한, 중건 중인 경복궁 옆에 있던 훈련도감의 가건물에 불이 나서 800여 칸과 쌓아놓은 목재가 타버린 사건이며(고종실록 3년 3월 6일 을축), 다른 하나는 1867년 고종 4년 2월 영건도감 감역소(監役所)에서 화재가 발생해 역시 엄청난 양의 목재와 판자들이 소실된 사건이었다(고종실록 4년 2월 9일 계사). 이로 인해 원납전을 더욱 가혹하게 물리고 당백전을 지나치게 발행하는 등 공사 경비를 위한 무리한 조치들이 시도되어 중건에 대한 부정적인 여론이 조성되었다.

이러한 우여곡절 끝에 전국의 노동력 6만여 명을 동원해 2년 7개월 만인 고종 4년(1867) 11월에 공사가 거의 완공 단계에 들어섰다. 마침내 전체 규모 7,225칸, 후원에 배치한 전각이 256칸, 담장 길이 1,765칸 등으로 구성된 경복궁이 그 위용을 드러냈다. 전체적으로 볼 때 중건된 경복궁은 본래의 배치 형식을 따라 이루어졌지만 초기 궁의 모습 그대로를 재현하지는 않았다. 예컨대, 근정전 · 사정전 · 강녕전 등 궁궐의 핵심적인 전각들은 최초의 위치에 건립되었지만 연생전과 경성전 등 본래의 위치와는 다른 자리에 세워진 건물들도 있었고, 문소전 · 양심당 등 사라진 건물도 있었으며, 만경전 · 수정전 등 새롭게 지어진 건물들도 많았다(조재모 · 전봉희, 2000, p. 37).

경복궁을 본궁으로 삼는다는 고종의 교서(1867년 11월 16일)에 따라 이제 경복궁은 조선왕조 정궁의 위상을 회복했다.

> 하루에 만 년의 터전을 세운 것은 큰 복이 독실하게 도운 것이니 10월에 길이 즐거워할 축하를 받고 밝은 명령을 반포하는 바이다. 온 나라의 백성들은 크게 모여서 모두 나의 명령을 들을 것이다. [……] 이제 나 소자(小子)가 임금의 자리

에 오른 초기에 선대의 신령한 임금의 훌륭한 위업을 이어받으니, 나라와 백성, 강토를 부탁하시거늘 왕업을 거슬러 올라가보면 어렵고, 나라를 세우고 부지런히 운영하거늘 나라를 생각하면 두렵기만 하다. 옛날에 태조는 새로 큰 도읍을 세우고 경복궁이라는 대궐에서 거처하니, 앞에는 남산이고 뒤에는 삼각산이라 바로 천지의 중간에 있는 좋은 곳이었고, 먼저 종묘를 짓고 뒤에 거처하는 방을 세우니 전각이 위아래로 취하는 바가 있었다. 상서로운 징조가 이미 나타나서 백 년 동안에 왕업이 흥성하였고, 그 제도는 실로 삼대 때를 본떴으니 후세에 더할 것이 없었다. 제거사(提擧司)는 관할하는 것을 더없이 엄하게 하여 반드시 궁부에 모든 것을 복종시키고 정도전은 잠규(箴規)를 세우고 여러 당들의 이름을 붙였다. 아름답도다! 역대 임금이 서로서로 이어받아 나갔다. 훌륭하도다! 크고 큰 위업을 함께 받아왔다. 훌륭하고 큰 위업이 지극하니 여러 대에 걸쳐 거듭 빛냈고, 돌아볼 때 그 빛이 환하였으니 신과 함께 교화시켰다. 이것은 만대의 신령이 도와준 것이고 한때의 운수가 관여한 것이다. [……] 이미 우리 왕조의 위업을 높여놓았으니 응당 역대 임금의 정사한 법을 본받아야 할 것이다. 후원에서는 밭을 갈아 농사를 중시하여 근본에 힘쓰고, 서쪽 채에서는 늙은이들을 공양하여 함께 이야기를 나누며 바른 말을 요구하라. 학문을 하는 데서는 물음에 응하는 인재와 홍문관의 관리들이 휴대하고 오는 책에 의거하고, 형벌의 선용(善用)은 살리기를 좋아하는 덕을 힘쓰는 것이니 보배로운 신하가 죄인의 정상을 살피리로다. [……] 화락한 기운에 경사가 모여드니 어찌 형벌을 쓰지 않는 데 그치겠는가? 40년 동안 큰 은혜를 베풀어 인자한 것을 보이고 대사령을 내려 하루에 500리를 가게 하는 바이다. 이달 16일 날이 새기 이전에 범한 각종 범죄 가운데서 죽을죄를 제외하고 그 이하는 모두 용서하여주어라. 아! 태평한 때에 훌륭한 경사를 맞이하니 화락한 혜택이 비를 내리게 하는 순한 바람에 타오른다. 천만에 달하는 집들에 차례로 하늘의 운수와 사람의 복이 열리고, 구주(九疇)와 오복을 끝없이 임금의 백성들에게 주게 될 것이다. 이에 명령하는 것이니 잘 알 줄로 생

각한다. (고종실록 4년 11월 16일 을축)

경복궁 중건은 그 자체만으로도 조선왕실의 권위 회복이라는 의미를 갖는다. 고종은 재위 5년(1868) 7월에 창덕궁을 떠나 왕조의 정치적 정통성이 스며들어 있는 경복궁으로 이어했다. 이로써 흥선대원군은 물리적인 차원과 상징적인 차원에서 공히 왕조의 권위와 위엄을 높일 수 있게 되었다.

여기서 우리는 광화문공간으로 눈을 돌려 두 가지 흥미로운 사실을 살펴봐야 할 것 같다. 첫째, 중수된 광화문의 편액을 포함해 건춘문 · 영추문 · 신무문 등 궁궐 4대문의 편액을 쓴 인물이 모두 무관이었다는 점이다. 훈련대장 임태영이 광화문 편액을, 금위대장 이경하가 건춘문 편액을, 어영대장 허계가 영추문 편액을, 그리고 총융사 이현직이 신무문 편액을 썼다(문화재청, 2005, p. 32). 이는 무엇을 의미하는가? 흥선대원군은 문관의 서체로 편액을 쓰는, 왕조의 관례를 따르지 않았던 것이다. 그렇다면 분명한 이유가 있을 것이다. 경복궁의 호위를 담당할 이들 무관들은 공히 흥선대원군의 권력행사를 위한 핵심세력이었다. 흥선대원군은 이들의 서체로 경복궁의 4대문 편액을 제작함으로써 아마도 자신을 호위하고 있는 군사력의 위엄을—특히 자신의 정적들을 향해— 가시적으로 드러내고자 했을 것이다. 우리는 이러한 맥락에서 두 번째 문제를 고찰할 수 있는데 1865년 10월 11일에 완성된 광화문 앞의 육조대로에 중앙관아들을 새롭게 건립하고 재배치했다. 그런데 흥선대원군은 본래 육조대로의 관아 배치를 약간 수정했다. 즉, 광화문 오른쪽의 예조 자리에 삼군부(三軍府)를 배치하고 예조를 한성부 자리로 이동시켰다(이찬 · 양보경, 1995, p. 15, 57). 삼군부는 비변사의 기능을 폐지하면서 비변사의 군사 업무를 담당할 기관으로 1865년 5월 26일에 설치되었는데, 흥선대원군은 이 기관을 예

광화문과 육조대로 (출처: 국가기록원)

조 자리에 두어 의정부와 마주하게 해야 할 필요가 있음을 강조한 영의정 조두순의 뜻을 받아들였다(연갑수, 2001, p. 68). 의정부와 어깨를 나란히 하는 삼군부의 배치 또한 정치적 해석을 필요로 하는 것 같다(홍순민, 2007b, p. 62). 그것은 궁성문 편액의 경우와 마찬가지로 무를 과시하려는 권력 의지의 공간적 발현이었다(하상복, 2009a, p. 87). 세종 대에 군신공치제의 이념이 발현된 공간을 흥선대원군은 자신의 권력적 기반을 과시하는 무대로 활용했던 것이다.

본래보다 훨씬 더 큰 규모의 경복궁이 완성되고 광화문도 장대한 모습으로 다시 세워졌으며 그 앞의 육조대로에 의정부와 삼군부를 필두로 중앙관아들이 재배치되었다. 한마디로 말하자면 흥선대원군은 태조 대에 건립되어 세종 대에 다시 회복된 왕조의 정치적 중심 공간인 광화문공간을 중건한 것이다. 실추된 왕권이 화려하게 부활하고 있음을 보여줄 이보다 더 뚜렷하고 화려한 양상이 어디에 있을까? "의정부와 비변사의 통합으로부터 삼군부 복설까지의 조치로써 육조거리와 창덕궁으로 분화되었던 도성의 중심이 경복궁을 중심으로 정비"되었다(조재모 · 전봉희, 2000, p. 38).

그렇지만 이렇게 재탄생된 조선의 정궁과 중심 공간은 일본 제국주의의 권력욕 아래에서 철저하게 파괴될 운명을 또다시 맞아야 했다. 이제 그 역사를 살펴보기로 하자.

제5장

세국주의 권력의 공간정치학

1. 일제 식민지배의 상징, 조선총독부

러일전쟁에서 승리한 일본은 1905년 9월 5일 미국의 포츠머스(Portsmouth)에서 러시아와 맺은 강화조약으로 조선에 대한 우월권을 국제적으로 인정받았다. 이러한 유리한 정치적 분위기 속에서, 두 달 뒤인 11월에 이토 히로부미(伊藤博文)가 일본 천황의 칙서를 들고 대한제국을 방문했다. 며칠 뒤 이토 히로부미는 대한제국의 황제에게 한일협상조약을 내밀었다. 당시 러시아 주재 대한제국공사를 지낸 이범진이, 조약 체결 직후 고종이 러시아 황제 니콜라이 2세에게 보낸 밀서를 러시아 외무장관에게 전달했는데 그 내용에는 조약 체결의 강압적 상황이 잘 나타나 있다.

> 하야시 공사, 하세가와 장군, 이토 후작, 일본군과 헌병 등이 야밤에 궁전을 침입하여 한국보호국화 조약에 서명하도록 강요하였습니다. 나와 대신들은 그들의 위협에 저항했습니다. 그러자 그들은 옥새가 있는 방과 외부대신의 인장이

보관되어 있는 곳을 강제로 점령하였습니다. 곧 일본인들은 미리 준비된 서류에 날인을 하였고, 또다시 거기에 서명을 하도록 강요하였습니다. 하지만 나는 강력히 거부하였습니다. 내 견해로 이 같은 음모에 대해 유럽열강과 미국은 무관심해서는 안 됩니다. 황제께서 열강 정부에 이 사실을 알려주길 부탁드리며, 그들과 함께 문명수호와 인간존엄을 위한 조치를 취할 것을 요청합니다. (강인구, 2001, p. 357)

하지만 이러한 요청에도 불구하고 서구열강은 일본의 대한제국 보호국화를 인정하면서 영사 업무를 제외하고 자국의 외교대표부를 철수시켰다. 결국, 1905년 11월 17일, 한일협상조약이 체결되었다. 외부대신(外部大臣) 박제순과 특명전권공사 하야시 곤노스께(林權助)가 서명하고 조인한 조약은 총 5개조로 구성되었다.

제1조 일본국 정부는 동경에 있는 외무성을 통하여 금후 한국의 외국과의 관계 및 사무를 감리, 지휘할 수 있고 일본국의 외교 대표자와 영사는 외국에 있는 한국의 신민 및 이익을 보호할 수 있다.

제2조 일본국 정부는 한국과 타국 사이에 현존하는 조약의 실행을 완전히 하는 책임을 지며 한국 정부는 이후부터 일본국 정부의 중개를 거치지 않고 국제적 성질을 가진 어떠한 조약이나 약속을 하지 않을 것을 기약한다.

제3조 일본국 정부는 그 대표자로서 한국 황제 폐하의 궐하에 1명의 통감(統監)을 두되 통감은 오로지 외교에 관한 사항을 관리하기 위하여 경성에 주재하면서 직접 한국 황제 폐하를 궁중에 알현하는 권리를 가진다. 일본국 정부는 또 한국의 각 개항장과 기타 일본국 정부가 필요하다고 인정하는 곳에 이사관을 두는 권리를 가지되 이사관은 통감의 지휘 밑에 종래의 재한국 일본영사에게 속하던 일체 직권(職權)을 집행하고 아울러 본 협약의 조관을 완전히 실행하기 위하여

필요한 일체 사무를 장리(掌理)할 수 있다.

제4조 일본국과 한국 사이에 현존하는 조약 및 약속은 본 협약의 조관에 저촉하는 것을 제외하고는 다 그 효력이 계속되는 것으로 한다.

제5조 일본 정부는 한국 황실의 안녕과 존엄을 유지함을 보증한다. (고종실록 42년 11월 17일)

조약의 핵심은 대한제국의 외교권을 일본 정부에게로 이관하는 것이다. 하지만 일본은 이러한 수준의 식민통치에 만족하지 않았다. 그로부터 5년이 지난 1910년 8월 22일 '한일병합조약'의 체결로 대한제국의 국권을 완전히 박탈했다. 내각 총리대신 이완용과 통감 데라우치 마사타케(寺內正毅)가 서명하고 조인한 조약의 내용은 다음과 같다.

제1조 한국 황제 폐하는 한국 전부에 관한 일체 통치권을 완전히 또 영구히 일본 황제 폐하에게 양여한다.

제2조 일본국 황제 폐하는 전조에 게재한 양여를 수락하고 또 완전히 한국을 일본 제국에 병합하는 것을 승낙한다.

제3조 일본국 황제 폐하는 한국 황제 폐하, 태황제 폐하, 황태자 전하와 그 후비 및 후예로 하여금 각각 그 지위에 따라 상당한 존칭, 위엄 및 명예를 향유케 하고 또 이를 보지하는 데 충분한 세비를 공급할 것을 약속한다.

제4조 일본국 황제 폐하는 전조 이외에 한국의 황족 및 후예에 대하여 각각 상당한 명예 및 대우를 향유케 하고 또 이를 유지하는 데 필요한 자금을 공여할 것을 약속한다.

제5조 일본국 황제 폐하는 훈공이 있는 한인으로서 특히 표창하는 것이 적당하다고 인정되는 자에 대하여 영예 작위를 주고 또 은금을 준다.

제6조 일본국 정부는 전기(前記) 병합의 결과로 한국의 시정을 전적으로 담임

하여 해지(該地)에 시행할 법규를 준수하는 한인의 신체 및 재산에 대하여 충분히 보호하고 또 그 복리의 증진을 도모한다.

제7조 일본국 정부는 성의 있고 충실히 새 제도를 존중하는 한국인으로서 상당한 자격이 있는 자를 사정이 허락하는 범위에서 한국에 있는 제국의 관리에 등용한다.

제8조 본 조약은 한국 황제 폐하 및 일본국 황제 폐하의 재가를 경유한 것이니 반포일로부터 이를 시행한다. (순종실록 3년 8월 22일)

조약이 체결된 지 일주일 뒤인 8월 29일 두 나라 황제가 조약을 반포했다. 순종은 비탄의 목소리로 조약의 효력이 시작됨을 알렸다.

짐이 부덕으로 간대(艱大)한 업을 이어받아 임어한 이후 오늘에 이르도록 정령을 유신하는 것에 관하여 누차 도모하고 갖추어 시험하여 힘씀이 이르지 않은 것이 아니로되, 원래 허약한 것이 쌓여서 고질이 되고 피폐가 극도에 이르러 시일 간에 만회할 시책을 행할 가망이 없으니 한밤중에 우려함에 선후책(善後策)이 망연하다. 이를 맡아서 지리(支離)함이 더욱 심해지면 끝내는 저절로 수습할 수 없는 데 이를 것이니 차라리 대임을 남에게 맡겨서 완전하게 할 방법과 혁신할 공효(功效)를 얻게 하는 것만 못하다. 그러므로 짐이 이에 결연히 내성하고 확연히 스스로 결단을 내려 이에 한국의 통치권을 종전부터 친근하게 믿고 의지하던 이웃 나라 대일본 황제 폐하에게 양여하여 밖으로 동양의 평화를 공고히 하고 안으로 팔역(八域)의 민생을 보전하게 하니 그대들 대소 신민들은 국세와 시의를 깊이 살펴서 번거롭게 소란을 일으키지 말고 각각 그 직업에 안주하여 일본 제국의 문명한 새 정치에 복종하여 행복을 함께 받으라. 짐의 오늘의 이 조치는 그대들 민중을 잊음이 아니라 참으로 그대들 민중을 구원하려고 하는 지극한 뜻에서 나온 것이니 그대들 신민들은 짐의 이 뜻을 능히 헤아리라. (순종실록 3년 8월

29일)

앞서 살펴본 것처럼, 일제는 한일협상조약으로 서구열강들의 암묵적 동의 아래 보호국 조선에 대한 실질적인 지배권을 행사할 수 있었음에도 그것으로 만족하지 않았다. 대한제국의 국권 일체를 박탈하는 '병합'(倂合)이 일제의 궁극적 목표였다는 것이다. 그렇다면 일제는 왜 "국내외의 우려를 감수하면서"(윤대영, 2005, p. 432) 조선의 병합을 원했을까? 그것은 곧 병합이라는 극단적 방식을 통해서만 달성될 수 있는 욕망을 조선을 대상으로 꿈꾸었음을 의미한다.

무엇보다, 조선의 식민지화가 일제의 궁극적 목표는 아니었다. 일제는 종국적으로 대륙을 침략하고 지배하고자 했는데 그것은 명치유신 이래 꿈꾸어왔던 국가적 욕망이었다. 이러한 전략적 차원에서, 지정학적으로 '대륙 침략의 기지'가 될 수 있는 조선을 온전히 일제의 절대적 통치하에 놓아둘 필요가 있었던 것이다(권태억, 2005, pp. 116~122). 더불어, 19세기 중반 이후 근대화의 막을 열어 후발주자로서 제국주의 경쟁에 뛰어든 일제로서는 서구 제국주의에 필적할 만한 수준으로 신속하게 국가산업과 경제를 발전시켜야 한다는 목표가 제기될 수밖에 없었다. 식민지 조선은 그러한 국가적 목표를 달성하는 데 매우 중요한 경제적 기반을 제공할 수 있는 곳이었다. 일제는 자국의 근대화를 위해 식민지 조선을 경제적으로 수탈하고 예속시키고자 했던 것이다(권태억, 2005, pp. 122~131). 아울러 일제는 식민지 경영을 둘러싸고 서구 제국주의와의 경쟁관계 속에서 우월한 위치에 놓여 있지 못했는데, 그런 차원에서 서구열강들이 조선에 대한 외교적 간섭을 하지 않도록 조선에 관한 확고한 지배력을 대외적으로 선포할 필요가 있었다는 점을 언급할 수 있다(윤대영, 2005, pp. 434~435).

일제는 이러한 제국주의적 욕망을 실현하기 위해 조선의 외교권을 박탈하면서 다양한 식민정책들을 구사했지만 그럼에도 불구하고 무장투쟁을 비롯해 식민지 조선인들의 강력한 저항에 부딪혀야 했으며 이러한 이유로 보다 효과적인 식민통치의 길을 찾아야 했다.[17] 일제는 병합을 선택하고 밀어붙였다. 조선을 병합한 일본은 통감부를 계승할 기관으로 '조선총독부'를 세우고 총독부에 막대한 권한을 주어 일본의 제국주의적 목표 달성을 위해 필요한 식민정책들을 마련하고 시행할 것을 명령했다. 그런 면에서 조선총독부는 병합 이후 일제 식민통치의 상징이었다. 한일병합조약의 효력이 발생하기 시작한 1910년 8월 29일, 일본은 '대일본제국헌법'을 근거로 발동된 천황 칙령 319조(조선총독부 설치에 관한 건)와 천황 칙령 354조(조선총독부 관제)를 통해 조선총독부 설치를 위한 제도적 근거를 만들고 1910년 10월 1일자로 설치했다. 조선총독부는 막강한 정치적 위상과 권한을 지닌 기관이었다. 무엇보다 조선총독에 임명되기 위해서는 현역 육군·해군 대장 이상이어야 했다. 이는 육해군의 대장·중장이라는 대만총독의 임명 기준보다 더 높은 것이었다(윤선자, 2005, p. 166). 또한 조선총독은 천황에 직접 예속되어 대권의 위임에 의해 식민지 조선을 통할하는 권한을 보유하고 있었다. 대만총독의 경우에도 천황에 직접 예속되어 있었지만 "내각총리대신의 감독을 받아 제반 정무를 통할한다"는 규정에 따라 일본 정부의 정치적 간섭과 제약을 받은 반면 조선총독의 경우에는 그러한 간섭조항이 명시되지 않았다(윤선자, 2005, p. 166, pp. 180~182). 일본 정부 총리대신의 감독을 받지 않고 직접 천황의 지시 아래에서 통치권을 행사하며 식민지에 적용될 제반의 법률적 권한을 보유하고 있었기에(김운태, 2001, p. 21) 조선총독은 "한 지역을 완전 통치하는 황

17 합병 직전인 1909년 10월에 일어난 안중근의 이토 히로부미 암살은 일제에게 그러한 필요성을 명확하게 인지시킨 사건이었을 법하다.

제와 같다는 뜻에서 토황제(土皇帝)로 불렸다"(이이화, 2004b, p. 91). 조선총독부의 전범(典範)이 대만총독부였음에도 불구하고 전자에게 더 큰 통치권을 부여했다는 사실은 곧 식민지 조선에 대한 일제의 이해관계가 얼마나 지대했는가를, 그리고 그런 만큼 식민지 조선인들의 무력적 저항이 얼마나 강력했던가를 단적으로 보여주고 있다(윤선자, 2005, p. 181).

조선총독부는 무엇보다 무력에 기반을 두고 있는 식민통치기관이었다. 모든 제국주의는 예외 없이 식민지 인민들을 대상으로 폭력을 행사했지만 일제의 폭력 통치는, 한 연구자가 일제 식민통치의 특징들 중의 하나로 "폭력 통치"를 들 만큼(권태억, 2005, p. 138), 그 유례를 찾아볼 수 없을 정도로 잔인하고 극단적이었다. 그 점은 초대 총독으로 데라우치가 부임했다는 사실에서 뚜렷하게 입증된다. 이토 히로부미나 소네 아라스케 등 문관이었던 전임 통감들과는 달리 데라우치는 무관이었다. 현역 육군 대장이었던 데라우치는 3대 통감으로 재직할 당시, 항일투쟁을 뿌리 뽑기 위해 헌병과 일반경찰을 통합한 헌병경찰기구를 통감부에 조직하는 등 무력적 통치기반을 강화해나간 인물이었다.[18]

데라우치가 이끄는 조선총독부는 매우 세밀한 제도적 장치들의 구축을 통해 무단통치의 기조를 확대 · 심화시켜나갔다. 총독부는 치안기관으로 경무총감부와 사법기관으로 재판소 · 검사국 · 감옥을 운영하고 있었는데, 경무총감부는 일반경찰조직이라기보다는 헌병경찰조직이었다. 총감부의 장인 경무총장에 "조선주차 헌병대 사령관인 육군장관"이, 각 도의 경찰 책임자인 경무부장에 "각 도 헌병대장인 육군좌관(佐官—영관급)"이 임명되며, 그밖에 헌병장교들과 사병들 또한 주요 경찰부서에 임명될 수

18 예컨대, 1910년 현재 전국적으로 1,135개에 달하는 헌병경찰조직에 전체 7,713명의 헌병경찰이 활동했는데 이는 한국인 2천 명당 1인의 비율이었다(김운태, 2001, p. 22).

있다고 명시함으로써 사실상 헌병의 책임 아래에서 치안 활동이 이루어지도록 했다. 이 헌병경찰은 군사(의병토벌, 첩보수집), 언론(집회 및 결사의 단속, 출판물 단속), 사법(즉결심판, 호적 사무), 경제(국경세관, 밀수입 단속), 학사(학교 및 서당의 시찰, 일본어 보급), 위생(전염병 예방, 도축단속) 등 광범위한 업무들을 맡아 수행했다(김운태, 2001, pp. 40~44). 아울러, 재판소와 감옥 등 사법기관들도 과도한 법률적 판단과 적용을 통해 항일투쟁의 인적 · 제도적 토대들을 무력화시켜나갔으며, 군대 또한 무단통치의 확립과 관련해 매우 중요한 역할을 담당했다. 예컨대, 총독부는 항일무장투쟁의 진압을 담당할 육군 2개 사단을 산간지방에 분산 배치함으로써 무단통치를 위한 대규모 군사조직을 만들어갔다(김운태, 2001, pp. 48~51). 이 2개 사단은 일본이 해외에 주둔시킨 최초의 상설 사단이었을 뿐만 아니라, 만주를 침략하는 1931년 전까지 그 규모에서도 최대였다는 사실은 식민지 조선에 대한 일제의 군사적 대응이 얼마나 강도 높게 구사되었는가를 잘 보여주고 있다(권태억, 2005, p. 119).

조선총독부의 식민통치는 또 하나의 중요한 정책적 기조 아래에서 시행되었는데, 한마디로 "동화정책"으로 불릴 수 있다(신주백, 2004). 프랑스의 식민지 경영에 그 기원을 두고 있는 동화정책은 원리적으로 보면 식민지 국가를 식민모국과 같은 제도로 통합하고 식민지 인민들을 식민모국의 국민들과 같은 권리, 교육, 문화적 혜택을 누리게 한다는 것이지만 현실화되지 못했다는 면에서 다분히 통치의 효율성을 위한 이데올로기에 불과한 것으로 이해해야 한다. 일제가 구사한 동화정책은 궁극적으로, 조선을 대륙침략의 동원기지와 경제적 수탈지로 만든다는 제국주의적 목표에 순응할 수 있는 식민지 인민들, 즉 "황국신민"(정창석 2005, p. 89)의 육성에 그 목표가 있었다. 이를 위해서는 식민지 인민들의 국가의식을 근본적으로 바꾸어놓기 위한 일련의 문화 · 교육정책들을 가동할 필요가 있었다. 총독 데라우치는 1911년 8월 '제1차 조선교육령'을 공표하면서 그 목표가 '유용한 지식을 습득하고 온건한 덕성을 양성하며 제국의 신민으로서의 품성과 자질을 구비하는 데' 있다고 강조했다. 1910년 9월의 '교화의견서'에 따르면 조선인에 대한 교육은 순량(順良)한 신민의 양성을 목표로 초등교육과 직업교육만을 인정하고 제국의 평화를 위협하는 고등교육은 실시하지 않으며, 일본어를 광범위하게 보급시키고 제국과 황실에 대해 감사하는 온건한 정신성을 육성하는 데 중점을 두는 것이었다. 이 교화의견서는 제1차 조선교육령의 제정에 영향을 미친 것으로 평가되고 있다(고마고메, 2008, 2장 3절 참조). 한 연구자는 보통학교와 보통고등학교에서 시행된 일본어 교육과 조선어 및 한문 교육 시간상의 차이를 예로 들면서 조선교육령의 목표를 다음과 같이 해석하고 있다.

> 그것은[1차 조선교육령: 필자] 통치효과를 배가시키기 위해 일본어를 서둘러 보급하면서도 치안을 불안케 할 수 있는 비판적인 조선인을 양성하지 않고 통치에 순응하는 단순하고 기능적인 사람만을 양성하겠다는 의도의 반영이다. (신주백, 2004, p. 254)

그런데, 조선인들을 황국신민으로 육성하기 위한 교육은 학교라는 제도적 공간을 넘어 조선왕조의 정통성과 위상을 부정함(이나미, 2003, p. 70)과 동시에 새로운 통치 주체로서 일본제국주의를 미화하는 선전행위로 확대되었다. 새로운 권력의 정당성은 무엇보다 기존 권력에 대한 부정으로부터 출발한다. 구체적으로 몇 가지 예들을 살펴보자면, 총독부는 왕실 관리의 필요성을 들어, 1910년 12월 30일에 공포된 '이왕직관제'(李王職官制)를 도입했다. "이왕직은 일본국 궁내대신의 관리에 속하고 왕족과 공족(公族, 왕족보다 등급이 낮은 귀족)의 감무를 관리한다. 이왕직은 조선총독이 감독한다”(이이화, 2004b, p. 130). 이를 위해 이왕직은 장관과 차관 각 1명, 사무관 36명, 찬사(고종과 순종의 측근 업무 담당) 12명, 전사(제사 및 묘지 관리 업무) 8명, 전의(진료와 위생 업무) 6명의 관리들로 구성되었다. 조선왕조의 정치적 정통성을 계승한 마지막 두 임금이 총독부의 관리와 감시를 받으며 제한된 공간 속에서—고종은 덕수궁, 순종은 창덕궁— 생활하고 있다는 사실은 말할 것도 없거니와 공식 직함마저 ‘이씨 왕’으로 강등되어 정치적 존엄성에 치명적인 타격을 입은 것이다.

조선왕조의 정통성을 부정하는 표상행위는 다른 차원에서도 전개되었다. 일제는 정치 · 경제 · 사회 · 문화 등 모든 면에서 국가의 중심이라고 할 수 있는 한양의 공간구조를 근본적으로 재편하는 도시계획을 통해 그러한 정치적 목적을 달성하고자 했다.

> ‘일한병합’ 초기 조선총독부는 한반도의 정치 · 경제 · 사회 · 문화적인 모든 권력이 집중된 과잉수도성을 띤 왕조 수도 한성부의 위상을 실질적으로나 상징적으로나 실추시키고 파괴하여, 여전히 한반도의 정치적 중심도시이기는 하되 일제 식민권력의 거점지로 새롭게 기능하게끔 전면적으로 재편시킬 필요가 있었다. [……] 같은 시기에 총독부는 시구개정사업을 통한 가로망의 재편과 정치적 · 역사적으로 상징적인 장소들의 파괴 및 새로운 상징공간의 창출에 막대한 자금과 노력을 투여하는데, 이것은 단기간에 서울의 전통성을 파괴하고 식민권력의 거점지로 재편하려는 초창기 식민권력의 의도를 드러내는 것으로 해석된다. (김백영 2006, pp. 272~273)

이러한 상징적 목표 아래에서 조선총독부는 행정구역과 가로망의 개편과 같은 정책들을 수행해나갔다. 총독부는 한성부를 경성부로 바꾸고 경성부를 경기도에 편입시켰으며 관할행정구역도 기존의 1/8 수준으로 축소하는 조치를 취했다. 조선왕조의 수도 한성이 일제 식민도시 경성으로 불리게 되었을 뿐만 아니라 도에 종속된 도시로 전락해버렸다. 또한, 총독부는 1912년 11월 6일에 총독부 고시 제78호로 경성시구개수예정노선(京城市區改修豫定路線) 31개(이후 47개로 확대)를 발표했는데 그 중에서 제1, 2, 3노선에 주목해보면 제1노선은 광화문에서 황토현 광장(현 세종로 네거리)에 이르고, 제2노선은 남대문에서 남대문 정거장에 이르며, 제3노선은 황토현 광장에서 대한문 앞 광장을 거쳐 남대문에 이른다(손정목, 1990, p. 102). 조선왕조 개국과 밀접히 관련된, 상징성이 매우 높은 길들이다. 광화문에서 황토현에 이르는 길은 경복궁이 조성되면서 의정부와 육조가 늘어선, 조선의 정치적 중심 육조대로였으며, 황토현에서 남대문에 이르는 공간은 관악산의 화기를 막아 왕궁과 왕실을 보호하는 정치적 상징성의 공간이었다. 일제는 도로망 개편을 통해 조선왕조가 이룩해낸 길과 공간의 정치성과 상징성을 훼손하려 한 것이다.

식민지 조선인들을 무저항적 황국신민으로 만들기 위한 총독부의 동화주의 정책은 조선왕조의 정치적 정통성을 부정하는 데서 그치지 않고, 일본의 전통 신들에 대한 숭배를 강요하는 종교정책을 통해 가속화되어갔다. 일제는 통감부 아래에서 이미 상당부분 축소된 대한제국의 국가적 제의들을 병합 이후에 한층 더 축소하거나 폐지했을 뿐만 아니라 불교 · 유교 · 기독교 등과 같은 종교들을 통제했으며, 그 빈자리들을 일본의 전통적 제의들로 채워나갔다. 조선총독부가 1911년부터 계획하고 1925년에 건립한 남산의 '조선신궁'(朝鮮神宮)은 식민지 조선인들을 황국신민으로 만들기 위한 동화정책의 결정판이었다(김대호, 2004). 국가와 민족에 대한 일본인들의 충성심과 단일의식은 "이세신궁에 참배하며 눈물을 흘리는 감정적 공동성에서 구하는 것"(고마고메, 2008, p. 123)이라는 논리를 식민지 인민들에게도 적용하고자 한 것이다.

2. 조선총독부 신청사의 건축미학

병합 이후 식민통치를 이끌어갈 조선총독부는 1910년 10월 1일에 설치되어 남산의 통감부 청사를 이어받았다. 그렇지만 통감부 청사 공간으로 총독부 업무를 온전히 소화하기에는 애초부터 역부족이었다. 조직과 인력의 규모 면에서 통감부와 총독부는 비교가 되지 않았기 때문이다. 1905년 12월 현재 통감부는 통감 아래에 총무 · 농상공무 · 경무 등 3개 부서에 직원 총수가 73명인 것으로 보고되었으며 그러한 숫자는 해마다 약간의 변동이 있었지만 결코 100명을 넘지 않았다고 한다. 그와는 달리 조선의 입법 · 사법 · 행정 전 영역을 아우르는 막강한 권한의 총독부는 방대한 조직과 인력을 거느리고 있었다. 1911년 3월 현재 총독본부에 총독관방(總督官房, 총독의 직접 관할 하에 있는 비서실), 총무부 · 내무부 · 도지부 · 농상공부 · 사법부 등 1관방 5부를, 그 산하에 7국 25과를 운영하면서 840명의 직원을 채용하고 있었다. 또한 외국(外局)으로 중추원 · 경무총감부 · 철도국 · 통신국 등이 운영되어 1만 5천 명 이상의 직원을 거느리고 있었다(손정목, 1989, p. 60). 거대 조직의 운영과 관련해 총독부는 광화문 육조대로에 있던 대한제국의 내각 청사들을 이용하거나 총독부 외곽에 임시 가건물을 세우는 방식으로 문제를 해결하려 했지만 곧 공간적 한계가 드러났다. 뿐만 아니라 공간적 거리로 인해 효율적인 업무처리 면에서도 바람직하지 않았다.

따라서 총독부 신청사의 필요성이 제기될 수밖에 없었다. 그렇다면 새로운 총독부의 터는 어디가 될 것인가? 남산의 총독부 자리를 넓혀 짓자는 제안도 있었지만 무엇보다 터가 너무 좁았다. 하지만 새로운 총독부 청사의 위치는 단순히 물리적 공간의 차원에서만 논의될 문제는 아니었다. 왜냐하면 일본 제국주의에게 조선총독부는 그야말로 조선의 식민통치를 이끌어나가는 상징적 기관이었기 때문이다. 따라서 위치 선정의 우선순위는 그러한 정치적 상징성의 부각에 둬야 했다. 초대 총독 데라우치가 영국이 식민지 인도에 세운 총독부 건물에 버금가는 조선총독부를 짓고자 했다는 사실은 이러한 맥락에서 이해해야 한다. 그는 총독부 청사의 의미를 기능이 아니라 상징의 차원으로 바라보고자 했던 것이다. 이러한 맥락에서, 새로운 조선총독부 청사는 적어도 세 가지 방향의 중요한 정치적 상징성을 드러내는 건축물이어야 했다. 첫째, 식민통치의 물리적 토대를 막강하게 보유한 기관인 만큼 그것의 의미를 시각적으로 드러내야 하며, 둘째 조선왕조의 정치적 정통성 훼손이라는 총독부의 정책적 기조가 가시화되어야 하며, 셋째 그와 더불어 일본 제국주의의 위엄과 권위를 표상해주는 방향에서 건립되어야 한다. 한마디로 조선총독부가 식민지 조선에서 구현하고자 하는 정치적 이념과 목표들이 신청사의 공간성 속에서 명확하게 감지되어야 한다는 것이다.

총독이 바라본 곳은 경복궁이었다.[19] 물론, 총독부 신청사로 쓸 마땅한 부지가 없어서 경복궁을 택한 것은 아니었다(장기인, 1991, p. 47). 일제로서는, 그런 거대한 규모의 관청이 자리할 마땅한 빈터가 경복궁 내부에는 없었기 때문에 만약 그곳에 총독부 신청사를 짓는다면 일이 매우 복잡하게 될 것임을 모르지 않았을 것이다. 그럼에도 불구하고 데라우치가 경복궁을 택한 것은 본질적으로 상징적인 이유였다(김석만, 1997). 경복궁은 두 가지 차원에서 중대한 정치적 상징성을 지닌 공간이었다. 첫째는 조선왕조의 정치적 뿌리가 간직된 장소이며, 둘째는 식민지 조선의 수도인 한양의 중심부였다. 달리 말하자면, 조선의 개창과 더불어 조형된 도읍인 한

19 경복궁과 그의 인연은 1910년 7월 23일, 조선 병합을 완성하라는 명령을 받고 통감으로 부임하면서 경복궁을 기병이 주둔하는 병영으로 이용한 때로 거슬러 올라간다(이이화, 2004b, p. 34).

양의 중심에 건립된 정궁인 경복궁은 왕조의 철학적 · 이념적 기초를 확립하고 공고히 하고자 했던 군주들의 정치적 의지가 응축되어 있는 공간이자, 세도정치에 의해 흔들리고 있던 왕조권력과 군주제 질서를 다시 일으켜 세우려 했던 권력자의 정치적 열망이 담겨 있는 건물이었다. 그렇다면 경복궁 안에 제국주의 통치의 상징 총독부 청사를 짓는 일은 조선왕조의 패망과 식민 권력의 부상을 극적으로 느끼게 하는 가장 확실한 정치적 스펙터클임에 틀림없다. 일제가 부정하고자 했던 조선왕조의 정치적 흔적과 역사적 기억을 그곳보다 더 짙게 간직하고 있는 다른 공간이 과연 있었을까? 궁극적으로, 경복궁의 주요 전각들을 훼손하고 파괴하며 그곳에 식민지배의 본산 총독부를 건립하는 일은 조선인들을 새로운 권력에 자발적으로 예속시키기 위한 매우 효과적인 상징전략[20]이 될 수 있다(이규목, 2001, p. 118).

총독 스스로가 경복궁 내부에 총독부를 세우는 일에 지대한 관심과 열정을 가진 만큼 일련의 과정들은 신속하게 준비되고 추진되었다. 먼저, 일제는 1911년에 경복궁 부지의 소유권을(홍순민, 2007a, p. 133),[21] 그리고 다음해에는 궁의 관리권을 총독부로 이관(손정목, 1989, p. 63)하면서 총독부 청사 건립 작업의 제도적 기초를 마련해나갔다. 또한, 청사 건립에 충분한 자금 확보를 위해 총독부 예산의 근 두 배 인상을 본국 정부에 요청했을 뿐만 아니라, 총독부의 직제 개편도 단행했다. 1912년 3월 28일 총독관방 산하에 토목국이 신설되고, 종전까지 회계국에 속해 있던 영선과(營

20 일제가 1911년에 순종을 위한 위락 공간의 조성 명분으로 창경궁을 창경원으로 명칭을 변경하고 동물원 · 식물원 · 표본실 · 이왕가박물관을 조성하는 등 궁의 본래적 모습을 철저히 훼손하려 한 역사적 사실도 이러한 맥락에 자리한다(홍순민, 2004, p. 16).

21 『순종실록』 부록 2권 4년(1911년) 5월 17일자 기록에는 "경복궁 전체 면적 19만 8천 624평(坪) 5합(合) 6작(勺)을 총독부에 인도하였다"라는 내용이 있다.

繕課)가 토목국으로 이관되었다(손정목, 1989, p. 63). 이는 곧 총독 스스로가 사업을 관장하겠다는 의지의 표명이었다. 데라우치는 초대 토목과장으로 타이완 총독부에서 근무하고 있던 모치지 로꾸사부로(持地六三郎)를 임명했다.[22] 경복궁 해체를 비롯해 신청사 건립을 위한 일련의 조사와 설계 작업이 그의 지휘 하에 이루어졌다. 그는 영선과에 청사 건립을 위한 조사를 맡기고, 기사 1명을 미국과 유럽으로 보내 서양의 관청건축을 연구해 오게 하는 등 일련의 준비 과정들을 밟아나갔다(손정목, 1989, p. 70). 가장 중요한 일인 청사의 기본 설계는 독일 건축가 게오르그 데 라란데(Georg de Lalande)에게 맡겼다.[23]

1912년에 청사 설계가 시작되고 그로부터 4년 뒤인 1916년 7월 10일에 기공식을 열어 본격적으로 공사가 진행되는 과정에서 경복궁에서는 많은 일들이 일어났다. 그 일들은 요컨대, 경복궁 내에 조선총독부를 짓기 위한 '사전정지작업'으로서의 의미를 갖는다. 우선, 총독부는 1915년 9월 '조선물산공진회'(朝鮮物産共進會)를 경복궁에서 개최했는데, 조선 식민통치 5년을 기념하기 위한 일종의 박람회였다. 이 행사로 인해 경복궁의 주요 전각들과 주변 환경이 파괴되기 시작했다. 당시 공진회를 기획한 사람들은 경복궁을 "황폐하고 구식에다가 훼손이 심해 그나마 대부분도

22 여기서 우리는 로꾸사부로를 단순히 건축토목 기술자로 이해해서는 안 된다. 그는 식민지 대만에서 교육행정을 담당하면서 동화주의적 관점에서 대만인들의 교육정책에 개입한 중요 인물이었다. 1921년에 대만총독부 의학전문학교에서 행한 강연("대만과 조선")을 통해 알 수 있듯이 그는 일본의 두 식민지인 대만과 조선의 지리 · 경제 · 역사 · 국민성 등에 관한 세부 지식을 쌓은 전문가였다. 그런 차원에서 총독부 청사 건설의 책임자로 로꾸사부로를 임명한 것은 충분히 이해할 만한 일이다(고마고메, 2008, p. 69, pp. 108~109).

23 그는 독일에서 공과대학을 마치고 중국으로 와서 잠시 활동한 후 1903년 일본으로 건너가 본격적으로 건축설계를 담당했던 인물이다. 초기에는 외국인 거류지의 저택들과 상가건물들을 설계했으나 1910년 이후부터 도쿄의 YMCA 회관, 미쓰이(三井)은행 대판지점 건물 등을 설계하면서 유명세를 얻었으며 데라우치 총독으로부터 실력을 인정받아 조선으로 와서 조선호텔의 설계를 맡기도 했다.

수리할 수 없는 불결하고 매력 없는 폐허”(헨리, 2008, p. 79)라고 평가했다. 그러한 사실로부터 유추하자면, 일제는 1913년 총독이 기획한 물산공진회의 준비과정에서 정전 · 편전 · 침전 · 일곽을 제외하고 경복궁 내 대부분의 건물들이 소실된(이강근, 2003, pp. 59~60) 것을 그리 안타까워하지 않았을 것이다. 9월 11일부터 10월 31일까지 개최된 그 행사의 규모는 상당했다. 7만 2천 평의 부지에 경복궁 내의 기존 건물들과 신설 건물들을 포함, 총 5,260평의 전시 공간이 조성되어 조선 · 일본 · 대만 등지에서 온 48,760여 점의 물품들이 전시되었으며 관람객 또한 총 1,164,383명에 달한 것으로 알려져 있다(주윤정, 2003). 50여 일의 전시 기간 동안 1백만 명 이상의 관람객이 방문했다는 사실로부터 경복궁이 얼마나 훼손되었을까를 짐작하기는 어렵지 않을 듯하다. 전시 기간 동안 근정전이 공진회의 개회식과 폐회식 장소로, 사정전이 적십자 애국부인회 진열장으로, 교태전이 귀빈실로, 경회루가 총독부 관리들의 연회장으로 이용되었고, 그 주변 공간들이 우사 · 돈사 · 계사 · 양어장 및 놀이기구와 음식점 등의 용도로 활용되면서(홍순민, 2004, pp. 21~22) 경복궁의 물리적 · 상징적 존엄성은 돌이킬 수 없을 정도로 파괴되어갔다.

총독부의 이러한 의도적인 경복궁 훼손은 사실상 1910년, 그러니까 경복궁이 총독부 신청사 건립 부지로 결정되기 이전부터 이미 시작되었던 것으로 보인다. 1910년 5월 15일자 「대한매일신보」의 “경복궁업셔지네”라는 기사를 보자(원문 그대로 인용).

전 국민력을 다ᄒᆞ야 건축ᄒᆞ고 몃십년내로 존엄지디로 즁히녁이던 경복궁이 율미년 이후로 참혹이 됨은 모다 아는바-어니와 궁내부에셔는 그 궁뎐 ᄉᆞ쳔여간을 방매훼철ᄒᆞ고 큰 공원을 건축훌ᄎᆞ로 본월구일과 십일에 경매ᄒᆞ엿는대 원래쟈가 한일인즁에 팔십여명이 되엿스나 그 즁 십여명에게 방매ᄒᆞ기로 허락ᄒᆞ고 갑은 매간에 십오한으로브터 이십칠환까지오. 그즁 삼분일은 일인 복졍청삼랑이가 사기로 계약ᄒᆞ엿는대 복졍청삼랑은 쳑식회샤총재 우좌쳔의 쳡의 족쇽이라. 혹시 우좌쳔이 그 쟈를 식혀 산듯ᄒᆞ다더라. (대한매일신보 1910/05/15)

말하자면 경복궁의 전각들이 민간에 불하되는 방식으로 해체되기 시작했다는 것이다(박성진 · 우동선, 2007). 이와 관련해 1937년 경기도가 발행한 『京畿地方の名勝史蹟』은 1910년에 경회루 · 근정전 등 거대한 전각 그리고 그 밖의 몇 개 누전만을 남기고 많은 건물들이 민간에 불하되었으며 그 결과 경복궁의 옛 모습이 상당부분 변화했다는 사실을 진하고 있다(손정목, 1989, pp. 65~66에서 재인용).

하지만 불운한 사태는 여기서 끝나지 않았다. 총독부 건립공사가 시작된 지 일 년이 조금 지난 시점인 1917년 11월에 경복궁 파괴가 정점에 달하는 결정적 사건이 일어났다. 창덕궁에 화재가 발생한 것이다. 창덕궁의 내전인 대조전(大造殿) 서쪽에 인접한 상궁 숙소에서 원인 모를 불이 나 3시간가량 창덕궁의 주요 전각과 문들을 태우고서야 진화되었다. 『순종실록』에 따르면 대조전에서 오후 5시 화재가 발생해 내전 모두(대조전 · 흥복헌 · 통명문 · 양심합 · 장순문 · 희정당 · 찬시실 · 내전 · 창고 · 경훈각 · 징광루 · 옥화당 · 정묵당 · 요화당 · 요휘문 · 함광문)가 전소되었을 뿐만 아니라 그 안에 소장된 귀중품들 또한 소실되었다. 불은 3시간이 지나서야 진화될 수 있었다(순종실록 부록 1917년 11월 10일). 화재가 마무리된 후인 11월 14일 이왕직장관 민병석을 위시한 총독부 관리들이 회의를 열어 대책을 마련했다. 우선 불타버린 대조전 대신에 낙선재를 임시 내전으로 삼고 불타버린 전각들을 이후 2년 동안 복구한다는 계획이었다. 이를 위한 예산 책정도 이루어졌다. 회의 내용은 다음과 같이 기록되어 있다.

이왕직 장관 자작 민병석 이하 고등관이 화재 이후의 처리 방법에 대하여 회의를 하고, 임시 궁전(낙선재다)을 응급 수리하는 비용 65,000원을 예비금 가운데서 지출하기로 하였다. 신전(新殿)은 조선식으로 건축하기로 하고, 그 외에는 서양식을 참조하기로 하였다. 건평은 약 700평으로 하고 건축 및 설비, 잡비 등을 개략하여 546,300원이 되었다. 금년부터 공사를 시작하여 대정(大正) 8년까지 준공하기로 결정하였다. (순종실록 부록 1917년 11월 14일)

하지만 그로부터 얼마 지나지 않은 11월 27일에 이러한 결정이 번복되어 경복궁 내에 있는 전각들을 뜯어 창덕궁 복구에 사용하는 것으로 확정되었다.

이왕직에서 전각을 중건하는데, 경복궁 내의 여러 전각(교태전 · 강녕전 · 동행각 · 서행각 · 연길당 · 경성전 · 연생전 · 응사당 · 흠경각 · 함원전 · 만경전 · 흥복전)의 옛 재목을 옮겨 짓는 일을 총독부와 의논하여 정한 후 보고를 올렸다. (순종실록 부록 1917년 11월 27일)

1910년 전각의 민간 불하와 1915년 조선물산공진회를 통해 파괴되기 시작한 경복궁은 이렇듯 창덕궁 화재로 인해 처참한 모습으로 변해버렸다. 광대한 대지에 "겨우 동서남북의 사문과 근정문, 근정전, 사정전, 천추전, 자경전 등 몇 개의 전각 그리고 경회루와 향원정 등만이 앙상하게 남게 되었다"(손정목, 1989, p. 68).

이러한 일련의 사태들로 인해 경복궁 내에 총독부 청사를 짓는 일이 물리적으로나 심리적으로나 매우 수월해졌다. 그런데 총독부 신청사 설계에 여념이 없던 독일 건축가 라란데가 1914년 8월에 갑자기 사망해버리는 바람에 작업에 차질이 생겼다. 이에 총독부는 대만 총독부 청사 설계

조선총독부 청사 건축 지진제 (출처: 국가기록원)

경험이 있는 노무라 이찌로(野村一郎)에게 설계 마무리 작업을 맡겼다.

마침내 총독부 청사 건립 기공식이 열렸다. 1916년 6월 25일 오전 9시 경복궁 근정전 앞뜰에서 200여 명의 인사가 참석해 일본의 전통 신앙인 신토식으로 지진제(地鎭祭)가 열렸다. 데라우치가 제문을 낭독했다.

> 하늘 아래 만물이 생명을 얻고 성장함은 오직 하늘과 땅의 도우심으로 이루어지는 바라. 오늘 이렇듯 술과 음식을 진설하고 백악 천신, 지신께 간절히 기구(祈求)하오니 총독부 신영 공사가 모두 끝날 때까지 아무런 사고 없이 공사가 이루어지도록 하옵고, 이 공사를 계기로 조선의 안녕과 식산의 번영을 기하게 하시며, 내선(內鮮)이 명실 공히 합일되도록 하옵시라. [……] (허영섭, 1996, p. 22)

본격적인 건축 작업이 시작되면서 신청사가 들어설 자리에 있던 문·행각·다리 등이 사라졌다. 홍례문과 행각 및 유화문이 철거되었고, 근정문과 홍례문 사이를 지나는 금천(禁川) 위에 놓인 영제교 또한 철거되어 경복궁 뒤뜰로 옮겨져 방치되었다. 당초 공사는 1923년경에 마무리하는 것으로 예정되어 있었는데 공사 과정에서 예산과 기간이 늘어나면서

1926년에야 완성할 수 있었다. 1926년 1월에 준공되고 그해 10월 1일에 개최된 낙성식에서 사이토 마코토(齋藤實) 총독은 다음과 같이 연설했다.

> 새 청사 신축 공사를 끝내고 마침 오늘 '시정 기념일'을 맞아 낙성식을 거행하게 된 것은 실로 기쁜 일이 아닐 수 없다. 원래 옛 청사는 통감부 청사에 임시 마련으로 응급 증축을 했기 때문에 집무에 적합하지 않은 일이 많았다 할 것이다. 이에 따라 청사 신축의 필요성이 제기되어 제국 의회의 협찬을 받은 끝에 다이쇼 5년 6월에 기공식을 가졌으며, 그 뒤 성상이 되풀이된 지 10년 남짓 지난 오늘에서야 새 청사의 낙성을 보게 된 것이다. 생각건대, 새 청사는 튼튼하고 우람할 뿐만 아니라 설비 또한 신식으로 완비되어 반도 중앙 관아로서는 나무랄 데가 없다. 청사는 이미 그 면목을 일신하였으니 이에 통치 업무에 종사하는 자는 맹세코 지성보효[至誠報效, 은혜에 보답하려고 정성을 다함: 필자], 국궁진췌[鞠躬盡瘁, 몸과 마음을 다하여 나랏일에 힘씀: 필자]로써 빛나는 실적을 쌓아 청사 신축을 의의 있게 할 것을 기해야 할 것이다. (손정목, 1989, p. 96)

이렇게 해서 일본 제국주의 식민통치를 상징하는 거대한 규모의 조선총독부가 완성되었다. 1928년 5월 28일, 정원 조경을 끝으로 모든 공사가 마무리되어 조선총독부 청사로 사용되기 시작했다.

총독부 신청사는 1395년 완공된 이래 수차례의 내우외환 속에서도 조선의 법궁(法宮)으로서 자리를 지켜온 경복궁의 중심, 특히 정전인 근정전 바로 앞에 위치하고 있었다. 보다 정확히 말하자면, 길이 128.3m, 폭 68.7m이며, 거대한 돔을 지닌 지상 4층 지하 1층의 석조건물이 근정전을 압도하는 상징적 형상이다. 건물은 경복궁의 정문인 광화문으로부터 83.63m 떨어져 있고, 근정문으로부터는 불과 30.8m 떨어져 근정문과 근정전 사이에 건립되었는데 그것은 곧 "경복궁의 목을 콱 밟은 셈"(홍순민,

1997, p. 290)이라는 표현이 적절할 만큼 대단히 상징적인 위치다. 궁궐의 공간구조와 관련시킨다면, 총독부 청사는 삼문삼조의 구조에서 치조에 자리하고 있는 것인데, 이 치조는 군주의 통치행위가 이루어지는 신성한 공적 공간이다. 이렇듯 정치적 신성함이 흐르고 있는 근정전을 완전히 가리고 있는 총독부 청사는 조선왕조를 위압하는 식민권력의 권위적 이미지 그 자체다.[24] 사람들은 그러한 공간적 배치 속에서, 자신의 역사적 정통성으로부터 철저히 단절되고 무너져 내린 조선과 식민지 국가의 역사적 · 정치적 뿌리를 완전히 잘라낸 일본 제국주의의 위엄을 볼 수 있는 것이다(신용하, 1998, p. 144; 정기용, 1994, p. 49).

이제, 총독부 건물의 정면(facade)으로 눈을 돌려보자. 철근 · 콘크리트 · 화강석 등 근대적인 재료로 건립되었기 때문에 목재로 지어진 궁의 전통성과 뚜렷한 시각상의 대비를 만들어내는 총독부 청사는 신 르네상스(neo-renaissance) 양식풍의 건물로 알려져 있다(문화체육부 · 국립중앙박물관, 1997, p. 57; 강지선, 1994). 신 르네상스 양식이란 글자 그대로 르네상스 양식의 부활을 의미하는데 여기서 우리는 그러한 건축양식의 정치적 의미가 무엇인지를 살펴볼 필요가 있겠다.

15세기 중반 이탈리아 피렌체를 중심으로 본격적으로 등장하기 시작한 르네상스 건축양식은 근본적으로, 서양 중세를 지배했던 고딕 건축에 대한 미적 반발의 소산물이었다. 르네상스 시대의 건축가들은 고딕양식을 "혼동과 부조화", "기괴하고 야만적인 건축", "저주스러운 예배당", "모든 비례를 무시한 장식의 축적"(Jestaz, 2006, p. 16) 등으로 평가절하했다. 최초의 르네상스 건축가로 불리는 브루넬레스키(F. Brunelleschi)는 중

---

24 총독 데라우치가 근정전 어좌에 앉아 '조선물산공진회' 개회사를 낭독했다는 사실 또한 경복궁에서 이루어진 식민권력의 상징적 의지를 보여준다(유길상, 2007, p. 80).

세 교회가 아니라 판테온(Pantheon, 萬神殿)과 같은 로마의 신전에서 건축적 영감을 받았다. "로마의 구조적 창의력과 미학의 절정을 보여주는 최고의"(스트릭랜드, 2003, p. 49) 건축물로 평가받는 판테온에서 가장 주목할 수 있는 부분은 코린트식 오더(order, 柱式)와 돔(dome)이다.

신전 외관의 미적 특성을 결정해주는 요소로서 그리스에서 발명된 오더는 그야말로 수학적 비례와 균형이라는 합리주의 정신의 발현이다. 그리스에서는 남성적 간결함과 강인함을 드러내는 도리스식 오더와 우아하고 섬세한 여성적 이미지를 표상하는 이오니아식 오더가 유행했는데 코린트식 오더는 그 둘의 절충으로 로마 건축의 대표적 주식이었다. 한편, 돔은 그리스 신전에서는 없었던 로마의 발명품이다. 돔의 무게를 가볍게 해줄 석재 제작기술뿐만이 아니라 돔이 자체적으로 균형을 유지하면서 지탱하기 위한 홍예(arc) 제작 및 역학기술이 그리스에서는 아직 탄생하지 않았던 것이다. 브루넬레스키는 판테온에서 구현된 로마의 건축적 특성을 자신의 건축설계에 응용했다. 돔이 장착된 피렌체 성당과 코린트식 오더로 구성된 파운들링 병원을 대표적인 예로 들 수 있다. 이탈리아 르네상스를 대표하는 또 다른 건축가 알베르티(L. B. Alberti)는 브루넬레스키보다 한층 더 열정적으로 로마의 건축적 전통을 재현하려한 인물이었다. 1470년에 건립된 산 안드레아 대성당은 로마 건축의 장대함이 잘 드러나고 있는 건축물로 평가되고 있다.

이렇듯 이탈리아 르네상스는 로마의 건축 전통에 충실하면서도 팔라초(palazzo)라는 새로운 건축양식을 발전시켰다. 당시 이탈리아의 귀족들과 대상인들의 저택에 적용된 팔라초 양식은 절충적인 미적 특성을 보였다. 예컨대, 팔라초 루첼라이, 팔라초 메디치 등과 같은 건물이 보여주듯이, 그리스와 로마의 오더가 사용되지만 단일한 오더가 아니라 도리스식 · 이오니아식 · 코린트식이 혼재되어 있으며, 남성적이고 권위적인 건물의 외부와는 달리 내부는 중정(中庭)을 통해 매우 개방적이고 가벼운 분위기를 연출하고 있었다(스트릭랜드, 2003, pp. 98~105). 신 르네상스 양식으로 불리는 이 건축양식은 19세기 중반 '독일'에서 유행했다. 그리고 그 양식을 조선총독부 청사 건축에 응용한 이가 독일 건축가 라란데였던 것이다.

총독부 청사는 코린트식 오더를 사용하고 있고, 직경 14m의 돔을 장착함으로써 조성되는 엄숙하고 장중한 외관과 더불어 두 개의 중정을 통해 개방적 구조를 연출해내고 있다(강지선, 1994, p. 66, pp. 81~85). 건축물의 정치적 의미는 외관으로부터 큰 영향을 받는다. 그런 차원에서 총독부 건물의 외관을 지배하고 있는 돔과 코린트식 오더이 정치적 상징성을 살펴볼 필요가 있다. 로마인이 발명한 돔은 원이 함축하고 있는 완결성과 보편성이라는 의미와 더불어, 세상을 포괄하는 자리로서 하늘이라는 의미를 내재하고 있다(임석재, 2003, p. 425). 로마의 판테온이 뜻하는 만신전의 기능과 의미는 돔을 통해 구현되었다. 코린트식 오더에 관해서 보자면, 로마시대에 그 주식을 사용한 대표적인 신전은 기원전 170년경에 지어진 올림포스 제우스 신전이다. 올림포스 제우스 신전의 코린트식 오더에 대한 설명을 들어보면 그것은 "도리스식이나 이오니아식과 구별되는, 웅장함이라는 자신만의 건축적 특성을 형성하고" 있다. "포스트 그리스기의 과시적 경향과 합쳐지면서 웅장함을 특징으로" 하고 있는 이 오더는 로마로 전수되어 "로마 건축을 대표하는 경향이 되었다"(임석재, 2003, p. 217). 돔과 코린트식 오더가 드러내는 정치미학 상의 특성에 입각하자면, 조선총독부 청사의 외관은 무엇보다 "절대적 권위와 통치력"(강지선, 1994, p. 67)이라는 의미를 시각화하는 것으로 보인다. 장대하고 위압적인 총독부 청사를 배경으로 식민통치를 수행하고자 했던 총독의 소망에 부합하는 것으로 이해할 수 있다.

지금까지의 논의를 바탕으로 좀 더 근본적인 물음을 제기해보자. 일본은 왜 조선총독부 신청사의 설계를 독일인 건축가에게 맡겼을까? 이는 일본의 전통적 양식이 아니라 서양의 근대적 양식으로 청사를 건립한 이유를 묻고자 하는 것이다. 이에 답하기 위해서는 일본 제국주의의 이념적 특성에 대한 성찰이 필요하다. 사이드(E. Said)는 아시아 및 아프리카에 대한 서유럽의 식민지배에는 '오리엔탈리즘'(orientalism)으로 불리는 독특한 문명의식이 깔려 있다고 주장했다. 오리엔탈리즘이란 "동양과 [대체로] 서양이라고 하는 것 사이에서 만들어지는 존재론적이자 인식론적인 구별에 근거한 하나의 사고방식"으로서 그것은 "동양을 지배하고 재구성하며 위압하기 위한 서양의 스타일이다."(사이드, 2004, pp. 17~18). 사이드가 드는 가장 주목할 만한 역사적 사례의 하나는 영국 외상 벨푸어(A. J. Balfour)가 제시한 이집트의 식민 지배 정당화 논리다. 벨푸어는 영국과 이집트를 서양과 동양으로 일반화하면서 서양은 역사 이래 자치의 능력을 보여왔던 반면에 동양은 자치에 관한 어떠한 역사적 흔적도 발견하지 못했음을 강조하면서 서양에 의한 동양의 지배를 바람직한 현상으로 간주했다는 것이다(사이드, 2004, pp. 70~72). 문명의 발전에서 서양과 동양이 현격한 차이를 보이기 때문에 "전자는 지배하고 후자는 지배되어야 한다"(사이드, 2004, p. 76)는 명제의 정당성이 성립한다. 여기서 동양에 대한 서양의 식민 지배는 계몽된 서양 문명에 의해 동양세계를 야만과 몽매 상태로부터 구출하는 역사적 과업으로 표상된다(사이드, 2004, p. 163).

서유럽의 무력에 굴복해 문호를 개방한 일본은 명치유신으로 근대화를 추진하면서 서양의 문명론을 수용했다. 그것은 곧 오리엔탈리즘에서 표현된 것, 즉 서양은 진보한 문명의 세계이며, 동양은 정체된 야만의 세계라는 이분법의 반영이었다. 당대 일본 지식인의 표상, 후쿠자와 유키치의 '탈아입구론'(脫亞入歐論)은 그러한 문명관을 바탕으로 일본이 나아가야 할 문명의 길을 제시한 명제였다. 즉, 미개한 아시아를 벗어나 문명화된 서구세계로 진입해야 한다는 근대화의 길을 밝힌 것이다(정창석, 2005). 그러한 관점에서 일본의 근대화는 동양적 정체성을 부정하고 서구적 정체성을 확립하는 것을 의미한다. "서양을 자기화"한 일본은 후발주자로서 제국주의의 길을 걸으면서 계몽된 세계가 야만의 세계를 문명화한다는 논리, 즉 오리엔탈리즘으로 아시아의 식민 지배를 정당화했다. 우리는 그것을 "일본형 오리엔탈리즘"으로 부를 수도 있을 것이다(정용화, 2004, p. 34). 곧, 서양의 문명적 권위를 빌려 아시아의 식민통치를 정당화하는 매우 기형적인 정치의식의 반영이다. 우리는 일제가 조선을 병합하면서 서양의 근대적 건축양식으로 총독부 청사를 건립하기로 결정한 것을 이러한 시각에 입각해 해석하려 한다. 그것은 본질적으로 서구의 정신적 힘을 끌어들여 조선을 위압하고자 하는 일본형 오리엔탈리즘(김소연 · 이동언, 2005)의 전형이었다.

3. 광화문의 수난: 용도변경, 해체 그리고 이축

앞서 우리는 일제가 경복궁에서 일종의 박람회인 조선물산공진회를 개최함으로써 경복궁 훼손을 가속화시켜나갔음을 살펴보았다. 하지만 그것은 조선의 통치 공간을 물리적으로 훼손하는 일에 국한된 것이 아니었다. 그것은 식민권력의 위용을 보여주는 상징적인 일이었다. 한 분석에 따르면 박람회는 19세기 중반 이후 서구 제국주의가 만들어낸 정치경제적 장치였다. 그것은 자본주의 소비문화를 경쟁적으로 촉진하기 위한 산업의 무대임과 동시에 제국주의적 식민경영의 위대함을 알리는 상징적 무대였다(요시미, 2004, pp. 42~46). 여기서 우리가 주목하는 부분은 후자다. 예컨대 1867년에 개최된 파리 만국박람회에서는 식민지 전시장을 마련해 식민지의 물품들은 물론이거니와 원주민을 전시하기 시작했으며 이러한 전시 형식은 그 이후로도 계속 이어졌다. 이러한 방식은 관람객들이 문명과 미개라는 이질적인 두 세계를 대비적으로—공간 배치와 색채 효과 등 다양한 메커니즘에 기초한— 관찰함으로써 제국의 우월함과 진보를 인식하도록 하는 정치적 효과를 향하고 있었다(요시미, 2004, p. 216). 후발 제국주의였던 일본은 서구 제국주의의 박람회들을 관찰함으로써 그러한 정치적 효과에 눈을 뜨기 시작했다.

> 이상과 같이 20세기에 들어서면 일본의 박람회도 단지 새로운 '문명'을 엿보고, 기술을 습득해가는 장 이상의 의미를 갖게 되었다. 청일 · 러일전쟁으로 인한 식민지 획득과 자본주의의 발전을 배경 삼아 일본의 박람회는 이 기회에 식민지의 '미개'와 거리를 두고 '제국'으로서 자국의 지위를 확인하는 장치가 된 것이다. (요시미, 2004, p. 245)

1915년에 개최된 조선물산공진회를 다시 한 번 살펴보기로 하자. 그 행사는 식민지 조선 및 일본과 대만에서 생산된 1차, 2차 산품들을 전시하고 식민 통치 이후 이룩된 각 도의 발전상을 소개하기 위함이었다. 이러한 물품들과 정보들을 관찰하고 감상함으로써 관람객들은 일제 식민권력 이전과 이후를 물질적 진보와 발전의 관점에서 뚜렷이 대비시킬 수 있다. 아울러, 박람회장은 시선의 자유로운 이동을 허락하지 않는다. 오히려 그 공간은 관람객들의 시선을 일정한 경로로 이끌고 가는 '시각의 장'(주은우, 2003, p. 23)으로 구조화된 것처럼 보인다. 그러한 시각적 구조는 명백히 특정한 정치적 목적을 내재하고 있다. 조선물산공진회장에서 관람을 위한 동선을 그려보자. "관람자는 광화문을 지나 동척특설관, 분수대, 철도관, 제1호관, 제2호관, 심세관, 미술관, 영림창, 기계관, 근정전,

경복궁 전각, 경회루, 연예관, 각 도 매점 등의 순서로 관람을 했다"(주윤정, 2003, p. 153). 이는 제국주의가 창출한 근대적인 전시회장을 감상한 후에 제국주의가 정복해버린 퇴락한 왕조의 궁궐을 관찰하는 공간적 구조라고 할 수 있다. 조선물산공진회의 공간 속에서, 몰락 · 퇴보 · 붕괴 · 과거 등으로 범주화되는 조선왕조와 상승 · 발전 · 전진 · 미래의 이미지를 간직하게 될 식민제국이 극단적으로 비교된다. 이러한 시각의 정치학은 모든 전시장에 매달린 전등에서 그리고 박람회장의 진입로(육조대로) 양쪽에 설치된 탑과 석등에서 뿜어져 나오는 화려한 불빛을 통해 한층 더 강렬한 양상을 띠게 된다. 말하자면 일제 식민권력은 어둠으로 채워진 조선왕조에 광명을 전하는 문명 세력이 되는 것이다(주윤정, 2003, pp. 154~155).[25]

이러한 제국주의 박람회를 관람하기 위해서는 육조대로를 거쳐 광화문으로 진입해야 한다. 광화문공간의 용도가 바뀐 것이다. 말하자면, 조선

25 경복궁을 무대로 하는 제국주의 박람회는 한 번에 그치지 않았다. 1929년 9월 12일부터 10월 31일까지 50일간 경복궁에서는 '시정 20주년 기념 조선박람회'가 열렸다. 외견상, 개최된 기간도 비슷하고, 경복궁에 여러 전시관들을 설치해 농업 · 어업 · 임업 · 공업 · 금융 등에서 이룩된 주요 성과들을 보여주고 각 지역별로 발전상을 제시하려 했다는 면에서 1915년의 물산공진회와 크게 다르지 않은 것처럼 보인다. 하지만 우리는 이른바 문화통치 시기의 앞과 뒤라는 차이를 제외하더라도 매우 중요한 두 가지 차이가 있음을 알게 된다. 첫째, 1915년과는 달리 1929년에는 행사가 이루어진 경복궁에 조선총독부 청사가 완공된 상태였다. 이는 박람회 관람객들에게 조선총독부의 위용을 피부로 느끼게 함과 동시에, 조선왕조의 궁궐이 초라한 모습으로 퇴락해버렸다는 것을 인지하게 한다. 이러한 관찰은 단순한 대비가 아니라 두 개의 정치권력에 대한 가치론적 평가를 이끌어낸다. 둘째, 1915년보다 한층 더 대규모로 식민지 대중들의 동원에 노력을 기울였다. 학생들의 수학여행을 박람회장으로 정하고, 행정조직을 통한 단체관람을 유도하며, 박람회 관광단을 조직하는 등의 적극적인 동원책을 구사했다(남기웅, 2008, pp. 168~169). 본래 왕조의 궁궐이란 개방된 공간이 아니다. 그것은 피치자들이 감히 접근할 수 없는, 신성함과 절대권위로 둘러싸인 폐쇄된 장소다. 일제는 이제 박람회라는 개방된 이벤트를 통해 일반인들이 감히 범접할 수 없었던 왕조의 통치 공간을 활짝 열어젖혀 가능하면 많은 식민지 조선인들이 궁궐의 실상을 낱낱이 볼 수 있도록 했다.

왕조의 정궁인 경복궁의 정문이라는 위용을 지니고 있던 광화문이 일제에 의해 박람회를 구경하러 오는 대중들의 '출입구'로 전락해버린 것이다. 광화문의 문루가 행사의 필요에 맞게 개조되었다(조선일보 05/02/28). 이제 광화문은 경복궁 정문의 위상은 물론이거니와, 그 외관에 표상되어 있던 군주의 위엄과 통치철학마저 상실해버렸다. 총독부 청사가 근정전을 완전히 가리고 있고, 식민통치의 성과를 전파하기 위한 대중적 스펙터클이 열리는 경복궁의 남쪽 정면에 광화문이 서 있었지만 그것은 더 이상 경복궁의 정문이 아니었다. 이제 그 문은 정도전이 말한, 군주의 통치 언어가 세상으로 나아가고, 외부에서 들어오는 정치적 언어들이 여과되고 통제되며, 능력 있는 인물들이 충원되는 정치적 역할과는 어떠한 관련도 없게 되었다. 경복궁의 정전 근정전과 통하는 길이 총독부 청사에 의해 꽉 막혀버린 것이 그러한 정치적 위상 변화를 상징적으로 드러내준다. 이렇듯 이미 정치적 기능성과 상징성을 상실했음에도 총독부는 광화문을 그 자리에 놔두지 않았다. 해체해 다른 곳으로 옮겨버렸다.

1921년 5월 24일자 「동아일보」에는 광화문 정면 사진과 함께 "광화문 이전계획"이라는 기사가 실렸다. "경복궁 대궐 안에 지금 짓는 총독부가 마친 후에 오랫동안 많은 역사를 가진 고대의 건축물인 광화문을 헐어버린다는 말이 세상에 있어 애석해 하는 사람들이 많은 모양인데 [……]"(동아일보 1921/05/24). 이로써 광화문 해체 계획이 세상에 알려지고 그에 관한 여론이 조성되기 시작했다. 신문 기사에는 총독부 토목부 건축과장의 인터뷰 내용이 나오는데 그는 광화문을 해체한다는 세간의 이야기가 아무런 근거가 없음을 강조하고 있다. 그것은 역으로 말하자면 광화문에 대한 식민지 조선인들의 관심이 상당히 컸던 것으로 이해할 수 있다. 그로부터 1년이 조금 지난 1922년 8월 24일부터 28일까지 「동아일보」는 한 일본인 예술가 야나기 무네요시(柳宗悅)의 "장차 잃게 될 조선의 한 건축을 위하여"란 제목의 기고문을 실었다. 1922년 7월 4일에 쓰인 이 글은 『개조』(改造)라는 잡지 9월호에 실릴 예정이었다. 조선총독부 신청사의 외형이 모습을 드러내기 시작한 시점에서 야나기는 총독부 계획에 전면적인 반대를 표명하면서 사라질 광화문에 대한 비통한 심경을 드러냈다.

> 광화문이여, 광화문이여, 너의 목숨이 이제 경각에 달려 있다. 네가 일찍이 이 세상에 있었다는 기억이 차가운 망각 속에 파묻혀버리려 하고 있다. 어쩌면 좋단 말인가. 내 마음은 갈피를 잡지 못하고 있다. 가혹한 끌과 무정한 망치가 너의 몸을 조금씩 파괴하기 시작할 날이 이제는 멀지 않았다. 그것을 생각하며 가슴 아파할 사람도 많을 것이다. 그렇지만 아무도 너를 구해낼 수는 없다. 불행히도 너를 살려낼 수 있는 사람은 너의 일을 슬퍼하고 있는 사람들이 아니다. [……] 오오, 광화문이여, 광화문이여, 웅대한 너의 모습. 지금부터 50여 년 전 너의 왕국의 강력한 섭정 대원군이 한 치의 주저도 허용치 않는 의지를 보이며 왕궁을 지키고자 남쪽으로 면한 명당자리에 너의 주춧돌을 굳게 다졌던 것이다. 여기에 조선이 있노라 하고 외치는 듯 으리으리한 여러 건축들이 전면 좌우에 이어지고, 광대한 수도의 대로를 직선으로 하여 한성을 지키는 숭례문과 멀리 호응하며, 북쪽은 백악으로 장식되고 남쪽은 남산과 마주 대하여 황문(皇門)은 그 위엄 있는 위치를 태연히 차지하고 있는 것이다. 그리하여 세 개로 이루어진 궐문을 안으로 품고 거대하고 견고한 화강암을 높이 쌓아 그 위에 전통을 잘 지킨 광대한 중층의 건물을 세웠다. [……] 그 정문을 빼앗긴다면 경복궁에서 무슨 힘이 나올 것인가. 나아가 경복궁을 잃는 사람들에겐 한성의 중심을 잃는 것과 같다. 그 왕궁보다 더 정확한 형식과 위대한 규모를 갖는 것을 조선의 어디서도 찾을 수 없다. 그것은 조선 건축의 대표이자 모범이고 정신이 아닌가. [……] 현대의 동양, 특히 모든 것이 주마등처럼 격변해가는 조선에서 저 광화문이야말로 귀중한 유작이 아닌가. 그 파괴는 무익할 뿐만 아니라 무지를 드러내는 증거가 될 것이

다. 더구나 나타나려고 하고 있는 것은 한층 기괴한 것이 아닌가. 그 문이 철거되고 그 대신 무엇이 세워질 것인가. 우리는 위대한 것을 무익한 노력으로 파괴하고 그 대신 왜소한 문이 만들어질 날을 기다리고 있는 것이다. [……] 문은 재건된 지 겨우 50년의 세월이 지났을 뿐이다. 그것이 왜 만들어지고 누가 만들었으며 어떻게 완성되었는지가 아직도 기억에 생생하지 않은가. 그것을 친히 목격한 사람들의 눈앞에서 누가 이것을 파괴하는지, 또 하나의 기억을 추가한다는 것은 너무나 무모하고 너무나 무정한 행위가 아니겠는가? 나는 일찍이 이 일들에 대해 다소 신경을 쓰는 사람들로부터 파괴를 피하고 이전을 시도한다는 말을 전해 들었다. 아아, 그러나 이 자비로운 듯한 조치로 문은 어떤 운명을 맞게 될 것인가. 다행히 이로써 죽음은 면한다 할지라도 문의 존재의의는 반이나 죽어버리는 것이다. 광화문은 경복궁의 문이지 다른 것의 문이 아니다. 그 위치와 배경과 그 좌우의 벽을 없애버린다면 문에 어떠한 생명감이 감돌겠는가? [……] 오오 광화문이여, 너는 얼마나 서글프게 생각할 것인가. 너의 많은 친구들은 너보다 먼저 죽임을 당하고 말았다. 서울 서쪽을 장식했던 돈의문(서대문), 소의문(서소문)은 이제 시민의 눈에 띄지 않는다. 지난해 나는 혜화문(동소문)을 찾았는데 보호하는 자가 없어 가련하게도 비바람에 지탱하기조차 힘들어 보였다. 너의 귀중한 형제인 숭례문은 성벽에서 고립되어 아무 상관도 없는 울타리에 의해 겨우 지켜지고 있다. 사랑해주는 주인이 없는 너희는 그 짧은 운명을 얼마나 쓸쓸하게 여기겠는가? [……] 광화문이여, 장수했어야 할 너의 운명이 단명으로 끝나려 하고 있다. 너는 무척 괴롭고 쓸쓸할 것이다. 나는 네가 건재해 있는 동안 한 번 더 바다 건너 너를 만나러 갈 것이다. 너도 나를 기다려다오. (야나기, 2002, pp. 196~205)

식민지 조선인만큼 광화문에 대한 깊은 애정을 표현하고 있는 이 인물은 누구인가? 광화문 해체와 파괴에 관한 논의가 있을 때마다 인용되곤 하는 일본인 예술가 야나기는 1889년 도쿄에서 해군소장의 아들로 태어나 도쿄대학 철학과를 졸업하고 1917년에 도요(東洋)대학 종교학과 교수로 학자의 길을 걷기 시작했다(나카미, 2005). 종교철학자이자 사회사상가로서 야나기는 군국주의와 제국주의의 국제질서를 반대하고 모든 나라와 민족들이 상호간의 차이를 인정하고 서로 공존하는 길을 찾아야 함을 강조하는 평화 사상가로 알려져 있다. 그는 힘과 투쟁이 아니라 사랑과 인정을 통해 국가간의 대립과 갈등을 풀고 평화와 조화를 이룩할 수 있음을 역설했다. 사랑 · 아름다움 · 그리움 · 따뜻함 · 소박함 · 자연스러움 등 인간의 본원적 감성들의 소중함을 일깨우면서 그러한 가치들을 지키기 위해 국제평화가 필요함을 역설한 야나기에게 자국의 제국주의는 지극히 비정상적이고 부자연스러운 것으로 보였다. 1920년 여름에 『개조』에 실은 "조선의 친구에게 보내는 글"에는 그의 이러한 관점이 잘 나타나고 있다. 그는 "사람은 태어나면서부터 사람을 그리워"하는 존재임을 강조하면서 "자연으로 돌아가고 싶어"하는 마음을 가지고 서로 사랑하고 인정을 베풀 때 인간 사회에는 "영원한 평화와 행복"이 깃들 것이라고 말했다(야나기, 2002, pp. 77~78). 그러한 맥락에서 일본을 포함한 당대의 제국주의는 지극히 부자연스럽고 비도덕적인 모습으로 나타난다. "서로 죽인다니 이게 될 말인가. 그것이 천명을 거스르고 인륜에 위배된다는 것을 명확하게 알아둘 필요가 있다. 그것은 참혹할 뿐만 아니라 가장 부자연스러운 행위이다. 그것은 결코 화합에 이르는 현명한 길이 아니다. 살육이 어떻게 평화를 가져올 수 있겠는가"(야나기, 2002, p. 83). 예술은 세계평화의 구현을 위한 사랑과 인정과 그리움의 본원적 감성들이 교류되는 영역이다. "예술은 두 마음을 연결한다. 그것은 사랑의 회당이다. 예술에서 사람들은 싸움을 모른다. 서로 자신을 잊어버리는 것이다. 다른 사람의 마음속에 사는 자신만이 있는 것이다"(야나기, 2002, p. 86). 예술을 통한 인류의 구원을 이야기하고 있다.

야나기는 일본의 한 골동품 가게에서 구입한 백자를 통해 조선 예술을 처음으로 접했다. 하지만 그때는 그 도자기가 조선의 예술품이라는 사실을 몰랐고 그로부터 4년 뒤인 1914년에 조선에서 교사를 하던 지인으로부터 백자를 선물 받으면서 조선 예술에 관심을 갖기 시작했다. 야나기는 그때의 심경을 다음과 같이 표현하고 있다.

> 나에게 새로 발견된 기쁨 또 하나를 여기에 써본다. 그것은 자기에 표현된 형상미다. 이것은 모두 조선의 도자기로부터 암시를 받은 새로운 경악이다. 일찍이 아무런 신경도 쓰지 않고 또 사소한 일로 간주하고 차라리 얕봤던 도기 등의 형상이 자연을 바라보는 데에 큰 단서가 되리라고는 생각조차 하지 못했다. '사물의 형상은 무한이다'라는 하나의 명제가 명료하게 나에게 의식되었을 때, 이 단순한 진리는 나에게 새로운 신비가 되었다. 그 차가운 토기에서 인간의 따뜻함 · 고귀함 · 장엄함을 느낄 수 있다는 것은 어제까지는 꿈에도 몰랐었다. (가토, 2001, p. 189)

위의 심경에 따르면 그는 인류를 구원할 수 있는 예술의 가능성을 바로 이 조선 예술에서 가장 강력하게 느낀 것이다. 조선의 예술만큼 "사랑을 기다리는 예술은 없다"고 했으며, 그것은 "인정을 그리워하고 사랑에 살고 싶어 하는 마음의 예술"이다. 또한 조선 예술은 "사람이 접근해오기를 손짓해 부르고 있다. 따뜻한 마음을 고대하고 있다"(야나기, 2002, pp. 86~87). 이러한 설명에 근거한다면, 조선 예술과 정신에 대한 감동과 애정이 조선 최고의 건축물로 자평하는 광화문에 고스란히 투영된 것이다.[26]

---

26 하지만 야나기에 대한 비판적 또는 부정적 견해 또한 없지 않다. 야나기를 간교하고 이중적인 두 얼굴의 제국주의자로 보는 견해에 관해서는 정일성(2007)을 참조할 것.

야나기의 언설은 그로부터 1년 뒤 또 다른 일본 지식인의, 광화문 해체 계획에 대한 비판으로 이어지면서 그 무게를 더해갔다. 당시 와세다대학 교수였던 이마와지로(今和次郎)는 중국 여행 중 조선에 들러 조선건축회가 마련한 자리에서 총독부 청사의 위치와 광화문 해체에 대한 반대의사를 표명했다.

> [……] 총독부 청사의 맨 처음 계획이라는 것은 언제까지나 조선민족에게 일종의 악감정을 남기게 되지 않을까 생각되어 대단히 유감스럽게 느낍니다. 총독부 청사로서는 그 장소의 선정이 잘못되었다고 생각되니 파괴해버리는 것이 가장 좋은 일이라고 판단됩니다만 이제 저만치 올라가버렸으니 파괴해버릴 수도 없을 테니 뭔가 사회사업을 하는 건물로 사용하는 것이 이상적이 아니겠습니까. [……] 마침 작년에 내가 조선에 왔을 때 야나기 무네요시가 광화문에 관하여 『개조』에 그 의견을 발표한 것을 읽었습니다만 [……] 나 또한 같은 생각을 하고 있는 사람입니다. 저렇게 노골적인 건물이 총독부 청사로 사용된다는 것은 결코 바람직하지 못합니다. (손정목, 1989, p. 90)

하지만 일본의 예술가와 지식인만이 광화문 해체 반대여론을 조성하는 데에 힘을 기울인 것은 아니었다. 민족사학자이며 독립운동가인 박은식의 분노는 그들보다 더 했다. 광화문 해체에 대한 일본인들의 비판적 인식과 감정은 근본적으로 예술적 애정 또는 식민정책의 과도함에 기초하고 있는 것이지만 박은식의 경우에는 민족주의적 적대감의 표출이었다. 그에게 일제의 광화문 파괴는 임진왜란 때 화재로 인한 경복궁과 광화문의 전소라는 비극적 역사와 연결되어 있기 때문에 한층 더 큰 울분을 불러일으키고 있는 것이다.

嗚呼라, 우리의 半萬年 靈長한 歷史로 傳來保守하던 錦繡江山의 祖業基址가 一朝에 强暴無道한 倭賊의 破滅을 當한 境過에 光化門이 또한 個中一物이라. 그 存亡與否가 特別한 問題가 될 것이 없을 듯하나 敵이 우리의 歷史上 記念物을 一切 毁却하여 一個를 不留하는 惡毒手段이 더욱 우리로 하여금 痛憤罔極케 하는도다. 光化門은 景福宮의 前面 正門이오, 景福宮은 李朝 開國初에 創建된 西闕이라. 距今 三百 年前 壬辰에 倭賊의 兵火에 毁破된 바 되었은즉 該宮은 倭賊으로 더불어 前生의 業冤이 有하다 할지로다. [……] 敵이 비록 光化門의 形體는 破壞하나 우리 二千萬 腦髓中에 光化門을 紀念하는 精神은 自存할 것이요 또 天道 好還하여 無能不報라, 우리가 半萬年 歷史의 精神으로 現世의 民族 自決主義를 根據하여 獨立의 義旗를 擧하여 無數한 生命을 犧牲하는 結果에 敵의 소위 總督府와 기타 各種 建設物을 우리의 手로 一切 打滅하는 日이 必有할 터인즉 敵의 用計가 또한 愚拙하다 할지로다. 그러나 우리가 光化門이 毁却된다는 消息을 聞하고 扼腕裂眦의 憤怒가 一層 激發에 某年 某月日에 倭賊이 光化門을 毁하였다는 것이 더욱 우리의 刻骨적 紀念이 되리로다. (박은식, 1972, p. 182. 원문 그대로 인용)

언론은 국내외 지식인들의 반대 움직임에 힘입어 광화문 해체에 대한 공공의 관심을 불러일으키고자 했다. 「동아일보」는 "경성의 미관, 이조의 유산, 광화문의 운명을 여하(如何)"(1923년 10월 2일자), "문제의 광화문"(1924년 9월 23일자), "광화문 앞, 가상(街上)의 초동(初冬)"(1924년 11월 25일자) 등의 기사를 올려 사안에 대한 지속적인 접근을 시도했다. 그런데 1924년 9월 23일자 기사인 "문제의 광화문"을 토대로 하자면 그때까지 광화문 해체 여부에 대한 총독부의 입장이—내부적으로는 결정되었다고 하더라도— 명확히 표명되지 않았던 것으로 보인다. 그 기사의 내용을 보자.

> 문제의 광화문, 훼손할 결정은 없었다.
>
> 경복궁 안에 새로 짓는 총독부 청사가 준공되면 광화문은 헐어버린다는 말이 있던 차에 광화문 동편 궁성을 헐기 시작하는 것을 보고 이번에는 광화문도 재난을 당하는가보다라고 일반이 의아해 하였는데 그 궁성을 허는 것은 도로관계로 조금 들여쌓고자 하는 것이요, 오늘까지 광화문을 헐어버리기로 결정한 일은 없다고[한다].

1924년 10월에 들어서게 되면 광화문이 해체되어 사라지는 것이 아니라 다른 곳으로 이축되는 것으로 보도된다. 「동아일보」 1924년 10월 5일자 기사("필경 이전되는 광화문")는 이전과 관련해 몇 가지 중요한 사실들을 제공해주고 있다. 첫째, 광화문을 다른 곳으로 이전하는 근본적 이유는 총독부 신청사와 조화되지 못하기 때문이다. 둘째, 근정전 동편, 경회루와 마주보는 위치로 광화문을 이건한다. 셋째, 이축된 광화문은 경복궁 내 박물관(1915년 조선물산공진회 때 건립된 미술관으로서 이후에 박물관으로 사용되었다)의 정문으로 활용한다. 넷째, 광화문이 워낙 견고하게 만들어져서 해체하는 데에도 적지 않은 시간과 경비가 소요된다.

총독부가 '이축'을 결정했다는 사실이 알려지자, 언론은 광화문이 이전되어야 하는 현실에 대한 아쉬움과 분노가 담긴 글들을 실었다. 그것은 일제의 비상식적이고 무자비한 식민정책에 대한 불만과 비판이었다. 1925년 11월 3일자 「동아일보」의 "잘 가거라, 광화문아"라는 제목의 수필, 1925년 10월 26일자 「조선일보」의 "나는 가나이다. 광화문의 마지막 고별"이라는 논평, 그리고 다음날에 실린 "광화문을 보내면서, 가련한 운명이여! 강철 같은 투지를 가져라"라는 논평 등에는 광화문에 대한 식민지 조선인들의 애정이 잘 드러나고 있다. 광화문 해체와 이전에 대한 구체적인 계획은 1926년 7월 2일자 「동아일보」 "8월 초순에 철거되는 광화문. 헐린다 헐린다 하던 경복궁 광화문 팔월 초순부터 드디어 철거 착수" 라는 제목의 기사를 통해 최초로 공개되었다. 기사에 따르면 광화문은 8월 초순에 해체해 이듬해에 이축하는 것으로 계획되어 있었다. 하지만 근정전 동편 경회루와 마주보는 자리로 이전한다는 최초 계획이 건춘문(建春門, 경복궁의 동문) 옆으로 옮기는 것으로 변경되었다.

지금까지 살펴본 내용을 통해 알 수 있듯이 광화문 해체와 이건 계획에 관한 정보는 일관되지 못했다. 그것은 아마도 총독부가 광화문 문제에 관한 여론의 동향을 의식해 철저하게 비밀에 부쳤음을 의미하는 것일 수도 있다. 해체는 예정된 시기에 진행된 것으로 보인다. "광화문 해체 수일 전 착수"라는 「동아일보」 1926년 8월 9일자 기사가 그 사실을 단적으로 말해주고 있다. 그 기사에는 이듬해 8월 15일까지 해체와 이축을 완료한다는 총독부 계획이 보도되고 있다. 이에 「동아일보」는 그로부터 이틀 뒤인 8월 11일에 사회부장 설의식(薛義植)[27]의 「헐리는 광화문」이라는 기고문을 통해 광화문의 철거와 이전에 대한 슬픔의 공감대를 형성하고자 했다.

> 헐린다 헐린다 하던 광화문이 마침내 헐리기 시작한다. 총독부 청사 까닭으로 헐리고 총독부 덕택으로 다시 지어지리라 한다. 원래 광화문은 물건이다. 울 줄도, 웃을 줄도, 노할 줄도 알고 기뻐할 줄도 아는 사람이 아니다. 밟히면 꾸물거리고 죽이면 소리치는 생물이 아니라 돌과 나무로 만들어진 건물이다. 의식 없는 물건이요, 말 못하는 건물이라 헐고, 부수고, 옮기고 하되 반항도, 기뻐도, 서러워도 아니한다. 다만 조선의 하늘과 땅을 같이 한 조선 백성들이 그를 위하여

27 1936년 편집국장으로 재직할 당시 터진 일장기말소 사건으로 일제에 의해 언론활동 금지조치를 당한 인물이다. 해방 이후 「동아일보」가 복간되자 다시 언론계로 돌아와 편집주간을 지내다가 1947년에 「새한민보」를 창간해 활동했는데, 해방 정국에서 남북협상을 지지하는 중도파 언론인으로 평가되고 있다(박용규, 2004, p. 226).

아까워하고 못 잊어 할 뿐이다. 오백 년 동안 풍우를 같이 겪은 조선의 자손들이 그를 위하여 울어도 보고 서러워할 뿐이다. 석공의 망치가 내 가슴을 두드리리라. 너는 알지 못하겠지만 뚝딱딱 소리를 듣는 사람이 가슴 아파하며 역군의 지렛대가 네 허리를 들출 때에 너는 괴로움이 없으리라마는 우지끈 소리를 듣는 사람이 허리 잘려 할 것을 네가 과연 아느냐, 모르느냐. 팔도강산의 석재와 목재와 인재의 정수를 뽑아 지은 광화문아! 돌덩이 하나 옮기기에 억만 방울의 피가 흐르고 기왓장 한 개 덮기에 억만 줄기의 눈물이 흘렀던 우리의 광화문아! 청태(靑台) 끼인 돌 틈에 이 흔적이 남아 있고 비바람 풍우 맞은 기둥에 자취가 어렸다 하면, 너는 네 모양 그대로 있어야 생명이 있으며 그 신세 그대로 무너셔야 네 일생을 바치는 것이다. 풍우 오백 년 동안에 충신과 역적이 드나들며, 수구당(守舊黨)과 개화당도 드나든 광화문아! 평화의 사자도, 살벌의 총검도, 일로(日露)의 사절도, 원청(元淸)의 국빈도 지나든 우리의 광화문아! 그들을 맞고 그들을 보냄이 너의 타고난 천직이며 그 길을 인도하고 그 길을 가르침이 너의 타고난 천명이라 하면, 너는 그 자리 그곳을 떠나지 말아야 네 생명이 있으며 그 방향 그 터전을 옮기지 말아야 네 일생을 마친 것이다. 너의 천명과 너의 천직은 이미 없어진 지가 오래였거니와, 너의 생명과 너의 일생은 지금 헐리는 순간에, 옮기는 찰나에 마지막으로 없어지려고 하는구나! 오오, 가엾어라. 너의 마지막 운명을 알되 너는 모르니, 모르는 너는 모르고 지내려니와 아는 우리는 어떻게 지내라느냐! 총독부에서 헐기는 헐되 총독부에서 다시 지어놓는다 한다. 그러나 다시 짓는 그 사람은 상투 짠 옛날의 그 사람이 아니며 다시 짓는 그 솜씨는 피 묻은 옛날의 그 솜씨가 아니다. 하물며 이시이인(伊時伊人)의 감정과 기분과 이상이야 말하여 무엇하랴! 다시 옮기는 그곳은 북악을 등진 옛날의 그곳이 아니며, 그 방향은 구궁(九宮)의 정면으로 한 옛날의 그 방향이 아니다. 서로 보지도 못한 지가 벌써 수년이나 된 경복궁 대궐에는 장림에 남은 궂은비가 오락가락한다. 광화문 지붕에서 뚝딱하는 망치 소리는 장안을 거쳐 북악에 부딪힌다. 남산에도 부딪힌

경복궁 동편으로 이축된 광화문 (출처: 국가기록원)

다. 그리고 애달파하는 백의인(白衣人)의 가슴에도 부딪힌다.

식민지 조선인들의 비통한 마음을 뒤로 하고 광화문의 해체와 이축 공사가 진행되고 있었다. 조선총독부 청사 낙성식이 개최된 1926년 10월 1일 현재, 목재로 이루어진 광화문 상부는 이미 철거된 상태였으며 석조로 된 하부만 남아 있었다. 총독부는 광화문을 그렇게 흉측한 상태로 남겨둔 채 신청사 완공 행사를 거행했다. 하부 석조의 해체가 완료되는 시점은 1927년 4월 초순과 중순이며, 건축문 북편 담을 헐어 광화문을 이축한 때는 1927년 9월 중순 경이었다. 「동아일보」는 "남면에서 동향에 뼈와 살만 부활, 늙은 얼골 분칠로 고색보존, 새 자리에 안즌 광화문"이라는 표제 아래 옮겨진 광화문의 모습을 소개하고 있다.

근고 조선건축의 정화라고 하는 경복궁 정문 광화문은 경복궁 압헤 엄엄한 총

광화문 철거 이후 조선총독부 청사 (출처: 국가기록원)

> 독부 백악관이 새 주인이 되자 경복궁의 수호신가튼 광화문도 그 자리를 일코 오직 잔해를 가다듬어 경회루 동편 건춘문으로 옴기게되야 작년 칠월이십이일에 이뎐공사가 시작되야 그간 연인원 이만일천인의 손으로 헤여것든 뼈와 살이 다시 붙기 시작하야 지난 십오일에 비로소 공사를 필하엿는데 본래부터 광화문은 버리기에 앗가운 고적일뿐더러 건축 상에 귀중한 참고품이라하야 일량일주(一梁一柱)를 녯날 그 형태로 두기로 되였슴으로 형태만은 륙십년 전 녯날의 그 모양으로 다시 서게 되엿스나 상량문은 박물관으로 빼앗기어 버리고 그 대신 시속(時俗)된 동랑(棟札)을 집어넛케 되었다고 한다. (동아일보 1927/09/18. 원문 그대로 인용)

결국, '총독부 신청사와 어울리지 않는' 광화문이 다른 곳으로 옮겨졌다. 그렇다면 그 터에 어떠한 형태의 총독부 정문이 세워졌을까? "원래의 자리보다 약간 뒤로 석조 문기둥 4기를 세우고 3칸의 철책 문을 달았다.

중앙 칸은 넓고 좌우 칸은 조금 좁고 낮다. [……] 철책 문 좌우편에는 철책이 연달아 세워졌다"(장기인, 1991, p. 49).

광화문 해체 및 이축 작업에 관한 논의 속에서 우리는 다음과 같은 질문을 던져야 할 것 같다. 피식민지인들 뿐만 아니라 자국 지식인들의 반대를 무릅써가면서 그리고 이만일천 명의 노동력을 동원해가면서 반드시 광화문을 다른 곳으로 옮겨야 했던 이유는 무엇일까? 단지 총독부 신청사와 시각적으로 조화되지 못하다는 것으로는 온전히 설명되지 않는 것 같다. 조선총독부 청사의 위치가 그 문제에 대한 답을 제공해준다.

조선총독부 청사는 경복궁의 중심축에 맞추어져 있지 않다(문화체육부 · 국립중앙박물관, 1997, pp. 58~59). 경복궁의 중심축을 기준으로 할 때 약 5.6° 틀어져 지어졌으며 그 정문 또한 광화문의 터를 기준으로 약 3.5° 동쪽으로 틀어져 있는 것으로 알려져 있다(유길상, 2007, pp. 89~91). 이러한 위치 설정은 우연적이라기보다는 조선왕조가 도읍을 구축할 때 설정한 축선을 인정하지 않고 자신들이 축조하고자 했던, 경성이라는 식민지 도시에 부합하는 새로운 축선을 만드는 과정 속에서 이해해야 한다(이규목, 2001, pp. 117~118). 총독부가 발간한 『조선총독부청사 신영지』에는 다음과 같은 내용이 있다.

> 경복궁 근정전 및 광화문의 위치는 그 건물의 중심선이 앞쪽 광화문 거리의 중심과 일치하지 않고 약간 서쪽으로 기울어져 있다. 따라서 새 청사를 짓는 위치를 경복궁이나 광화문의 중심선과 맞추게 되면 정면도로의 중심선과 어긋나게 됨으로써 그 위용을 살리지 못하게 될 것이다. 그러므로 태평통(太平通) 도로 중심선을 새 청사의 중심으로 삼게 된 것이다. (『조선총독부청사 신영지』, 1995, p. 56)

여기서 언급되고 있는 태평통은 한양의 공간구조를 근본적으로 뒤바꿔 놓고자 추진한 도시계획의 일환으로 조성된 도로다. 조선총독부 신청사를 육조대로가 아니라 태평통의 중심축과 일치시키려 한다면 그 중간에 위치하는 광화문을 그냥 놔둘 수 없었을 것으로 판단된다. 결국, 일제는 "옛 서울[한양]의 도시 형성의 상징 축 파괴를 시작했"으며 이를 위해 "우리의 축선을 형성하는 핵심 건물인 광화문을 없애버렸다"(유길상, 2007, p. 89) 이러한 맥락에서, 광화문을 허물고 다른 곳으로 이전한 것은 중대한 상징적 의미를 지닌 사건이었다.

> 조선왕조의 법궁 경복궁의 중심축이 육조거리와 일치하면서, 경복궁과 그 정문 광화문이 육조거리를 통해 들어오는 모든 인원과 문물을 맞아들이는 조선이라는 국가 전체의 주인으로서의 의미를 갖고 있었다면, 조선총독부 청사는 그것을 부정하고 자신이 새로운 길 태평로 광화문통의 주인으로서 새 식민지의 주인이라는 선언을 한 셈인 것이다. (홍순민, 2004, pp. 26~27)

이제 '경복궁–광화문–육조대로'로 이어지는 조선왕조의 정치적 통합 공간은 완전히 붕괴되어버렸다. 경복궁은 원형을 알 수 없을 정도로 파괴되어버렸으며, 광화문도 제자리를 잃어버렸다. 아울러 일제는 육조대로 좌우에 늘어선 관아건물들을 해체하거나 총독부의 업무 공간으로 활용했다. 나아가 육조대로는 광화문이 아니라 총독부 청사와 공간적으로 연결되어 조선왕조의 몰락과 제국주의의 위용을 관람하는 무대로 전락했다. 일본은 조선의 정치적 중심을 이러한 공간적 틀로 새롭게 조형했는데, 제국주의적 정치 공간의 남쪽 끝에는 남산의 조선신궁이 위치하고 있었다. 앞서 언급한 것처럼 일제는 동화주의 정책의 정점에서, 조선왕조로부터 이어져 내려온 각종 제례의식들을 없애거나 축소시키고 일본의 전통 종교인 신토 의례를 강요하는 신사정책(神社政策)을 수립 · 시행했다. 조선신궁은 1912년에 사망한 후 신격화된 명치천황(明治天皇)과 일본 건국신화의 주신인 아마테라스 오미가미(天照大神)를 숭배한 신사였다. 결론적으로 말하자면, 조선신궁과 조선총독부를 축으로 구축된 새로운 정치 공간은 일본 제국주의가 조선에서 실천하고자 했던 식민통치의 이념과 목표를 구현하는 장소로 이해할 수 있을 것이다.

제6장

박정희와 광화문공간의 정치적 이용

1. 군부권력의 탄생과 진화

> 해병대 제1여단과 2개 공정대대를 선봉 세력으로 삼은 혁명부대는 16일 새벽을 기해 수도 서울 일원을 완전히 점령하여 모든 지배권을 장악했다. 집권 9개월째 되는 장면 정부를 불신임하는 이 군부 쿠데타 때문에 삼부의 기능은 일체 마비되어버렸으며 군사혁명위의 포고에 따라 금융기관도 일체 동결, 문을 닫은 채 삼엄한 계엄령에 휩싸여 있다(동아일보, 1961/05/16).

한국 현대정치체제의 성격이 확립되는 데 결정적인 영향을 미칠 박정희 군부권력의 등장을 알리는 쿠데타가 발발했다. 위 기사가 말해주듯이 쿠데타 지도부는 포고령 발표를 통해 국가 권력을 접수하기 위한 기본적인 조치들을 밟아나갔다. 오전 9시를 기해 전국에 계엄령을 선포한다는 제1포고령, 금융동결에 관한 제2포고령, 공항과 항만 봉쇄 및 각 도별 계엄사령부 설치에 관한 제3포고령, 그리고 오후 7시를 기해 일체의 정부행정권을 인수하고 국회를 해산하며, 모든 정당과 사회단체의 정치활동을 금지하고, 폭력행위를 엄금하며, 장면정권의 국무위원들과 정무위원들을 체포한다는 제4포고령 등이다(한배호, 1993, pp. 119~120). 국군통수권자로서 실질적인 권력을 보유하고 있던 장면 총리는 쿠데타에 무력한 모습을 보였다. 그는 아무도 모르게 서둘러 수녀원으로 피신해버렸다. 이에 대해 언론은 "장면 총리 피신?", "장 총리의 행방 묘연"(동아일보, 1961/05/16~17)과 같은 표제를 통해 총리의 행방에 의문을 제기했다. 사태 초기부터 정부의 대응이 무기력했다는 사실은 곧, 군사정변의 성공 가능성이 매우 높은 것으로 읽힐 수 있다.

한편, 쿠데타에 대한 한국 정부의 초기 입장과 대응이 부재하거나 명확하지 않은 상태에서는 미국의 행동반경 또한 심각하게 축소될 수밖에 없었다. 새벽에 소식을 들은 주한 미국 대사관과 유엔사령부는 쿠데타에 반대한다는 입장을 밝혔다(김영명, 1988, pp. 107~108). 매그루더 유엔사령관은 "나의 모든 예하부대는 장면 총리가 이끄는, 합법적으로 수립된 한국 정부를 지지할 것을 요청한"다는 성명서를 발표했으며, 주한 미국대사관 대리대사 그린 또한 "우리는 합법적으로 구성된 이 나라의 정부를 지원한다는 것을 명백히 해야 한다"는 입장을 밝혔다(한배호, 1993, p. 121). 하지만 시간이 지나면서 미국의 이러한 태도는 유지되지 못했다. 군사쿠데타를 진압하고 장면 정부를 다시 세운다는 미국의 방침이 확고하게 유지되기 위해서는 적어도 두 가지 조건이 충족될 필요가 있었다. 하나는 한국 정부가 쿠데타군을 무력화시키겠다는 강력하고 일관된 의지를 가지는 것이며, 다른 하나는 쿠데타에 대한 한국 국민들의 가시적인 반대 여론이 조성되어 있어야 한다는 것이다. 하지만 상황은 정반대로 돌아갔다.

앞서 언급했듯이, 사태를 책임져야 함에도 불구하고 아무도 모르는 곳에 숨어 있던 장면 총리는 16일 오후에 미국 대사관에 전화를 걸어 사태 해결의 모든 권한을 유엔사령부에 일임한다는 입장을 밝혔다(한배호,

1993, p. 122). 총리는 무기력과 수동성으로 일관한 것이다. 그는 이틀이 지난 18일 정오에 국무위원회의실에 나타나 국무회의를 마치고, 오후 1시의 기자회견을 통해 "군사혁명이 발생한 데 대해 정치적, 도의적 책임을 통감한다"는 내용이 담긴 하야 성명을 발표했다(경향신문, 1961/05/18). 문제는 윤보선 대통령 또한 적극적인 사태 해결을 모색하지 못했다는 데 있었다. 그는 16일 오전, 계엄령을 추인해줄 것을 요청하기 위해 쿠데타 주역들이 청와대에 나타났을 때 "올 것이 왔구나!"라고 탄식했을 뿐 상황을 적극적으로 해결할 의지를 보여주지 못했으며(김영명, 2006, p. 150), 유엔사령관과 그린 대리대사를 접견한 자리에서도, 한국은 강력한 정부를 원하는데 장면 총리는 그러한 능력을 지니고 있지 않다고 말하는 등 대단히 모호한 입장을 드러냈다(한배호, 1993, p. 123). 아울러, 군대를 동원해 서울을 포위하고 쿠데타군을 제압함으로써 그들과 협상을 벌이는 것을 허락해줄 수 있는가 하는 유엔사령관의 물음에 대통령은 유혈참사를 불러일으킬 대응보다는 오히려 자진 철수하도록 설득하는 편이 낫다는 입장을 밝혔다(한배호, 1993, p. 124). 대통령은 16일 밤 대국민 담화방송을 통해 "희생 없는 방향"으로의 사태 해결을 바란다는 입장을 밝혔다(경향신문, 1961/05/17). 이에 더해, 쿠데타군을 진압할 무력을 보유한 군부 또한 명확한 입장을 견지하지 못했다는 사실을 지적해야 하겠다. 당시 장도영 육군참모총장은 쿠데타에 대해 명확하지 않은 태도를 보이다가 결국 쿠데타 세력의 추대에 응해 군사혁명위원회 의장으로 취임했으며, 이한림 제1야전군사령관 역시, 유엔사령관과의 회담에서 쿠데타에 반대한다는 입장을 밝히면서도 그것을 막을 적극적인 행동의지를 보이지는 않았다(김영명, 2006, p. 150).

국민들 또한 쿠데타에 적극적 반대를 표명하지 않았던 것으로 나타나고 있다. 쿠데타 직후에 시행된 여론조사는 찬성과 반대가 대략 반반으로 나뉘어 있었음을 말해주고 있다(홍석률, 2002, pp. 49~50). 하지만 그러한 반대 여론이 집단화된 비판 또는 저항의 움직임으로 가시화된 것은 아니었다. 매그루더 장군은 미국합동참모총장에게 당시의 정치 상황을 보고했다. 보고서의 핵심 내용은 첫째, 한국의 권력자들이 쿠데타 계획을 미리 알고 있었지만 그것에 반대하지 않았으며, 둘째 국민들의 경우 찬성과 반대로 나뉘어 있지만, 반대를 표명하기 위한 집단적 행동을 보일 만큼 쿠데타에 대한 관심이 크지 않다(한배호, 1993, p. 125에서 재인용)는 것이었다. 대규모 반정부 운동을 통해 독재정권을 붕괴시킨 때가 불과 1년 전이었음을 상기한다면, 적극적 반대를 보여주는 집단행동의 부재는 곧, 쿠데타에 대한 암묵적 지지를 뜻하는 것으로 해석될 수 있다.

한 연구자는 이에 대한 두 가지 답을 제공하고 있다. 하나는 지식인이나 일반 국민들이 군사쿠데타에 대해 긍정적인 인상을 가지고 있었다는 것이며, 다른 하나는 쿠데타를 주도한 청년장교들은 학생집단과 함께, 사회개혁을 주도할 주체들이라는 국민적 평가가 자리 잡고 있었다는 것이다(홍석률, 2002, pp. 51~52). 5 · 16 군사정변에 대해 많은 국민들의 인식과 평가가 부정적이지 않았다면 그것은 무엇보다, 정치적 파벌투쟁에 사로잡혀 사회 안정과 경제 발전을 위한 노력과 성과를 보여주지 못한다는 여론의 비판을 받고 있던 장면 정부(김세중, 2005, p. 90)의 정치적 무능력에 그 원인이 있을 것이다. 4 · 19 혁명 1주년에 즈음한 언론의 평가는 혹독했다. 예컨대, 「동아일보」는 "딱한 고비의 중앙청"이란 표제 아래 "경제제일주의는 어디로", "증기 없어 허덕거리는 민주당 기관차", "난국지도자로 부적(不適)한 장총리" 등의 비판적 수사를 동원하면서 "집권 이후 8개월에 접어든 장면 내각의 기관차는 석탄과 물의 부족으로 도무지 증기가 오르지 않아 허덕허덕 비명만 울리고 있다. 더욱이 이 기관차가 올라가야 할 언덕은 한없이 험준하기만 하며, 뒤에 매달린 화차에는 무거운

짐이 자꾸 증가되고만 있다"고 민주당 정권을 신랄하게 비판했다(동아일보, 1961/04/14).

지금까지의 논의를 한마디로 정리한다면, 쿠데타를 저지할 어떠한 정치적 · 군사적 · 국민적 저항도 없었다는 것이다. 이러한 상황 속에서 미국 또한 군부의 권력 장악을 인정하는 방향으로 노선을 바꿀 수밖에 없었다는 이야기다(김영명, 2006, p. 149). 결국 쿠데타 세력은 5월 18일 오전에 시청 앞에서 육사생도들을 전면에 내세운 혁명 기념식을 성대히 거행하면서 단 3일 만에 군사정변을 성공적으로 마무리 지을 수 있었다(경향신문, 1961/05/18). 같은 날, 입법 · 사법 · 행정의 3권을 장악한 '국가재건최고회의'가 수립되고 군정이 본격적으로 실시되었다.

정치적 행동, 특히 정치공동체의 급속한 변환을 가져오는 행동은 구성원들에게 그 행동의 정당성을 설득시키는 담론의 과정을 반드시 필요로 하는데, 그것은 5 · 16 쿠데타 세력에게도 예외가 아니었다. 그들은 중앙청과 방송국 등 목표 기관을 점거하고 나서, 새벽 5시에 '군사혁명위원회'의 이름으로 발표한 "국사혁명위원회 의장 육군중장 장도영의 5 · 16 혁명 제1성"을 통해 혁명의 당위성을 국민들에게 전달했다.

> 친애하는 애국동포 여러분!
>
> 은인자중하던 군부는 드디어 금조 미명을 기해서 일제히 행동을 개시하여 국가의 행정, 입법, 사법의 3권을 완전히 장악하고 이어 군사혁명위원회를 조직하였습니다. 군부가 궐기한 것은 부패하고 무능한 현 정권과 기성 정치인들에게 이 이상 더 국가와 민족의 운명을 맡겨둘 수 없다고 단정하고 백척간두에서 방황하는 조국의 위기를 극복하기 위한 것입니다. (김삼웅, 1997, p. 256)

군사혁명위원회는 반공과 경제 재건으로 압축되는, 혁명의 목표들을 발표한 뒤에 "이와 같은 우리의 과업이 성취되면 참신하고도 양심적인 정치인들에게 언제든지 정권을 이양하고 우리들 본연의 임무에 복귀할 준비를 갖추겠습니다"(김삼웅, 1997, pp. 256~257)라고 선언했다. 즉, 헌정질서로의 복귀를 의미하는 것이다. 그렇지만, 우여곡절 끝에 새로운 헌정질서인 제3공화국이 수립되는 국면 속에서, 정치에 참여하지 않겠다던 군정세력의 약속은 지켜지지 않았다.

국가권력을 장악한 뒤 얼마 지나지 않은 시점에서부터 군사쿠데타 세력은 민정으로의 이행을 요구하는 국내 정치인들과 미국의 압력을 받아야 했다. 국가재건최고회의 의장 박정희(1961년 7월 3일 취임)는 1961년 8월 12일의 성명("정권이양 시기에 관한 성명")을 통해 헌정질서의 수립과 정권 이양에 관한 입장을 밝혔다. 1963년 1월부터 정당 활동을 허용하고, 같은 해 3월 이전에 신 헌법을 제정 · 공포해 5월에 총선거를 실시하고 여름에 정권을 이양한다는 계획이었다. 미국은 이러한 계획에 대해, 생각보다 느리기는 하지만 바람직한 방향이라고 평가했다(이완범, 2000, p. 177). 그런데 박정희는 정권 이양과 관련해 전제조건을 달았다. "혁명정부는 정권이양에 앞서서 진정한 민주적 정치질서를 창건하고 구악의 재발을 방지하기 위하여 최소한 아래와 같은 기초과업을 완수한 연후에 민간정부에게 정권을 이양한다." 여기서 "아래와 같은 기초과업"이란 "구악의 발본색원", "청신한 사회기풍과 법질서 확립", "체제 개혁과 발전", "국민경제 재건과 빈곤퇴치" 등이다(박정희, 1973a, pp. 25~26). 이는 상황에 따라, 예컨대 기초 과업들이 마무리되지 않았으므로 민간 정치인에게로의 정권 이양을 연기할 필요가 있다는 주장의 근거로 활용될 수 있는 것이다. 이러한 의구심은 1963년 3월에 발표된 '3 · 16 성명'에서 그대로 적중되었다. 박정희는, 민정에로의 이양을 위해 각고의 노력을 기울였으나 군정을 종결지을 만한 정치사회적 체질 개선이 완전히 실현되지 않았음을 강조하면서 군정 연장의 필요성을 역설했다. 박정희는 서둘러 군정을 종료하고 민정으로 이양함으로써 또 다른 헌정질서의 단절을 경험해야 할 것인가, 아니면 군정을 연장하더라도 "다시는 혁명의 염려가 없는 건전한 체질의 민정탄생을 기다려야 할" 것인가를 국민에게 물었다(박정희, 1973b, p. 400).

여기서 박정희는 4년간의 군정 연장을 주장하면서 그 가부를 국민투표에 부칠 것을 제안했다. 하지만 그에 대한 국내외의 반대는 심각했다. 군정 연장을 거부하는 국내 정치인들의 시위가 연일 열렸고 미국의 케네디 대통령 또한 군정 연장에 찬성하지 않는다는 뜻을 전달했다(한배호, 1993, pp. 150~151). 이러한 정치적 압력으로 인해 박정희는 1963년 5월 16일, "다행히도 조야의 공동노력으로 그간 조성된 정치적 긴장은 점차로 완화되고 이제는 오직 금년 내로 민정 이양을 완수하여야 한다는 거족적인 과업이 남아 있을 뿐입니다"라는 정치적 양보를 해야 했다(박정희, 1973c, p. 429).

1961년 8월, 민정 이양을 위한 전체적 정치 일정을 밝힌 군사정부는 다음해 7월 11일 국가재건최고회의 산하 헌법심의위원회를 발족시키면서 헌법 개정 작업에 착수했다. 같은 해 11월에 헌법개정안이 국가재건최고회의에서 의결되고, 12월 17일에 국민투표를 통해 확정되었다. 박정희가 군정 연장을 주장했지만 결국 새로운 헌법 아래에서 총선거와 대통령선거가 치러질 것이었다.

박정희를 수장으로 하는 군사정부는 수차례에 걸쳐 민정에서는 정치 참여를 하지 않겠다고 공약했다. 하지만 그들은 이미, 민정 이양을 밝힌 1961년 여름을 전후해 군정 이후에도 정치에 참여할 것을 생각하고 있었다. 이러한 사실은 박정희가 김종필에게 민정 이양의 방식에 관한 계획을 세우도록 한, 이른바 '김종필 계획'에 잘 나타나 있다. 김종필은, 혁명 과업을 계속하기 위해 예편한 뒤 선거에 출마해 군정 이후에도 정권을 장악해야 하며, 선거에서 승리하기 위해서는 군인들이 참여할 정당을 만들어야 한다는 내용의 계획을 입안했던 것으로 알려져 있다(이완범, 2000, p. 177). 결국 군정세력은 새로운 공화국의 권력을 창출하기 위한 선거에 참여하기로 결정했다. 1963년 2월 26일, 민주공화당이 창당되었고, 그해 8월 30일 육군대장으로 전역한 박정희는 대통령선거 출마를 공식적으로 표명하고 국가와 민족의 이름으로 정당화했다.

> 본인은 군사혁명을 일으킨 한 책임자로서 이 중대한 시기에 처하여 일으킨 혁명의 결말을 맺어야 할 역사적 책임을 통감하면서 2년에 걸친 군사혁명에 종지부를 찍고, 혁명의 악순환이 없는 조국 재건을 위하여 항구적 국민혁명의 대오, 제3공화국의 민정에 참여할 것을 결심하였습니다. 찬연히 우리 민족의 앞날에 새 역사를 창조할 제3공화국의 여명에 서서 4 · 19와 5 · 16의 이념을 계승하여 민족 주체세력을 이룩할 것을 다짐하고, 민주공화의 기치 아래 새 나라의 힘으로 뭉친 동지들과 더불어 영원히 이 땅에서 굴욕과 빈곤이 없는 번영된 조국 건설을 위하여 군복을 벗고 나의 남은 반평생을 바칠까 합니다. (김삼웅, 1997, pp. 271~272)

1963년 10월 15일에 개최된 대통령선거에서 박정희는 유효투표의 46.6%를 얻어, 45.1%를 얻은 윤보선을 제치고 당선되었으며, 이어 같은 해 11월 26일에 열린 총선거에서 민주공화당은 전체 175석 중 110석을 차지해 다수당의 위치를 차지했다(윤근식 · 김운태, 2004, p. 417).

박정희는 1961년 8월 민정 이양에 관한 성명에서 대통령중심제와 단원제 국회를 새로운 공화국의 권력제도로 채택하고자 한다고 밝힌 적이 있었다. 당시 최고 권력자의 의지가 이후에 전개되는 헌법 개정을 둘러싼 전체적인 논의 방향에 실질적인 영향을 미쳤을 것임을 이해하기란 그리

어렵지 않다(이완범, 2000, p. 181, 189). 국가재건최고회의가 의결한 3공화국 헌법은 "강력한 대통령제"를 특징으로 한다(김영수, 2001, p. 519). 몇 가지 예를 들어보자. 대통령에게 행정권(헌법 제63조 1항)만이 아니라 긴급재정 · 경제명령 및 처분권(제73조), 계엄선포권(제75조)과 같은 국가긴급권 그리고 의회를 견제할 수 있는 법률안거부권(제49조) 등을 부여하고 있는(김영수, 2001, pp. 520~521; 이완범 2000, p. 187) 점과, 국무회의는 의결기관이 아니라 "정부의 권한에 속하는 중요한 정책을 심의"(제83조)하는 기관이라는, 그리고 국무총리는 대통령을 보좌하는 제도라는 규정(제84조), 나아가 대통령의 국무총리 임명과 관련해 국회의 동의를 받을 필요가 없다고 한 규정(제89조)(김영수, 2001, pp. 521~522) 등은 예외 없이 대통령에게 강력한 힘과 권한을 부여하는 법률적 장치들이다.

이러한 권력구조는, 2공화국이 시도했던 권력구조인 의원내각제와 양원제 국회는 정치적 무능력과 비효율만을 양산할 뿐, 군정기부터 입안된 국가적 목표들을 강력하고 효과적으로 추진하기 어렵다는 정치적 판단의 소산이었다. 박정희에게 행정부, 특히 대통령이 우월한 권력적 위치를 차지하는 정부 형태는 자신이 수립한 '조국근대화'(박정희, 1973d, p. 6)라는 목표를 실현하기 위한 가장 확실한 길이었다. 강력한 대통령제를 통해 막강한 국가권력을 장악한 박정희는 전문 행정기술관료 체계—경제기획원을 대표적인 예로 들 수 있다—를 동원해 근대화를 선도해나갔다. 대통령을 정점으로 관료조직이 일사불란한 움직임으로 주요한 국가적 결정들을 주도적으로 입안하고 집행해나감에 따라 정당과 의회가 그러한 결정 과정에서 배제되거나 주변화되는 상황이 발생했다. 아울러, 박정희는 정당과 의회에 의해 자신에게 집중된 국가권력이 위협받을 가능성을 분할통치, 공작정치, 물리적 위협과 같은 다양한 방식을 통해 원천적으로 차단해나갔다(안병영, 2004, p. 732). 김종필과 그를 추종하는 세력들을 당에서 축출한 것이 대표적인 사례다. 그러한 일련의 정치과정 속에서 집권세력 내부의 권력구도는 견제와 균형을 상실하면서 대통령 일인에게 귀속되는 절대 권력의 양상으로 나아가기 시작했다(김영명, 2006, pp. 169~173). 이제, 국가 발전을 위한 모든 이념적 · 제도적 · 상징적 과정들은 대통령 개인의 정치적 식견과 열정에 맞추어 구상되고 작동하게 된다. 우리가 나중에 분석하게 될 광화문 재건이라는 문화사업 또한 예외가 될 수 없었다.

2. 조국근대화와 민족중흥: 군부권력의 통치 이념

조국근대화와 민족중흥은 반공과 함께 새로운 정치권력이 야심차게 추진한 국가적 목표이자 통치 이데올로기였다. 먼저 조국근대화에 대해 살펴보기로 하자.

박정희는 조국근대화라는 목표를 달성하기 위해 독점화된 정치권력을 사용했다. 조국근대화는 빈곤 · 부정부패 · 공산주의가 근절된 사회, 서민들의 삶이 보장되는 민주와 복지사회, 분단이 극복된 통일조국의 실현을 그 내용으로 한다. 박정희는 빈곤 · 부정부패 · 공산주의를 "3대 공적(公敵)"으로 규정하고 그러한 사회적 해악들을 근절하는 것이 조국근대화의 핵심적 과제임을 강조했다. 그 중에서도 경제건설은 조국근대화를 달성하는 데 가장 근본적인 전제조건이었다. 그는 1967년 7월 1일 대통령 취임사에서 "공업입국"의 건설을 통해 복지사회가 실현될 수 있음을 강조하면서, "경제건설"만이 빈곤을 추방할 수 있고, "부정부패의 온상이 되는 실업과 무직을 추방할 수" 있으며, 나아가 "공산주의에 대한 승리, 즉, 자유의 힘이 넘쳐흘러 북한의 동포를 해방하고 통일을 이룩할 수" 있음을 역설했다(박정희, 1973e, p. 5).

조국근대화를 위한 경제건설의 필요성은 쿠데타가 발발한 날 새벽에 발표된 「혁명공약」에서 명확하게 제시되었다. “절망과 기아선상에서 허덕이는 민생고를 시급히 해결하고 국가자주경제 재건에 총력을 경주한다.” 군사정부는 경제건설의 목표를 신속하게 실천해나갔다. 새로운 헌정질서가 수립되기 이전인 1962년부터 경제개발 5개년 계획(동아일보, 1961/11/26)이 이미 시행 단계에 들어갔기 때문이다. 이후 박정희는 제3공화국의 대통령 취임사를 필두로 기회 있을 때마다 경제건설의 필요성과 당위성을 국민들에게 지속적으로 강조하고 역설했다.

> 그러나 경제 문제를 비롯한 난국티개의 숙제는 이미 공약을 통해 자청한 바 있으며 신정부는 이를 위하여 능률적 태세로써 문제 해결에 임할 것입니다. 시급한 민생문제의 해결, 그리고 민족자립의 지표가 될 경제개발 5개년 계획의 합리적 추진은 중대한 국가적 과제로서 여야협조와 정부 · 국민간의 일치 단합된 노력으로써 그 성과를 기대할 수 있을 것입니다. (박정희, 1973d, pp. 6~7)

경제건설을 근간으로 하는 조국근대화는 박정희 군부권력의 존재이유와 정당성을 견인하는 국가적 비전이었다. 물론 그것은 1960년대 대한민국에만 해당되는 것은 아니었다. 식민지를 경험한 제3세계 신생 국가들에서 탄생한 정치권력들은 공히 정치적 정당성을 경제성장과 근대화의 실현에 두고 있었기 때문이다(박광주, 1992, p. 424).

조국근대화와 함께 박정희는 민족중흥이라는 또 하나의 정치적 가치와 비전을 제시함으로써 정권에 대한 지지와 정당성을 확보하려 했다.[28] 박

28 박정희가 가장 즐겨 쓴 휘호가 민족중흥이었다는 사실 또한 이와 무관하지 않은 것으로 보인다(최연식, 2007, p. 44).

정희에게서 역사와 국제정치를 이해하기 위한 키워드는 민족과 민족국가였다. 그는 역사, 특히 근대 이후의 역사와 국제관계를 자신들의 이익을 추구하는 민족(국가)들의 대결장으로 해석했다(김세중, 1996, p. 129). 우리 민족은 그러한 민족 대결의 장에서 실패했다고 박정희는 말했다. "우리의 역사는 어려움의 틈바구니가 되고 압박의 골목이 되고 번번이 침략을 당하기만 하는 뜰이 되었던 것이다"(박정희, 2006, p. 393). 구체적으로 보자면, 그는 조선왕조로부터 제2공화국에 이르는 한민족의 근세와 근대사를 파멸의 역사로 보고 있다(최연식, 2007, p. 46). 그의 용어를 빌리자면 "퇴영과 조잡과 침체의 연쇄사"였다(박정희, 2006, p. 625). 일본 제국주의에 의해 조선왕조가 패망했으며, 민족 독립운동을 통해 해방을 맞이했지만 "국토가 두 갈래로 나눠"지는 분단을 경험해야 했다. 그로 인해 같은 민족끼리 죽고 죽이는 비극적 내란이 초래되었다. 분단 체제 아래에서 북한에서는 "김일성 독재가 인민을 가혹하게 부려먹고", 남한에서는 "이승만 자유당 독재정권이 12년 동안 기간산업의 토대가 되는 전력 문제 하나 제대로 해결하지 못하는" 무능력이 지배하고 있었다. 이승만 독재정권을 붕괴시킨 4 · 19 혁명 또한 민주당 정권의 실정으로 말미암아 아무런 결실도 이루어내지 못했다(박정희, 2006, p. 380).

박정희는 그러한 민족적 패퇴의 이유가 어디에 있는가를 물었다. 「우리 민족의 나아갈 길」은 조선왕조의 부정적인 정신성이 그 근본이라고 말하고 있다. 그는 조선을 "사대주의", "자주정신의 결여", "게으름과 불로소득 관념", "개척정신의 결여", "기업의식"의 부재, "악성 이기주의", "명예 관념의 결여", "건전한 비판정신"의 부족 등과 같은 집단적 심성에 지배된 사회로 설명했다(박정희, 2006, pp. 358~367). 조선사회에서 조형된 이러한 병리적인 정신성은 "해방 후까지 남아 있어서 이 나라의 산업 발전이나 국민의 권리를 되찾게 하는 움직임에 적잖이 방해가 되었을 뿐만 아니라 당파 싸움의 잔재는 오늘날에 와서도 권력 다툼만 되풀이 하는 결과를 가져"왔다(박정희, 2006, p. 350). 이러한 반성 위에서, 패배와 퇴행의 역사를 뒤로 하고 새로운 민족중흥의 시대를 여는 국가적 비전과 목표를 설정하고 실천해야 한다고 역설했다.

제5대(1963) 대통령 취임사는 민족의 과거에 대한 비판적 성찰을 시작으로, "당위적으로 제기된바 민족적인 모든 과제를 수행할 것을 목표로 나는 오늘 이 뜻 깊은 자리를 빌려 일대 혁신운동을 제창하는 바이며"라는 주장이 말해주듯이, 민족적 과업의 실천에 매진할 것을 역설하고 있으며(박정희, 1973d), 제6대(1967) 대통령 취임사 또한 과거에 대한 반성을 기초로 민족중흥의 메시지를 전달하고 있다. "백 년 전의 쇄국과 고립이 백 년의 고난과 정체를 가져오기는 하였읍니다만, 이제 한국은 그 새로운 민족사를 개척하고 아시아에서 뿐만 아니라, 세계에 있어서 중요한 공헌을 할 시기가 다가왔다고 생각합니다"(박정희, 1973e).

한편, 박정희 정권에서 볼 때, 조국근대화의 궁극적 지향은 민족중흥이었다고 말할 수 있다. 즉, 국가 경제성장과 근대화는 본질적으로 민족의 발전과 부흥이라는 가치 속에서 정당화될 수 있었던 것이다. 한국에서 민족주의는 매우 독특한 위상을 지닌 정치 언어였다. 해방 이후 한국 사회를 지배했던 수많은 정치이념들 중에서 가장 강력한 정치적 규범성을 지닌 이념이자 가치였다는 것이다(하상복, 2005b, p. 196). '반민족적'이라고 규정된 정치세력의 행동반경과 정당성은 심각한 제약 또는 위기를 겪어야 했다. 이에 관한 하나의 예로써 박정희 정권을 민족적 관점에서 공격하고 있는, 서울대학교 학생회가 발표한 「3선 개헌 저지투쟁의 대오를 향해」라는 성명서를 들 수 있다.

> 민족의 공동운명은 어느 일파나 어느 독재자의 마수로써도 분쇄될 수는 없었

> 다. [……] 역사는 정의를 안다. 이 나라 헌정 질서에 더할 수 없이 암담하고 우울한 국면을 초래한 파시스트적 일당독재의 기도가 얼마나 헛되고 무모한 것인가는 역사가 증명하고 있지 않은가? [……] 일인 독재적 장기집권과 우상화가 국가민족의 발전에 얼마나 저해되고 있는가는 세계도처에서 입증되고 있다. 3선 개헌의 부당성과 비역사성, 그것이 야기할 사회적 혼란과 국가안위의 위협을 지적하면서 우리는 개헌저지군의 장거야말로 민족과 국가를 위하는 첩경임을 단언한다. 이에 우리는 민족적 번영과 민주 · 자유사회의 건설을 위해 3선 개헌 저지투쟁의 대오를 늦추지 않을 것을 선언한다. (김삼웅, 1984, pp. 95~96)

민족주의가 그러한 정치적 규범성을 지니고 있는 이유는 어디에 있을까? 민족주의 연구자 임지현에 따르면 한국 사회에서 민족주의는 정치적 정통성과 정당성의 원천적 이념이었다. 현대 한국 사회에서 민족은 "이념적으로나 실천적으로나 늘 중심 위치를 차지"했을 뿐만 아니라, 한 세기 이전으로 거슬러 올라가더라도 삶의 모든 영역이 민족이라는 담론 공간 속으로 흡인되었다. 요컨대 민족은 "계급과 성, 지식의 유무 그리고 연령에 상관없이 역사의 명령이었고 한국 사회의 규범"이었으며, 민족적 명분은 "누구도 뿌리칠 수 없는 역사의 힘이었다." 이념적 차이를 막론하고 모든 정치세력들이 자신들의 존재론적 정당성을 민족과 민족주의에서 구하고자 했다는 사실이 한국에서 민족주의가 얼마나 대단한 이념적 가치인가를 잘 보여준다. "한반도에서 반민족적이라는 낙인은 곧 그 이데올로기의 역사적 생명에 마침표를 찍는 것이었으므로 민족주의의 명분에 대한 집착은 그 만큼 결사적"일 수밖에 없었다(임지현, 1999, p. 52).

현대 한국 사회의 정치 언어들을 관찰해보면, 최고 권력자인 대통령의 연설을 필두로 주요한 정치사회 세력들의 담론들에서 민족주의적 가치가 예외 없이 강조되고 있었고, 그 가치는 자신들의 정당성을 강화하는 동시에 반대 집단의 정당성을 무력화시키기 위한 이념적 수단으로 활용되곤 했다. 대통령의 연설문들은 "친애하는 동포 여러분!"으로 시작하는 경우가 적지 않았으며, 1950년대 이래 주요 정당들의 창당 선언문들 또한 창당의 변을 "민족의 주체성", "민족중흥의 대업", "민족적 양심", "민족의 요구" 등 민족주의적 가치를 통해 창당의 당위성을 제시하는 경향이 강했다(하상복, 2005b, p. 200). 이러한 역사적 사실에 비춰볼 때 박정희 또한 민족주의자가 되거나 또는 그렇게 보이지 않을 수 없었을 것으로 해석된다.

근본적으로 박정희의 민족주의는 혈통과 종족성에 기반을 두고 있는 원초적이고 영속적인 민족 관념에 부착되어 있다. "단군 성조가 천혜의 이 강토 위에 국기를 닦으신 지 반 만 년"으로 시작하는 연설(박정희, 1973c)이 그 점을 명확히 보여준다. 그런 면에서 단군이 민족적 혈통의 뿌리임을 강조하면서 국민적 통합과 단결을 역설한 이승만의 "일민주의"(一民主義)와 크게 다르지 않은 것 같다. 그 둘은 공히 "종족민족주의"(ethnonationalism)에 바탕을 두고 있는 것처럼 보인다. 종족민족주의에서 민족은 "동일한 혈통적 기원을 갖는다고 느끼는 사람들의 집합체로서 바로 그 혈통적 유대에 근거해 구성원들의 충성심을 강제할 수 있는 가장 큰 규모의 집단"(Norman 1999, p. 54)으로 정의된다. 하지만 이승만이 주창한 일민주의가 국민적 대립과 갈등을 억제하기 위한 수동적이고 소극적인 이념적 목표를 지향하고 있다면, 박정희의 민족주의는 부국강병과 민족중흥이라는 적극적이고 능동적인 목표에 연결되어 있었다(하상복, 2005b, p. 214). 또한 그의 민족주의는 민족의 발전을 위해 개인의 자발적 희생을 정당화하는 국가주의적 요소를 내재하고 있었다. 자신의 저술『민족의 저력』에서 박정희는 한민족이 수많은 외침과 시련 속에서도 "혈통적으로, 문화적으로 통일된 민족국가를 보존"해왔음을 환기하면서 이제 미래를 향해 전진할 때가 도래했음을 역설했다(박정희, 2006, pp. 663~665).

이렇듯 진취적이고 미래지향적이며 국가와 민족을 위한 자발적 자기희생에 연결된 민족주의적 사고를 독려하기 위해 박정희는 그에 걸맞는 역사적 사례들을 동원했다.

우선적으로 박정희는 역사적 영웅을 불러낸다(최연식, 2007, p. 52). “우리 민족은 자고로 모든 부면에 있어서 결코 우매하거나 비겁한 민족은 아니었고, 과거 고구려시대의 ‘을지문덕’과 같은 용맹한 장군이라든지, 또는 신라시대의 슬기롭고 씩씩한 ‘김유신’ 장군이라든지, 또는 그 뒤 이조시대의 충렬 장엄한 ‘이순신’ 장군 등의 역사적인 자랑스러운 인물은 물론이거니와 그 시대의 일반적인 민족성이나 문화 등 역시 다른 나라에 손색없는 탁월하고 우수한 것이었습니다”(박정희, 2006, p. 906). 그러한 역사적 영웅들 중에서도 이순신과 세종대왕은 박정희가 주창하는 민족중흥의 가치를 가장 명확하게 표상하고 있는 두 인물이다. 이순신은 민족적 역사 창조의 정신을 일깨워준 구국 영웅이었으며 세종대왕은 퇴영과 침체를 거듭한 대한민국의 역사에서 유일하게 황금기를 구가한 시대의 상징이었다(최연식, 2007, p. 57). 박정희는 민족적 가치를 드높일 역사적 전통을 문화와 예술 영역에서도 찾고 있다. 대표적인 것으로 한글을 들고 있다. 한글은 민족적 자긍심을 심어주는 훌륭한 상징물이자 민족적 자주정신의 발로이며 민족적 능력과 독창성의 체현이다(최연식, 2007, pp. 57~58). 음악 또한 민족중흥의 비전을 제시해주는 “빛나는 유산”이다. 박정희에 따르면 우리 민족의 음악은 “모든 민족의 음악을 모아서 이루어진” 것이며 그것은 곧 우리 민족이 “문화의 저수지”였음을 보여주는 증거다. 아울러, 금속활자 · 측우기 · 청자 · 거북선과 같은 역사적 유산들 역시 민족적 우수함을 증명해주고 있다(박정희, 2006, pp. 665~666). 그렇지만, 유형적 유산들만이 아니라 제도나 정신과 같은 무형의 유산들 또한 민족적 탁월성을 보여주는 역사적 전통들이다. 예컨대, 홍익인간과 화랑도를 들 수 있다. "이러한 영고성쇠의 과정에서 우리가 한 가지 간과할 수 없는 교훈이 있으니 그것은 홍익인간의 정신과 화랑도 정신이 찬란하게 꽃피웠던 시기는 곧 국가와 민족이 크게 중흥을 이룩했던 시기요, 그러한 정신이 해이했던 시기는 반드시 국운이 함께 기울어졌던 시기라는 사실이다"(박정희, 2006, p. 668). 요컨대, 홍익인간의 이념과 화랑도 제도는 민족중흥의 증거물들인 것이다. 이 외에도 무형의 민족적 유산으로서는 태권도가 있는데 그에게서 태권도는 고대시대부터 지속적으로 지켜온 민족 고유의 무술로서 그 우수함이 현대에 와서 입증된 것이었다.

박정희는 민족의 저력을 증명해주는 위의 역사적 전통과 유산들을 정치 담론의 공간으로부터 끌어내 학교 · 공원 · 거리 등 일상의 영역 속에 재배치했다. 그것은 두 가지 정치적 효과를 산출한다. 하나는 최고 권력자가 얼마나 민족주의적 지도자인가를 국민들에게 설득력 있게 제시하는 효과이며, 다른 하나는 일상에 유포되는 민족주의적 분위기를 토대로 국민들을 국가적 목표 달성의 길로 동원하는 효과다. 본질적으로 그 일은 전통문화의 보존과 국민적 보급을 위한 문화정책으로 구체화되었다. 박정희는 문화재관리국과 국립박물관을 통합해 문화공보부를 수립(1968년 7월)하고, 문화재보호법을 강화하며, 문화 발전을 위한 국가계획(문화재개발 5개년 계획, 문예중흥 5개년 계획)을 시행하는 등(전재호, 1997, p. 180) 문화정책의 제도적 기반을 닦는 데 주력했다. 이러한 제도적 노력으로 민족적 저력을 가시화하는 구체적인 문화적 결과물들이 탄생했다. 몇 가지 예를 들어보자. 먼저, 이순신 장군, 세종대왕과 같은 민족적 영웅들을 기념하는 문화사업들이 추진되었다. 이순신 장군과 관련해서는 현충사 종합정화(1966), 현충사의 사적화(1967), 이순신 동상 건립, 충무공탄신기념제(1962), 충무공 탄생기념일 제정(1967) 등을, 세종대왕의 경우에는 한글날 제정(1970), 세종대왕상 건립(1975), 한글전용화(1970), 세종대왕기념관 완공(1973), 세종실록 국역화 사업 등을 언급할 수 있다. 또한, 민족적 전통 중에서 태권도를 국민적 무술로 보급하기 위한 노력을 예로 들 수 있다. 그 무술을 대한체육회에 가입시키고, 군 장병들이 습득해야 할 공식 무술로 지정하고, 학교 체육에 편입시키고, 종국적으로 대한민국의 국기로 지정(1971)하는 등(전재호, 1998a, pp. 99~104)의 제도적 노력을 통해 태권도는 민족적 저력과 우수성을 표상하는 무술로 정착된다.

박정희는 조국근대화와 민족중흥의 가치들의 국민적 확산을 통해 정치권력의 정당성을 확보하고자 했는데 이러한 움직임은 광화문공간에서도 실천되었다. 박정희는 조국근대화와 민족중흥이라는 가치들의 표상을 위해 광화문을 재건하고 세종로의 새로운 상징공간화를 추진했다.

3. 광화문공간과 통치 이데올로기의 표상

1968년 12월 5일, 박정희 대통령은 "국민교육헌장 선포에 즈음한 담화문"을 발표했다. 이 담화문에는 국가적 이념을 효율적으로 전파하는 방법에 관한 그의 인식이 명확하게 드러나고 있다. 그는 일상의 영역에서 미시적인 방식으로 국가가 설정한 이념과 가치를 국민들에게 전달하고 설득해야 할 필요성을 강조해마지 않았다. 그러한 경로를 통해 국가적 이념이 국민들의 내면적 규범으로 자리 잡게 될 것이기 때문이다.

> 이 헌장을 '생동하고 생산적인 행동 규범'으로 만드느냐 않느냐 하는 것은 국민의 마음과 실천에 달려 있다고 할 것입니다. 나는 이 헌장에 그려진 이상적인 국민상이 모든 학교 교육에 있어서 지표가 될 것을 기대할 뿐만 아니라, 한 걸음 나아가서 널리 국민 생활 전반에 걸쳐 일상생활 속에 뿌리박기를 마음속으로부

터 당부하는 바입니다. 특히 신문, 방송 등 언론 기관을 비롯하여 우리나라 성인 교육, 사회교육을 담당하고 있는 분들이나 각계각층의 지도자들이 앞장서서 국민교육헌장의 일상적인 실천에 앞서 주시기를 진심으로 당부하는 바입니다. (박정희, 1973f, p. 383)

앞의 논리가 말해주듯이 박정희는 학교, 언론, 사회교육기관 등 제도화된 장치들을 매개로 국가이념의 일상적 보급을 역설했다. 그런데, 위의 담화문에서는 언급되지 않았지만, 그러한 제도적 장치들에 필적할 만한 이념 전파의 또 다른 메커니즘으로서, 공적 공간을 이용한 예술적 스펙터클을 시도했다. 그 중에서 건축과 조각은 가장 주목할 만한 정치적 동원 예술이었다.

먼저, 건축을 살펴보자. 세운상가와 개발된 여의도는 경제성장과 조국 근대화의 이념을 시각화하고 있는 장관들이다. 무질서하고 불규칙하며 전통성을 미처 탈피하지 못한 서울 도심에서, 종로에서 퇴계로까지 이어진 육중한 콘크리트 건물인 세운상가는 그야말로 발전과 근대화의 비전을 제시하는 거대한 상징물인 것이다. 또한, 여의도 개발 프로젝트를 통해 그 모습을 드러낸 5 · 16 광장과 국회의사당 등도 꿈과 희망으로 채워진 조국의 미래를 그려보게 하는 건축물들이었다(안창모, 2005a, pp. 424~428). 1970년 7월, 남산에 세워진 어린이회관 역시 그러한 맥락에서 읽힐 수 있는 건물이다. 내부에는 최신 과학실험 장비, 천문대, 텔레비전 방송국, 회전전망대 등을 갖추어놓았는데 어린이들에게 국가 발전을 위한 과학기술의 중요성을 인식하고 체험할 수 있게 하는 교육 무대였다(안창모, 2003, p. 152). 민족중흥을 위한 국민적 자긍심과 주체의식을 고양하는 건축물로서는 대표적으로 1967년 4월에 기공되어 1973년 10월에 준공된 민족문화센터(현 국립극장)를 들 수 있는데, 박정희는 기공식 연설에서 확고한 민족주체의식의 함양을 강조했다. 국립종합박물관과 국립부여박물관 또한 같은 맥락에서 볼 수 있다. 박정희는 1966년 11월 22일, 국립종합박물관 기공식에서 "우리가 문화민족이었다는 긍지를 드높이고, 문화한국의 건설을 위한 의욕과 자신을 진작시킴으로써 국민의 진취적이며 생산적인 자세를 더욱 굳혀나가는 데 기여할 것이며, 민족문화의 개발이 조국근대화를 뒷받침할 것"이라고 말했다(안창모, 2005a, p. 434). 그런데 민족적 자부심 그리고 주체의식의 고양을 위해 박정희 정권은 새로운 건축물의 건립에만 주력하지 않았다. 한편으로 역사적 건축물들의 보수에도 힘을 기울였다는 얘기다. 남대문 중수(1961년)를 시작으로 경회루 단청(1963년), 탑골 공원 중수(1967년), 불국사 복원(1969년) 등 민족문화의 정수를 담고 있는 건축문화재들의 보호와 관리에 힘썼다(안창모, 2005a, pp. 431~432).

건축과 함께 조각상 역시 매우 중요한, 정치적 이념 전달의 표상체 역할을 수행했다. 박정희 정권은 1966년에 '애국선열조상건립위원회'를 조직함으로써 국가적으로 위대한 인물을 기념하기 위한 동상 건립운동을 추진했다. 1960년대에 건립된 동상들과 배치 장소를 살펴보면 다음과 같다(정호기, 2007, p. 346).

- 1968년 4월: 이순신장군상 (세종로)
- 1968년 5월: 세종대왕상 (덕수궁)
- 1968년 5월: 사명대사상 (장충단공원)
- 1969년 8월: 이이상 (사직공원)
- 1969년 8월: 원효대사상 (효창공원)
- 1969년 10월: 을지문덕장군상 (제2한강교)

위대한 인물의 동상 제작은 1970년대에도 계속되었는데 정권은 이를 통해 조국근대화를 위한 자발적 참여와 희생의식 그리고 진취적 민족의식을 위한 국민적 분위기를 조성하고자 했다. 1960년대, 조국근대화와 민족중흥의 두 이념은 이렇듯 건축물과 조각상을 필두로 하는 예술적 연출을 통해 시각적으로 구현되었다. 박정희 정권이 조성한 광화문공간 또한 이러한 시대적 맥락에 자리한다.

조국근대화와 민족중흥이라는 두 이념과, 건축과 조각이라는 두 정치적 도구가 강력한 통치 정당성의 효과를 산출하기 위해 공존하고 있는 대표적 공간, 그곳은 바로 광화문이다. 박정희 정권은 일본 세국주의가 이축한 뒤에 6 · 25 전쟁의 참화로 인해 처참하게 파괴된 광화문을 모방한 '근대적' 광화문을 경복궁 앞에 건립하는 역사적 프로젝트를 구상하고 실천했다. 그리고 그보다 앞서, 근대화된 도로로 거듭난 세종로 중심부에 이순신장군상을 세웠다. 자, 이렇게 조성된 광화문공간이 어떤 의미에서 조국근대화와 민족중흥의 이념을 구현하고 있는지 살펴보기로 하자.

한 가지 사실을 환기하는 것으로 논의를 시작하는 것이 좋겠다. 일제에 의해 본래의 자리로부터 경복궁 건춘문 동편으로 옮겨진 광화문은 전쟁의 폭격으로 말미암아 목재 문루는 완전히 무너져버린 상태에서 석축만 남았지만, 석축마저도 온전한 상태는 아니었다. 그렇게 비참한 모습으로 잊혀져가던 광화문을 경복궁 남쪽 자리에 다시 세우는 재건 공사를 시행한 주체가 박정희 정권이었다. 한 기사에 따르면 그 공사의 기본 아이디어는 대통령으로부터 나온 것으로 당시 광화문 설계팀장으로 일했던 최승일 씨의 인터뷰를 빌려, 외국인들이 중앙청 건물을 보면서 그 건물의 역사와 의미를 궁금해 하는 것을 못마땅하게 생각한 박정희 대통령이 광화문을 세워 중앙청을 가릴 것을 주문했다고 말하고 있다(길윤형, 2007). "광화문, 서대문을 복원"이라는 제목의 「조선일보」 기사를 보면 광화문 재건 공사를 하기로 결정한 때는 1966년 2월 17일이었다. 신문은 두 가지 사실을 전하고 있는데, 하나는 정일권 국무총리의 지시에 따른 계획이라는 것과,[29] 다른 하나는 서울시가 계획을 발표했지만 당시만 해도 문화재위원회 등 관계기관들과의 협의가 전혀 없는 상태였다는 것이다. 말하자면 그 계획은 "상부의 지시에 따라 연구 중"(조선일보, 1966/02/18)이었기 때문에 치밀한 준비 절차 없이 큰 틀만 마련되었다는 것이다. 이는 이후에 구체적인 공사 준비를 해나가는 과정에서 서울시와 문화재관리국간의 갈등을 유발하는 요인으로 작용한다.

광화문 재건 공사가 시작되기 수개월 전까지 서울시와 문화재관리국은 이견을 표출했다. 서울시가 1억 2천만 원의 경비를 들여 철근-콘크리트로 건립한다는 계획이었던 반면에, 문화재관리국은 7천만 원을 들여 3년의 공기로 목재 광화문을 세우고자 했다. 목재를 이용한다는 면에서 서울시보다는 나은 계획이었지만 문제는 본래의 자리가 아니라 일제 때 옮겨진 자리에 다시 세워 종합박물관의 정문으로 사용한다는 것이었다. 그런 면에서 그 둘 모두는 엄격한 의미에서 광화문 복원이 아니었다. 그런데 1967년 11월 7일 서울시장은 광화문 공사가 문화재관리국에 일임되었음을 발표한다. 그렇다면 문화재관리국의 계획대로 공사가 이루어졌을까? 이전의 구상과 달리 "새 광화문엔 길이 5.8미터, 높이 2.3미터의 현판만 나무로 쓰고 나머지 건축자재는 모두 석재와 콘크리트를 사용"하는 계획이 확정되었다(조선일보, 1967/11/06; 1968/12/12).

그렇다면 왜 문화재관리국은 애초의 입장을 바꿔 철근-콘크리트 광화문의 건립이라는 서울시 계획을 따른 것일까? 「한국일보」는 광화문 설계

29 앞의 인터뷰에 비춰보자면 국무총리의 독자적인 지시사항이라고 보기에는 어려운 점이 있다.

광화문 건립공사 (출처: 국가기록원)

에 관한 흥미로운 내용을 보도하고 있다. 1억 5천만 원의 예산이 투입될 광화문 건립 공사의 가장 큰 문제는 설계에 있었다. 설계를 담당한 고건축 전문가 강봉진은 광화문의 원형을 파악해야 했다. 앞서 언급한 것처럼, 처참하게 파괴되어버렸기 때문에 본래의 모습을 정확하게 파악하기가 쉽지 않았다. 잔해를 치우고 실측을 시작했으며 실측 결과를 일제가 해체하기 이전의 광화문 실측도와 비교하는 등, 3개월이 걸려 광화문의 정확한 모습을 찾아냈다. 하지만 그렇다고 하더라고 광화문을 원래의 모습대로 복원하기는 불가능했는데 여기에는 두 가지 이유가 있었다. 먼저, 원래의 위치보다 뒤로 약 14.5m 물러난 자리에 세워질 수밖에 없었기 때문이다. 원래 광화문이 세워진 자리는 이미 차량들로 붐비는 도로가 되어 있었던 것이다. 또 다른 문제로서, 목재로 지었을 때 과연 엄청난 교통량에 따른 진동을 광화문이 견뎌낼 수가 있을까 하는 것과 버텨낸다고 하더라도 광화문에 들어갈 질 좋은 목재를 구하기가 어렵다는 것이었다(한국일보, 1968/03/19).

이 기사에 따르면, 목재가 아니라 철근과 콘크리트로 광화문을 건립하기로 한 결정은 정치적인 이유와는 크게 관계가 없는 것으로 해석된다. 하지만 그 당시에 「조선일보」가 광화문을 목재로 건립하고, 동서 담장과 월대까지 만들어야 한다는 등 원래 모습에 가장 가까운 형태로의 복원을 주장하고(조선일보, 1968/11/09), 당시 광화문 설계안 검수를 담당한 위원들이 서명을 거부했다(길윤형, 2007)는 사실을 생각해보면 목재 광화문으로의 건립이 결코 불가능한 일은 아니었을 것으로 추측된다. 그렇다면 현대적인 재료를 이용한 광화문 건립은 건축학적 요인이 아니라 정치적 요인으로 설명하는 것이 더 나을 듯싶다. 언론은 철근-콘크리트 광화문 건립이 "박정희 대통령의 지시로" 이루어진 것임을 보도하고 있다(조선일보, 1968/12/12). 그렇다면 박정희는 왜 많은 반대에도 불구하고 그러한 결정을 했을까? 경제적 비용의 관점에서 설명할 수도 있지만, 문화재관리국이 제시한 목재 광화문 건립에 드는 비용이 철근-콘크리트 광화문 건립 비용보다 더 적게 든다는 면에서 설득력이 없다. 사실상, 최고 권력자의 입장에서 건립에 들어가는 비용은 결코 본질적인 문제가 될 수 없을 것이다. 「조선일보」는 광화문 건립과 관련해 "눈에 거슬리는 식민통치적 석조 건물을 누르는 위엄을 되살리는 일"이라고 보도했는데(조선일보, 1967/11/06), 이러한 상징론적 해석이 광화문의 건립과 관련된 최고 권력자의 결정을 이해하는 데 더 적합할 것으로 보인다.

1967년 3월 15일에 기공식을 열어, 12만 8천 25명이 동원된 근 2년의 공사 끝에 전체 길이 88.6m, 높이 15.4m, 무게 7천 톤의 거대한 광화문이 탄생했다. 광화문의 주재료인 철근과 콘크리트는 산업화와 경제성장의 상징적 재료다. 그러한 현대적 재료는 정권이 내건 국가적 이념인 경제 재건과 도약을 시각적으로 표상해주는 정치적 기호로 볼 수 있다. 박

재건된 광화문 (출처: 국가기록원)

정희 정권은 아무도 관심을 기울이지 않은 역사적 퇴물인 광화문을 신속하게 재건했다. 그것은 곧, 퇴영과 패배의 역사를 벗어나 근대화를 향해 나아가는 민족의 미래와 희망의 표상물이다. 그 중심에는 민족과 국가를 '사랑하는' 군부 권력이 자리하고 있다. 정권이 의도했건 그렇지 않건, 재건된 광화문은 식민통치의 표상물인 중앙청을 가로막고 있다. 그것은 민족적 주체의식의 표현으로 해석될 수 있다. 당시 정부의 목소리를 대변한 매체였던 「대한뉴스」는 재건된 광화문을 "민족중흥의 역사적 사명을 띤 후손들의 손으로 탄생"(e영상역사관, 대한뉴스 705호)한 것이라고 보도했다. 국가권력이 광화문에 대해 어떠한 정치적 의미를 부여했는가를 보여주는 대목이다.

우리는 박정희 정권의 권력적 특성과 이념적 지향이, 재건된 광화문에서 어떻게 가시화되었는가를 살펴봤다. 광화문의 이념적 색채는 광화문 앞의 거리, 즉 세종로에도 명확하게 드러난다. 세종로는 일제시대에는 '광화문통'으로 불리다가 해방 이후에 명칭이 변경되었다. 세종로의 도로 폭은 이미 1950년대에 지금과 같은 규모로 확장되었지만 1960년대 이전까지는 주목할 만한 정치적 분위기를 보이지 않다가 조국근대화의 광풍이 몰아치던 1960년대에 들어서면서부터 뚜렷한 정치적 색채를 띤 것으로 보인다. 주지하다시피 정부가 추진한 경제성장과 근대화는 '서울'을 모델로 추진되었다. "서울은 고도 경제성장에 발맞춰 개발독재의 지상과제인 '조국근대화'를 선도하는 제1의 산업도시로 자리 잡으며 경제적으로 특권화해"나갔다(장규식, 2003, p. 84). 예컨대, 1966년 서울개발계획의 내용들을 보자. 새 서울 기본계획의 발표를 필두로 각종 사업들이 입안되거나 시작되었다. 전차철거계획이 수립되었으며, 청계천 복개공사가 시작되고, 도심 미관지구가 지정되었고, 서울시 골격가로망이 결정되었다. 아울러 시행중인 여러 개발사업들이 마무리되었다. 세운상가와 양화대교가 준공되었고, 그밖에 서울 도심의 주요 도로들—한국은행 앞, 서울역, 동대문 앞 등—에 지하보도가 건설되었다.

세종로 역시 그 해부터 큰 변화를 경험하기 시작했다. 서울시는 세종로의 확장공사를 마무리 지었으며, 세종로 지하도 또한 그 해에 개통되었다. 또한, 세종로의 출발지가 될 광화문 재건 공사 계획 역시 1966년에 발표되었다(서울시정개발연구원, 2001, p. 641). 이러한 개발사업들을 통해 세종로는 점차적으로 전통적 공간성을 탈피해나갔다. 전차라는 전근대적인 교통수단이 사라지면서 사람들은 지하도로 다녀야 했으며 대한민국의 가장 넓은 도로가 근대화를 상징하는 차량들에 의해 지배되기 시작했다. 이로써 세종로는 조국근대화의 에너지가 폭발하는 도시 중심부가 되었다. 그로부터 2년 뒤인 1968년에 세종로의 중심에 충무공상이 그리고 광화문이 세워지면서 세종로는 그야말로, 박정희 정권이 주창한 조국근대화와 민족중흥의 이념을 표상하는 기호들의 정치적 공간으로 전환되었다.

세종로의 또 다른 상징이 될 이순신장군상이 애국선열조상건립위원회의 주도로 1968년 4월에 제막되었다. '위원회'의 발족 경위와 관련해 한 가지 에피소드를 환기할 필요가 있다. 1964년 5월경, 중앙청에서 남대문에 이르는 가로 양편에 국가적으로 위대한 인물들의 석고상 37점이 세워졌다. 이는 당시 정치적 실권자였던 김종필이 5 · 16 군사쿠데타 3주년을 기념하기 위한 정치적 프로젝트로 서울의 미술전공 대학생들을 동원해 제작한 것으로 전해지고 있다(박계리, 2004, p. 160; 정호기, 2007, p. 342). 그런데 이 인물상들은 제작된 지 얼마 못되어 비바람에 얼룩이 지거나 강풍에 넘어지면서 심각하게 훼손되었다. 언론은 태풍에 넘어진 안창호와 유관순의 석고상을 보도했다(동아일보, 1965/07/29). 석고로 만들어진 것이 문제였고, 1964년 12월 26일 문화재위원회 제1분과 회의가 긴급 소집되었다. 토의 내용은 '성현 37인 조상도금(彫像鍍金) 보수사업을 위한 예비비 사용요청에 관한 건'이었다. 회의를 주재한 위원장의 입장은 부정적이었다. 그는 예비비 1백만 원을 사용하는 것이 부당하며 차제에 그 석고상들을 철거하는 것이 좋겠다는 생각을 표명했다. 당시에 제작된 석고상이 예술적 가치를 크게 지니지 못한, 대학생들의 작품이었다는 점이 고려되었던 것 같다. 문화재위원회는 다음과 같은 결의를 내고 회의를 마쳤다. 첫째, 위인선열 자체는 역사상 남는 인물이지만 조상 자체는 문화재로 간주할 수 없다. 둘째, 여론상 현 조상은 임시적인 습작으로 사회의 인정을 받고 있으나 이를 반영구화 또는 영구화하는 것은 국민의 부정적 여론을 야기할 우려가 다분하다. 셋째, 일정한 장소에 일시 이전 보관하고 이를 참고로 새롭게 위인동상건립위원회를 설치해 연차적으로 영구적인 동상을 제작하여 서울 시내 적당한 장소에 건립하는 방향을 건의한다(이순우, 2004). 석고상들은 그로부터 대략 2년간 자리를 지키고 있다가 1966년 7월 20일에 완전히 철거되었다(중앙일보, 1966/07/21). 철거 이유에 대해서는 두 가지 의견이 있는데 하나는 석고상을 본 박정희가 석고상들이 오히려 선열들의 정신을 훼손하고 있으니 철거하고 새로운 선열상을 만들라고 지시했기 때문이라는 것이며(박계리, 2004, p. 160), 다른 하나는 도시계획 마스터플랜을 발표한 서울시가 그 계획을 수행하기 위해 석고상들을 철거해버렸다는 주장이다(정호기, 2007, p. 343).

이러한 상황에서 '애국선열들의 조상건립운동'이 가시화되었다. 1966년 8월 15일자 「서울신문」에 "이 운동의 발단은 제1회 5 · 16 민족상 산업부문 장려상 수상자 이한상씨가 상금 50만 원을 본사에 기탁, 영구성 있는 동 또는 대리석으로 선열들의 조상을 건립하도록 의뢰해 온 데 말미암은 것입니다"(이순우, 2004)라는 안내문이 실렸다. 석고상을 대체할 견고한 선열상의 제작을 담당할 애국선열조상건립위원회가 발족되고 위원들이 임명되었다. 위원회를 이끈 인물은 김종필이었다. 조상건립위원회는 애국선열, 동상 제작자, 그리고 헌납자 등의 선정 작업을 1966년 11월부터 본격화했다.

조상건립위원회의 첫 작품이 세종로의 이순신장군상이었다. 박정희가 헌납하고 당시 서울대학교 조소과 교수였던 김세중이 설계, 제작한 충무공동상[30]은 고증을 둘러싼 논쟁으로 말미암아 계획보다 늦은 1968년 4월 27일에 제막되었다. 박정희는 작업실을 두 번이나 들러 살펴볼 정도로 모형 제작 때부터 이 동상에 지대한 관심을 표명한 것으로 전해지고 있다(박계리, 2004, p. 164). 이미 언급했지만 박정희는 부국강병, 국가주의, 희생과 같은 가치들로 구성된 자신의 민족주의를 표상할 대표적 인물로 충무공과 세종대왕을 들었는데, 특히 이순신장군은 그에 필적할 인물을 찾기 힘들 만큼 절대적 차원에서 민족적 숭앙의 대상이었다. 이는 18년의 집권기간 중, 무려 14번이나 이순신장군 탄신일 행사에 참석했다는 사실과 현

30 지상에서 투구 끝까지 16.8m, 화강석 좌대가 10.5m, 구리로 제작된 원상은 6.3m이다.

이순신장군상 (출처: 직접 촬영)

충사의 성역화 공사 관계관 회의뿐 아니라 공사현장을 수차례 방문하기도 했다는 점에서 단적으로 증명된다. 그는 이순신 관련 유적의 보수와 확장, 이순신 관련 건축물의 건립, 이순신 제례의식, 이순신 관련 교육 등, 이순신장군의 "신격화"라 해도 무방할 만큼 여러 문화 사업들을 활발히 전개해나갔다(전재호, 1998b, pp. 248~250). 세종로의 이순신장군상에 대한 박정희의 애착은 그러한 맥락에서 읽힌다. 박정희는 세종로 충무공 동상의 제작 의미를 다음과 같이 밝혔다.

> 국민 여러분!
>
> 어제 서울 세종로 네거리에서는 충무공의 동상 제막식이 있었습니다. 조국과 겨레를 위해서 모든 것을 희생한 충무공의 정신은 천추만대에 길이 우리가 본받아야 할 민족의 얼이요 정기인 것입니다. 조국을 지키면서 건설하고, 싸우면서 일하고, 일하면서 싸우자는 우리의 정신도 곧 충무공의 정신과 직결되는 것입니다. 위대한 조상을 가진 우리는 위대한 후손이 될 것을 다짐해야 하겠습니다. 그것은 곧 오늘날 우리가 추진하는 조국 근대화의 과업을 성공적으로 완수하는 길입니다. 우리 다 같이 이 민족적 대열에 한 사람도 낙오됨이 없이 참여해서 힘차게 전진합시다. (박정희, 1969, p. 156)

이순신장군상은 조국근대화와 민족중흥이라는 국가적 이념의 표상물이자 그 이념의 실현을 위한 국민적 동원의 상징물이다. 좌대 뒷면의 명문(銘文)[31]에 쓰인 충무공에 대한 헌사 역시 같은 맥락에 위치한다. "쓰러지는 국가민족의 운명을 한 손으로 바로잡아 일으켰으니 창생의 생명을

31 명문을 쓴 이은상은 『충무공 발자국 따라 태양이 비치는 길로』라는 책을 집필했으며 박정희는 특별히 이 책에 친서를 써주었다(전재호, 1998b, p. 249).

살리고 역사의 명맥을 잇게 한 크신 공로야말로 천추에 사라지지 않을 것이요, 만대의 겨레의 제사를 받으리라. 아! 임이 함께 계시는 이 나라여 복이 있으리"(박계리, 2004, p. 165). 요컨대, 세종로의 충무공동상과 재건된 광화문이 표출하는 이념적 상징성은 한 치의 오차도 없이 동일한데, 그 이유는 그 두 스펙터클이 최고 권력자가 광화문공간을 무대로 연출한 상징정치의 의도적 결과물이기 때문이다.

4. 광화문과 권력의 의례: 정치적 전통성의 재현

1968년 12월 11일, 국립국악원의 연주로 전통적인 분위기가 조성된 가운데 광화문 준공식이 거행되었다. 문화재관리국이 작성한 「광화문 복원 준공식 행사 계획」(1968년 11월 작성)이라는 공문을 참고로 준공식에 관한 주요 정보들을 확인할 수 있다. 이 공문에 기록된 초청장에는 다음과 같은 내용이 있다.

> 겨레의 비운과 더불어 한쪽에 버려졌던 "광화문"이 이제 소슬히 제자리에 그 우람한 원 모습을 나타내게 되었습니다. 이는 민족중흥의 역사적 사명을 띠고, 조상의 빛난 얼과 슬기를 되살려 번영하는 자주국가로서의 자세를 굳건히 하려는 우리의 표상인 것입니다. (문화재관리국, 1968, p. 1)

정부는 새로 건립된 광화문이, 박정희 대통령이 강력하게 주창한 민족중흥의 이데올로기를 표방하는 데 그 의미가 있음을 명확히 했다. 광화문에 내재된 이념적 상징성에 대한 우리의 해석에 한층 더 큰 무게가 실리는 대목이다. 이렇게 광화문은 근대화와 민족중흥이라는 메시지를 표상하는 정치적 건축물로 기능했지만 사실상 그것 이상의 다른 용도로도 사용되었다. 여기서 살펴보고자 하는 것은 정치의례의 배경무대로서 광화문이다.

정치인류학적 관점에서 볼 때, 권력의 의례는 통치자의 존재와 힘이 무게와 가치와 정당성을 지니게 하는 데 매우 중요한 기능을 수행한다.

> 이러한 의례를 통해 권위를 가진 자는 극적인 모습과 매력을 갖추게 된다. 이러한 극화(劇化)는 권위를 가진 사람과 그렇지 못한 사람을 명확하게 드러내준다. 또한 정치적으로 영향력을 행사하는 사람들 사이에서 상대적 무게를 규정해 주기도 한다. (Kertzer, 1988, p. 104)

앞에서 간헐적으로 언급한 몇 가지 역사적 사례들—특히 세종의 경우—은 그러한 점을 잘 보여준다. 권력의 의례들 중에서 가장 주목할 만한 것은 당연히 권력을 승계하는 것에 관련된 의례일 것이다. 고대 중국, 특히 주나라 · 한나라 · 당나라의 정치 의례들을 분석한 한 연구서는 한 군주로부터 다른 군주의 권력 이행을 대단히 치밀한 절차와 순서 그리고 겹겹으로 직조된 상징의 그물 속에서 진행되는 것임을 말해주고 있다(웨슬러, 2004, 4장). 문제의 초점은 정치적 정통성과 정당성이다. 왜냐하면 바로 그러한 토대 위에서 새로운 권력의 안정적 행사가 가능하기 때문이다. 현대 정치에서도 이러한 정치인류학적 연출은 계속되고 있다. 최고 권력자의 취임의례는 거의 언제나 지대한 관심의 대상이 되어왔다. 현대사회에서 대통령의 취임 의례는 상당히 정교한 형태와 체계 속에서 진행되는 경향이 강하다. 어디에서 취임선서를 할 것인가, 취임식 무대를 어떠한 장식으로 꾸미고 어떠한 음악으로 분위기를 조성할 것인가, 어떤 계층의 사람들을 공식적으로 초대할 것인가와 같은 문제들은 아주 치밀하게 토의되어 마련되고 있다. 왜냐하면 바로 그러한 취임 의례를 통해 새로운 권력 주체에 대한 국민적 이미지가 특정한 방향으로 조형될 것이기 때문이다.[32] 이러한 정치 의례는 권력행사 과정에서도 여러 형대로 나타난다. 정치적 위기가 발생해 국민과의 커뮤니케이션이 필요할 때(대국민 회견), 국가적 애국심을 고취하고자 할 때(국립묘지 방문), 민주적 지도자의 이미지가 필요할 때(생활공간 방문) 등등, 구체적인 정치적 국면들이 그러한 특별한 의례들을 필요로 한다. 결론적으로 말하자면, 취임 의례이든, 예외적인 정치 의례이든, 권력의 의례는 공히 피치자들을 향한 정치적 커뮤니케이션으로서 그 과정을 통해 안정적 권력행사 효과를 산출하고자 하는 것이다.

대통령은 광화문을 무대로 특별한 권력의 의례를 치렀다. 곧 살펴보겠지만 그 의례는 본질적으로, 정치적 전통성의 차용을 통해 권력의 절대적 위엄을 드러내고자 했던 통치자의 욕망이 극적으로 투영된 의례였다. 공문에 기록된 행사 절차를 통해 살펴보기로 하자.

문화재위원장의 경과 보고에 이어 현판 제막식이 거행되었다. 현판 제막식에는 "대통령 각하 내외분"만이 참여한다. 주지하는 것처럼, 재건된 광화문의 현판은 박정희 대통령의 친필 현판이다. 궁궐의 현판 또는 편액은 한자로 쓰여 있고, 광화문 또한 예외가 아님에도 불구하고 굳이 한글로 제작한 이유가 무엇일까? 앞서 언급한 것처럼 박정희는 한민족의 자랑스러운 전통 유산들 중의 하나가 한글이라고 말한 바 있다. 그렇게 보자면 한글학회와 같은 단체들이 말하고 있듯이 광화문의 한글 현판은 민족에 대한 최고 권력자의 관심과 애정으로 해석하는 것을 넘어 특별한 정

32 이러한 취임의례의 가장 흥미로운 예로서 우리는 1980년 5월에 국립묘지 빵떼옹(Panthéon)을 무대로 치러진 프랑스 사회당 대통령인 미테랑(F. Mitterand)의 취임의례를 들 수 있다. 이에 대한 자세한 분석으로서는 하상복(2007)을 참조.

치적 관점을 투영하기가 어려워 보인다. 하지만 우리는 그 속에서 매우 중요한 두 가지 정치적 의미를 발견할 수 있다. 첫째, 최고 권력자가 자신의 글씨로 현판을 제작하고, 다른 사람들이 그 현판의 제막식에 전혀 참여할 수 없었다는 점은 마치 왕조시대 절대군주의 모습을 재현하는 것처럼 보인다. 조선조 서원의 예를 들자면, 군주는 종종 서원들에 자신의 친필편액을 내리곤 했는데 그것을 하사받은 서원은 사액서원의 자격을 갖추고 국가로부터 여러 혜택을 받게 될 뿐만 아니라, 그렇지 못한 서원들과 비교될 수 없을 정도로 우월한 학문적 · 정치적 위상을 지녔다. 그런 면에서 친필편액은 권력자의 위엄에 대한 가시적 상징물이다. 둘째, 앞서 살펴본 것처럼, 새로 건립된 광화문은 결코 복원이 아니다. 목재를 재료로 가능하면 옛 모습에 부합되는 모양과 위치에 건립하느냐, 현대적 재료를 이용해 전혀 새로운 광화문을 세우느냐의 문제는 전적으로 대통령의 결정 사항이었다. 그것은 조국근대화를 상징하는 시각적 조형물이었다. 마찬가지로, 재건된 광화문의 현판을 한자로 제작하느냐, 한글로 제작하느냐의 문제 역시 전적으로 최고 권력자의 정치적 이해관계에 따른 결정사항이었을 것이다. 우리가, 한글 현판을 단순히 한글을 사랑해서라기보다는, 역사성 및 복원의 가치로부터 광화문을 철저히 단절시킴으로써 당대의 이념과 비전을 충실히 반영하는 새로운 건축물을 만들려는 정치적 의지의 소산으로 해석하는 것은 무리일까? 박정희는 경복궁 정문인 광화문을 세우고자 한 것이 아니었다. 오히려 그에게는 조국 근대화와 민족중흥 그리고 절대권력이라는 정치적 가치들을 표상해주는 매력적인 상징물이 필요했던 것으로 보인다.

제막식이 끝난 뒤에는 테이프 끊기와 문루 순시가 진행되었다. 먼저, 테이프 절단 행사에는 대통령 내외를 비롯해 총 15명만이 참여한다. 모든 참석자들은 미리 정해진 위치에 자리하게 된다. 대통령 내외는 어문(공문에는 중앙문으로 기록되어 있다)에, 대법원장 · 외교사절단장 · 문화공보부장관 · 서울특별시장 · 문화재위원장 · 학술원장은 동협문(공문에는 동문으로 기록되어 있다)에, 그리고 국회의장 · 국무총리 · 문공위원장 · 총무처 장관 · 독립유공자 대표 · 광화문복원추진위원장 · 예술원장은 서협문(공문에는 서문으로 기록되어 있다)에 선다. 테이프를 절단한 뒤에 이루어지는 문루 순시에서는 그보다 많은 77명이 참여했다. 문루 순시를 위해 통과하는 문 또한 엄격하게 정해져 있다. 어문으로는 대통령 내외, 대통령 비서실장, 대통령 경호실장, 대통령 경호관(5명)이 통과하고, 동협문으로는 테이프 절단에 참여한 사람들 이외에 종교단체 관계자, 문화공보부 고위직 관리 등 총 34명이 통과한다. 그리고 서협문으로는 역시 테이프 절단에 참여한 사람들 이외에 독립유공자 대표, 국무위원(17명) 등 총 34명이 통과한다(문화재관리국 1968, pp. 2~3). 이러한 구분은 명백히 조선왕조에 정립된, 광화문의 통과에 관한 신분적 질서의 현대적 모방이지만, 특별히, 대통령 내외에게만 허락된 어문 통과는 현판 제막과 마찬가지로, 절대군주제의 현대적 재현인 것처럼 보인다. 물론, 대통령 비서실장과 경호실장 등이 통과하지만 그것은 대통령의 최고 권위를 드러내주는 상징적 부속물이라는 의미로 제한될 뿐이다.

정부가 규정한 "광화문 복원 준공식" 행사에는 아래와 같이 총 421명의 초청인사가 참석했다(문화재관리국, 1968, p. 7).

- 대통령 각하 내외분(2)
- 대통령 비서실장
- 대통령 경호실장
- 삼부요인 및 군 장성(18)
- 국무위원(20)

- 국회(문공위원회)(16)
- 언론인(79)
- 작가(16)
- 외교사절 및 주한 외국인(23)
- 독립유공자(52)
- 학술원회원(89)
- 예술원회원(44)
- 예총(14)
- 종교단체(9)
- 지방유림대표(4)
- 성균관 간부(6)
- 문화재위원회 위원(25)
- 광화문 복원 추진위원회 위원(11)
- 민족문화센터 추진위원회 위원(6)
- 시공자 대표(1)

위의 명단이 말해주고 있듯이 행사에는 이른바 '사회저명인사들'만이 참여할 수 있었다. 물론, 일반인들이 재건된 광화문을 관찰하고 감상할 수 없었던 것은 아니었지만 그들은 결코 행사의 '공식' 일원은 아니었다. 이러한 사실은, 나중에 살펴보겠지만, 김영삼 대통령이 기획하고 추진한 구 조선총독부 건물 철거 행사에서 '일반 시민들'이 광화문 앞에 모여 광복과 일제 식민통치 상징물의 제거를 함께 기념하고 축하하는 대동제가 열린 것과 본질적인 차이를 보인다. 한마디로 말하자면, 최고 권력자를 중심으로 마련되고 거행된 의식은 시민들을 포함하는 개방적 행사가 아니라 권력 엘리트들만의 폐쇄적 행사로 진행된 것이다. 이러한 분석에 비춰보면, 광화문은 박정희 시대에 조형된 매우 중요한 정치사회적 의식(意識)을 반영하는 무대가 된다. 말하자면 민주주의적 절차와 방식이 아니라, 권력집단이 국가적 의제를 설정하고 수행하며 대중들은 그러한 틀에 맞게 수동적으로 동원되는 이른바 권위주의적 결정 구조가 광화문에서 시각적으로 재현되었다는 말이다. 이러한 의례의 구조는 조국근대화와 민족중흥이라는 국가적 목표를 달성하기 위해 권력의 집중화와 개인화를 지속적으로 실현해나간 박정희 정권의 정치적 얼굴이자 존재양식이었다.

박정희 정권은 일제가 완벽하게 해체해버린 조선왕조의 정치적 공간을 새롭게 재편하는 작업을 시도했다. 경복궁에 각인된 제국주의의 기억은 그대로 놔둔 채, 광화문공간에 초점을 맞추었다. 광화문이 경복궁 남쪽 앞에 다시 세워졌고 세종로 또한 새롭게 장식되었다. 하지만 그렇다고 해서 우리는 박정희 정권이 조선왕조가 구축한 통합적 정치공간의 '복원'을 시도했다고 말할 수는 없다. 거기에는 적어도 세 가지 이유가 존재한다. 첫째, 통합적 정치 공간의 한 축인 경복궁이 훼손된 채 그대로 방치되어 있었기 때문이며, 둘째 경복궁과 육조대로를 매개했던 광화문도 재료와 위치에서 결코 본래에 근접한 모습이 아니기 때문이며, 셋째 세종로 또한 차량들이 지배하는 폐쇄적 공간으로 조성되었기 때문이다. 박정희 정권은 궁극적으로, 조선왕조의 정치적 통합공간을 복원한다는 역사적 관점이 아니라, 권력의 이념을 표상하고 권력의 위엄을 가시화한다는 정치적 관점에서 광화문공간을 새로운 모습으로 조형한 것이다. 하지만 광화문공간은 새로운 정치권력이 표방한 역사적 정통성과 문민 민주주의의 가치 아래 또 다른 정치적 기호로 변모한다.

제7장

김영삼 문민권력의 상징정치

1. 문민권력의 탄생

1990년 1월 22일 오전, 민주정의당의 노태우 총재, 통일민주당의 김영삼 총재, 신민주공화당의 김종필 총재가 엄숙한 표정으로 「3당 통합 신당 선언문」을 발표했다.

국민 여러분,

우리 세 사람은 오늘의 상황에 공동의 책임을 느끼며 역사의 사명을 함께 다하기로 결심했습니다. [……] 이제 우리는 모든 당파적 이해관계를 초월하여 역사와 국민 앞에 책임을 다한다는 한마음으로 이 시대의 과제를 함께 풀기 위해 중대한 결단을 내렸습니다. [……] 이제 우리 세 사람은 굳은 의지와 사명감으로 21세기 세계의 중심에 우뚝 선 당당한 나라를 건설하는 초석이 될 것을 다짐하면서 국민 여러분께 합의사항을 다음과 같이 밝힙니다. 첫째, 민주정의당과 통일민주당 그리고 신민주공화당은 민주발전과 국민대화합, 민족통합이라는 시대적 과제 앞에 오로지 역사와 국민에 봉사한다는 일념으로 아무 조건 없이 정당법의 규정에 따라 새로운 정당으로 합당한다. 새 정당의 명칭은 가칭 '민주자유당'으로 한다. [……] (동아일보, 1990/01/23)

아무도 예상하지 못한 3당 합당으로 당시의 권력구도는 근본적으로 뒤바뀌게 된다. 216석(전체 299석)의 거대 여당의 탄생에 따라, 1987년 6월의 민주화에서 출발해 그해 12월의 대통령선거와 그 다음해 4월의 국회의원 선거를 거치면서 형성된 '여소야대' 구도가 붕괴되고 거대 여당과 소수 야당이라는 새로운 구도가 형성된 것이다. 합당과 거대 여당의 출현은 자신들의 정치적 이익을 최대로 보장받기 위한 3당의 계산이 일치점을 찾은 결과지만, 이후 당의 운영과정에서는 합의와 일치보다는 부조화와 분열상이 빈번하게 표출되었다. 사실상 3당은 결코 동일하지 않은 정치적 이념과 지역적인 지지를 기반으로 하고 있었으며, 그런 점에서 당내 대립과 부조화는 충분히 예견 가능한 것이었다.

합당을 주도한 세 명의 정치인 중에서 가장 커다란 정치적 모험을 단행한 사람은 김영삼이었다. 노태우가 여소야대에서 말미암은 정부–여당의 정치적 무기력을 돌파하기 위해 합당을 선택했고, 김종필이 4당 구조에서 실질적인 정치적 영향력을 행사하지 못하는 소수 정당의 한계를 극복하기 위해 합당을 결정했다면, 김영삼에게는 그보다 더 큰 정치적 목표와 계산이 있었다. 그것은 대통령 권력의 장악이었다. 1987년 12월의 대통령선거에서 패배한 김영삼은 지역주의 투표가 결정적인 힘을 발휘한 당시의 정치 역학 속에서 영남을 지역 기반으로 하는, 나아가 그마저도 민주정의당의 지역 기반과 일정 정도 중복되는 조건은 통일민주당 단독의 대통령 권력 획득을 거의 불가능하게 할 것이라고 판단했을 법하다(이대희, 1993, p. 57).

그러한 연유로 합당에 참여했지만 오랫동안 야당 지도자로 활동한 그

였기에 정치적 도덕성에서 치유하기 힘든 상처를 받을 수밖에 없었다. 대통령이 되지 못한다면—어쩌면 대통령이 되더라도— 그동안 쌓아온 모든 정치적 업적과 성과들이 무용지물이 될 위기를 맞이하게 될 것이다. 하지만 그는 실험적인 거대 여당의 모순과 혼란과 갈등을 돌파해나가면서 궁극적으로 최고 권력을 장악했다. 한국 정치사에서 오랫동안 정치적 주도권을 행사해온 군부 권력의 기반을 결정적으로 뒤흔들게 되는 문민정부는 그렇게 탄생했다. 이제 그 과정을 살펴보기로 하자.

거대 여당인 민주자유당 내 정치적 갈등은 1990년 10월의 내각제 합의문 유출 파동(한국일보, 1990/10/27)으로 이미 그 조짐을 보였지만 1992년 3월에 열린 14대 국회의원선거 준비 과정에서 본격적인 양상을 띠기 시작했다. 민주자유당에게 14대 총선은 적어도 두 가지 측면에서 커다란 정치적 무게를 지닌 선거였다. 하나는 1990년 1월의 3당 합당 이후에 열리는 최초의 선거로서, 그 결과는 곧 합당에 대한 국민 여론의 평가라는 점이며, 다른 하나는 1992년 12월에 열릴 대통령선거 결과를 예측할 수 있는 정치적 시금석이라는 점이다. 민주자유당은 전체 299석 중에서 최소한 180석을 확보한다는 목표를 세우고(대한매일신문, 1992/01/21), 그 목표를 달성하기 위한 전략을 구상했다. 전략의 핵심은 공천에 있었다. 참신한 외부 인사들을 영입하고, 3계파에 속한 인물들 중에서 가장 능력 있는 후보들을 선택한다는 것이다.

하지만 그 과정에서 탈락하게 된 정치인들을 중심으로 당의 결정에 대한 불만이 불거지기 시작했다. 먼저, 1992년 1월 21일, 노태우 계파에 속한 12명의 의원들이 공천 과정의 문제점을 거론하면서 탈당을 발표했다(국민일보, 1992/01/21). 김영삼 계파에 속한 의원들 또한 김영삼이 공천 과정에서 자신들의 이해관계를 제대로 반영하지 않는다는 불만을 토로했다(중앙일보, 1992/01/21). 급기야 사태는 당의 최고 실력자들 간의 대립과 갈

등으로 확산되었다. 1992년 1월 31일, 김종필과 박태준이 공천 작업 도중에 회의실을 빠져나와 김영삼에 대한 불만을 터뜨렸다. 모든 과정이 김영삼의 독단적 결정 속에서 진행되고 있으며 그 결과 자신들에게 불리한 국면이 초래되고 있다는 내용이었다(세계일보, 1992/01/31).

이러한 당내 대립이 완전히 해소되지 않은 상황 속에서 14대 총선이 열렸는데 결과는 여당의 참패였다. 194석을 거느렸던 민주자유당이 149석밖에 얻지 못한 반면에, 3당 합당으로 정치적 고립을 감수해야 했던 민주당은 의석수를 63석에서 97석으로 늘리면서 강력한 야당으로 재기할 수 있게 되었다(동아일보, 1992/03/25). 충분히 예측할 수 있는 사실이겠지만, 그러한 선거 결과는 민주자유당 내부의 정치적 대립과 혼란을 한층 더 격화시켰다. 무엇보다 김영삼 대표최고위원의 정치적 리더십에 대한 의문이 제기되었다. 민주자유당의 공천 과정에서 배제된 인물들이 신생정당(통일국민당)의 후보로 또는 무소속 후보로 출마해 대부분 당선되었다는 사실은(조선일보, 1992/03/25) 김영삼이 주도한 공천 과정에 대한 비판의 정당성을 강화시키는 요인이 되었다. 노태우 계파에 속한 인사들을 중심으로 김영삼의 독점적 정치력 아래 놓인 의사결정체계를 근본적으로 바꿔야 한다는 논리가 부상했다. 오는 12월의 대통령선거에서 민주자유당의 후보가 되기 위해서는 빗발같이 쏟아지는 자신에 대한 비판과 공격을 돌파해나가야 하는 과제가 김영삼에게 던져졌다.

노태우계와 김종필계는 1992년 5월 19일에 열릴 대통령 후보 경선대회에 나설 공동의 인물을 결정하기 위한 협상을 그해 3월 말부터 시작했다. 김영삼계는 이에 맞서 김영삼 대통령 후보에 대한 우호적 여론을 조성하기 위해 노력했다(한국일보, 1992/03/30~31). 전자의 두 계파는 먼저 박태준을 경선에 나설 공동의 인물로 추천했지만 박태준이 이를 수용하지 않자, 결국 이종찬을 경선 후보로 결정했다. 선거운동이 시작되었지만,

이종찬 후보가 5월 17일의 기자회견을 통해 자유로운 경쟁의 원리에 맞지 않은 선거운동에 참여하지 않겠다고 선언함으로써(한국일보, 1992/05/18), 김영삼이 단독 후보로 나서게 되는데, 총 대의원 수의 66.3%인 4,418표를 얻어 여당의 대통령 후보로 당선되었다(국민일보, 1992/05/20).

대통령 후보로 선출되긴 했지만 그 이후에도 당이 내부 분열을 거듭함에 따라 김영삼은 또 다른 정치적 어려움에 처하게 된다. 경선 포기를 선언한 이종찬의 탈당은 이후, 민주자유당의 핵심 정치인들이라고 할 수 있는 박태준을 포함해 12명 의원들의 탈당으로 이어졌다. 박태준을 제외한 그들은 나중에 이종찬과 함께 새로운 정당을 설립했다. 하지만 이러한 분열보다 한층 더 심각한 것은 노태우와 김영삼의 대립에 따른 노태우의 탈당이었다. 사태는 1992년 8월 31일에 시작되었다. 충청남도 도지사가, 지난 14대 국회의원선거에서 민주자유당이 자기 지역의 행정조직을 동원했다는 사실을 폭로했다(중앙일보, 1992/08/31). 국무총리를 포함한 책임자들의 경질 요구를 필두로 야당은 대여 공세를 밀고 나갔다. 오는 12월의 대통령선거에 출마할 김영삼은 자신의 정치적 이미지에 타격을 입힐 악재를 만난 것이다. 그로서는 여론을 무마하기 위한 대응조치를 신속하게 마련해야 할 필요가 있었다. 그는 9월 16일의 기자회견을 통해 국무총리의 경질은 물론이거니와 정치적 이념과는 무관한 인사들로 구성되는 중립 내각을 구성하고자 한다는 입장을 밝혔다(중앙일보, 1992/09/16). 하지만 그의 결정은 노태우 대통령과의 사전 협의나 조율을 거치지 않은 것이었다. 9월 18일, 결국 노태우는 청와대 대변인의 입을 빌려 탈당을 선언했다. 분열에 이어 최고 권력자마저 떠나버린 '여당'의 대통령 후보로 나선 김영삼은 자신의 최대 정치적 경쟁자인 김대중과 맞서야 했다. 하지만 그는 결국 승리했다. 41.98%(9,977,646표)의 지지를 얻어 33.93%(8,041,690표)의 득표에 그친 김대중을 누르고 차기 대통령으로 당

선된 것이다.

김영삼 정권의 성격 규정에 대해서는 일정한 정치학적 편차가 존재한다. 지금까지 살펴본, 정권이 탄생하기까지의 일련의 정치적 과정을 부정적으로 보는 시각으로 최장집의 경우 1992년의 대통령선거를 군부, 자본가, 관료, 경상도 지역에 지지 기반을 두고 있는 보수연합 대 민주주의개혁 지지연합 간의 대결로 바라봤다. 그러한 논리를 따른다면, 김영삼 정권은 기득권 세력의 지지를 받아 탄생한 정권이자, 민주주의를 향한 권력구조 전환에 어떠한 기여도 하지 못한 정권이라는 부정적 평가를 받게 된다(최장집, 1993, p. 399). 하지만, 한국 민주주의의 발전과 관련해 긍정적 관점도 존재한다. 임혁백은 김영삼 정권의 한계를 인정하면서도 성공적인 민주화 이행과 군부의 탈정치화라는 두 가지 관점에서 최장집과는 다르게 평가하고 있다. 김영삼 문민정부의 등장은 한국의 민주주의가 이행을 마무리 짓고 공고화(consolidation)의 단계로 진입했음을 의미한다. 상술하자면, 1987년 대통령선거를 기점으로 두 번에 걸쳐 연속적으로 국민의 직접선거에 의해 정부가 구성되었으며 그러한 정치적 절차에 대한 반대가 없었다는 면에서, 또한 3당 합당이라는 정치적 한계에도 불구하고 군부의 탈정치화라는 한국 민주화의 일차적 과업을 성공적으로 이룩했다는 면에서 문민정부는 한국 민주주의의 공고화 또는 심화의 관점에서 긍정적인 평가를 받을 수 있다는 것이다(임혁백, 1997, p. 41). 장기간의 군부통치를 경험한 나라들에서 민간 정권이 수립되고, 군부에 대한 민간 통제가 실현되며, 궁극적으로 군부가 정치무대에서 퇴장하는 일련의 '탈군부화 과정'(demilitarization)은 정치민주화의 중요한 척도다(Rouquié, 1986, p. 114). 다른 반정부 정치가들과 마찬가지로 김영삼 또한 군부 통치의 종식을 한국 민주화의 일차적 과제로 설정했는데, 1987년 대통령선거에서 그가 제시한 핵심적인 선거 프레임(frame)인 '군부 통치 연장이냐 / 민간 정권 수립이냐'를 단적인 예로 들 수 있다(동아일보, 1987/10/31).

김영삼 대통령은 취임사(1993년 2월 25일)를 통해 그러한 차원에서 새로운 정부의 정치적 · 역사적 의미를 부여했다.

> 오늘 우리는 그렇게도 애타게 바라던 문민 민주주의의 시대를 열기 위하여 이 자리에 모였습니다. 오늘을 맞이하기 위해 30년의 세월을 기다려야 했습니다. 마침내 국민에 의한, 국민의 정부를 이 땅에 세웠습니다. 오늘 탄생되는 정부는 민주주의에 대한 국민의 불타는 열망과 거룩한 희생으로 이루어졌습니다. (김영삼, 1994a, p. 55)

이때 말하는 상징적 기간인 '30년'이 1961년 박정희가 주도한 군부쿠데타를 기점으로 하는 것임은 물론이다. 김영삼 정부는 집권 초기부터 군부의 탈정치화를 위한 개혁 조치들을 신속하게 이루어냄으로써 문민정부라는 정치적 규정에 부응하는 실제적 · 상징적 모습들을 보여주고자 노력했다.

군부 개혁은 육군참모총장과 기무사령관 교체에서 시작되었다. 1993년 3월 8일, 국방부 대변인은 김진영 육군참모총장과 서완수 기무사령관을 보직해임하고 후임에 각각 김동진 한미연합사 부사령관과 김도윤 기무사 참모장을 임명한다고 발표했다. 이러한 군 인사는 몇 가지 점에서 매우 특별한 주목을 받을 수밖에 없었다. 첫째, 군부의 가장 중요한 두 요직에 대한 인사였으며, 둘째 6월 및 12월의 군 정기인사라는 관행을 깨고 새 정부 각료인선과 함께 전격적으로 단행되었으며, 셋째 대장급에 대한 추가 인사가 계획된 바 없었다는 점에서 위의 두 장성에 국한된 개편이라는 점이다. 이러한 배경적 사실들은 자연스럽게, 새 정부의 군 인사가 정치적인 지향성을 갖는 것이 아닌가라는 생각을 하게 만든다. 언론들은 조

심스럽게, 위의 두 인사를 '하나회'로 상징되는 실세 군부 조직을 혁파하기 위한 신호탄으로 해석했다(경향신문, 동아일보, 1993/03/09). 해임된 두 장성이 모두 하나회 멤버들이었기 때문이다. 그로부터 한 달이 채 안 된 4월 2일에 단행된 수방사령관과 특전사령관 교체인사는 이러한 해석이 틀리지 않았음을 제대로 보여주었다. 경질된 안병호 수방사령관과 김형선 특전사령관 또한 하나회의 핵심으로 평가되는 인물들이었다. 이제 언론은 보다 명확한 정치적 목소리를 냈다.

> 이로써 군내에서 4대 핵심 실세 자리로 여겨져 왔던 육군참모총장, 기무사령관, 수방사령관, 특전사령관 등이 김영삼 대통령 취임 한 달여 만에 모두 교체돼 문민시대의 군 인사를 가늠케 하고 있다. 이번 전격 인사의 배경은 이른바 '하나회', '9 · 9 인맥'으로 불리는 정치지향 장교들에 대한 거세 작업으로 특징지어진다. 이 같은 의지는 지난번에 경질된 김진영 전 총장과 서완수 전 기무사령관 그리고 이번에 교체된 안병호 수방사령관이 한결같이 하나회의 핵심멤버들이면서 9 · 9 인맥이었다는 데서 잘 나타난다. (경향신문, 1993/04/02)

김영삼 정부는 1980년대 초반의 쿠데타에 직간접적으로 참여하면서 정치화된 군부세력으로 성장한 하나회의 권력을 약화시키는 것이 군부의 탈정치화와 중립화를 실현할 수 있는 초석이라고 판단했던 것 같다. 군을 개혁하고자 하는 정부의 의지는 이어서, 공군 출신 합참의장 발탁, 국방부 대변인의 문민화, 인사비리에 연루된 군 장성들의 구속, 보안부대의 위상 약화, 군사교육제도의 개혁, 인권 억압에 관련된 군 장교들의 숙청 등과 같은 조치들로 이어졌다(조현연, 2007, p. 68).

2. 문민정부의 통치 이념, '신한국'

김영삼 대통령은 집권 초기에 집중적으로 이루어진 개혁 조치들을 정당화하는 담론정치를 구사했다. 한마디로 말하면 일련의 개혁 조치들은 '신한국'이라는 정치적 개념 속에서 해석되었다. 그는 1993년 10월 1일 대전 계룡대에서 개최된 제45주년 국군의 날 기념식에서 다음과 같이 발언했다.

> 국민 여러분!
>
> 국군 장병 여러분!
>
> 우리 국군은 문민시대를 맞아 거듭 태어나고 있습니다. 지난 시대에 우리 군의 명예가 상처를 입었던 불행한 시기도 있었습니다. 대통령에 취임한 후 저는 국군의 참된 명예를 되찾아 주는 일에 최선을 다해 왔습니다. 군의 개혁을 단행하여 문은 문답게, 무는 무답게 문과 무가 각기 제자리를 찾도록 했습니다. [……] 올해는 국민을 위한 국민의 군대, 새 시대 새로운 국군으로 도약하는 첫 해가 되는 것입니다. 이런 의미에서 저는 올해를 '신한국군의 원년'으로 부르고 싶습니다. 저는 우리 군을 깊이 신뢰하고 있으며, 우리 군의 명예와 위신을 높이는 데 앞장설 것입니다. 우리 장병들이 군복을 긍지로 알고, 계급을 명예롭게 여기며, 군 복무가 국민의 자랑스러운 의무가 되는 '신한국군'의 풍토를 만들어 나갈 것입니다. (김영삼, 1994c, pp. 440~441)

'신한국'은 김영삼 정부 집권 초기에 계획했거나 또는 시행한 모든 사회개혁에 정당성을 부여하는 궁극적 정치 언어였다. 그렇다면 김영삼 정부가 지향하는 국정의 최종 목표인 신한국은 어떤 내용을 갖는 것인가? 대통령 취임사와, 같은 해 3 · 1절 기념식 연설문은 신한국의 의미에 대한 설명이 주를 이루고 있다. 먼저 취임사에는 신한국이 다음과 같이 서술되어 있다.

> 신한국은 보다 자유롭고 성숙한 민주사회입니다. 정의가 강물처럼 흐르는 사회입니다. 더불어 풍요롭게 사는 공동체입니다. 문화의 삶, 인간의 품위가 존중되는 나라입니다. 갈라진 민족이 하나 되어 평화롭게 사는 통일조국입니다. 새로운 문명의 중심에 우뚝 서서, 세계의 평화와 인류의 진보에 기여하는 나라입니다. 누구나 신바람 나게 일할 수 있는 사회, 우리 후손들이 이 땅에 태어난 것을 자랑으로 여길 수 있는 나라, 그것이 바로 신한국입니다. (김영삼, 1994a, pp. 55~56)

여기서 언급된 신한국은 아마도 객관적으로 달성 가능한 정치적 목표라기보다는, 당시의 국가 · 사회적 현실의 문제와 한계를 드러내고, 보다 나은 방향으로 나아가기 위한 이념적 준거틀(ideal type)로 해석하는 것이 타당하겠다. 대통령은 이러한 관점에서 한국 사회가 매우 심각한 질병, 즉 "한국병"을 앓고 있다고 진단한다. "근면성과 창의성"의 상실, "전도된 가치관", "자신감 상실", "정신적 패배주의" 등이 그가 파악한 한국병의 내용들이었다(김영삼, 1994a, p. 56). 이러한 한국병으로 인해 사회는 말할 수 없이 비참한 수준으로 타락하고 있다. 부정부패의 만연, 부패불감증, 나태와 과소비, 이기주의 등이 우리 사회의 발전을 가로막고 있을 뿐만 아니라, 분단 또한 여전히 미해결의 상태에 있으며 선진국 수준으로의 경제 성장 또한 답보 상태에 머물러 있다는 진단이었다(김영삼, 1994b, p. 68).

개혁은 이러한 한국병을 치유하고 신한국으로 나아가기 위해 반드시 넘어야 할 국가적 과제다. 이를 위해 당면한 개혁의 목표를 설정할 필요가 있는데 그것은 다른 무엇보다 부정부패의 척결, 경제 회생, 국가기강 확립이다. 부정부패의 척결은 성역 없는 사정과 위로부터의 개혁을 그 본질로 하고(김영삼, 1994a, p. 56; 강명구 · 박상훈, 1997, p. 133), 경제 회생은 자율과 경쟁, 긴축, 근검절약, 근면, 기술혁신 등을 그 핵심적 수단으로 한다. 그리고 국가기강의 확립은 정당한 권력 획득, 법질서 존중, 정치적 권위의 회복, 공동체적 자유의 실현, 도덕적 기반의 구축 등을 통해 실현된다. 이와 더불어 대통령은 민족분단이라는 또 하나의 질병을 치유하기 위한 과제를 제시했다. 남북한의 분열과 대립을 해소하고 궁극적으로 통일국가로 나아가기 위해서는 무엇보다 "어느 동맹국도 민족보다 더 나을 수는" 없고 "어떤 이념이나 어떤 사상도 민족보다 더 큰 행복을 가져다주지" 못한다는, 사고의 전환이 필요하며, 그러한 민족주의적 애정의 바탕 위에서 열린 자세와 협력의 정신을 실천해야 한다(김영삼, 1994a, p. 61).

김영삼 정부가 대통령 취임사에서부터 강조하기 시작한 '신한국'은, 물론 국가 개혁을 위한 정책적 원리를 집약하고 있는 개념이지만, 그와 동시에 문민정부의 정치적 새로움과 참신성 또는 구 권력과의 근본적 단절성을 국민들이 느끼도록 하기 위한 상징적 언어라고도 할 수 있다. 모든 정치권력은 탄생하는 그 순간부터 구 권력과의 관계를 어떠한 의미 속에서 설정하는가의 문제에 직면한다고 볼 수 있으며 그것은 곧 권력의 정당성을 위한 중요한 정치언어 행위(Le Bart, 1998, p. 77)라고 할 수 있다. 김영삼은 정치권력을 장악하기 전부터 '문민'이라는 이름으로 군부정권과의 차별성과 단절성을 지속적으로 강조해왔으며 '신한국'은 그러한 의미를 구체화하는 데 매우 적절하고 유용한 대중적 정치 언어가 된 것으로 보인다.

하지만, 다른 정치권력과 마찬가지로 김영삼 정부의 상징정치 또한 비단, 대중들의 뇌리에 각인되는 압축적 언어를 발명하고 유포하는 것으로 그치지 않았다. 보다 가시적인 방법으로 건축물을 정치적으로 동원하기로 한 것이었으며 경복궁이 그 무대가 되었다. 정부는 경복궁의 정전인 근정전을 가로막고 있는 구 조선총독부 청사를 해체한다는 계획을 세웠다. 당시는 1991년 1월에 확정된 복원 계획에 따라 경복궁의 제자리 찾기 공사가 진행 중이었는데 사실상, 총독부 청사를 이전하거나 철거하지 않는 이상 경복궁 복원은 제대로 이루어질 수 없었기 때문에 김영삼 대통령의 철거 구상은 역사의 복원이라는 점에서 이미 정당성을 내재한 것이었다. 경복궁이라는 역사적 건축물의 정치적 이용은 이미 노태우 정부 때부터 시작되었으며 김영삼 정부 또한 그러한 상징정치의 연속선 위에 있는 것으로 보인다. 물론, 전자와 후자가 경복궁을 정치적으로 동원하는 논리에는 많은 차이가 있었다.

노태우 대통령은 정치적 반대 세력들의 정당성을 공격하기 위해 역사와 전통의 담론을 이용했다. 그는 1991년 6월 5일의 「경복궁 복원 기공식」에서 다음과 같이 말했다.

> 국민 여러분 그리고 이 자리에 참석하신 여러분,
>
> 오늘 우리는 역사의 숨결과 우리들 선조의 얼이 서린 민족문화의 유산을 그 원래의 모습대로 복원하는 역사를 시작하기 위해서 이 자리에 모였습니다. 앞으로 3년 후, 1994년이 되면 서울은 수도 600주년을 맞습니다. 경복궁은 조선 왕조가 이곳에 도읍을 정한 이래 지난 600년에 걸쳐서 수도 서울의 상징이었습니다. 나는 지난 시대에 수난의 역사 속에서 헐리고 변형된 이 조선 왕조의 정궁이 앞으로 십년간에 걸친 공사로 그 옛날의 수려한 모습을 되찾게 된 것을 온 국민과 함께 기쁘게 생각합니다. [……]

이러한 전통의 복원에 대한 강조는 연설이 진행되면서 학생들을 필두로 반정부 세력들을 비판하는 정치적 논리로 동원되었다.

> 문화전통은 우리 겨레를 하나로 묶어주는 보이지 않는 힘의 원천인 것입니다. 언제부터인가 우리 사회 일각에는 물질만능주의가 팽배하고 가치관의 혼돈이 빚어지고 있습니다. 저급한 상업문화가 퇴폐풍조를 조장하는가 하면 소수의 젊은이들은 공산주의 나라에서도 버림받은 계급혁명의 구호를 외치며 폭력을 서슴지 않고 있습니다. 국무총리가 된 스승에게 형언할 수 없는 집단행패를 자행하고도 부끄러움도 뉘우칠 줄도 모르는 대학생들의 소행에 모두가 놀라워하고 분노하고 있습니다. 인륜을 짓밟는 이와 같은 폭력행위가 어떻게 대학에서 일어날 수가 있습니까? 우리 사회의 반문화적인 현상은 우리 문화전통의 참된 가치를 상실한 채 우리문화의 진수마저 받아들이지 못하고 방황하고 있는 데서 비롯되고 있습니다. (국립영화제작소, 1991)

하지만 김영삼은 자신이 주창한, 신한국이라는 국가적 이념을 가시화하기 위해 역사 복원의 담론과 상징을 끌어들였다. 그는 구 조선총독부 청사의 해체 의례를 통해 구시대와의 단절, 그리고 새로운 시대인 신한국과 통일조국을 향한 도약이 극적으로 연출되는 국민적 무대를 마련하고자 했다.

이러한 해석은 두 가지 사실에 의해 뒷받침된다. 첫째, 김영삼 대통령이 구 조선총독부 청사 철거에 관한 아이디어를 최초로 제시한 때는 1993년 4월 1일 문화체육부 업무보고 자리에서였는데(문화체육부 · 국립중앙박물관, 1997, p. 343), 그때는 정권 수립 초기로서 신한국이라는 국가적 모토를 국민들에게 인상 깊게 전달해야 할 필요성이 강하게 제기된 시점이었을 것이다. 그런 면에서 구 조선총독부 청사 해체 구상의 저변에는 신한국 이념을 구체화할 방법에 대한 고민이 깔려 있었다고 추측할 수 있다. 둘째, 1995년 8월 15일에 열린 구 조선총독부 철거행사는 두 개의 슬로건으로 장식되어 있었다. 하나는 "광복의 힘찬 함성 신한국의 원동력"이며, 다른 하나는 "민족정기 회복하여 통일로 미래로"이다. 이를 통해 알 수 있듯이 구 조선총독부 건물 해체는 신한국과 통일의 실현이라는 국가적 비전과 의미적으로 연결되고 있는 것이다. 이제부터 문민정부의 이념과 비전을 표상할 구 조선총독부 청사 해체 과정을 추적해보자.

3. 구 조선총독부 건물 해체를 둘러싼 정치적 논쟁

> 친애하는 국민 여러분!
>
> 역사는 청산과 계승을 통한 창조의 과정입니다. 우리는 오늘 옛 조선총독부를 철거하는 역사적 작업을 시작하였습니다. 이 건물이 철거되어야만 우리 민족사의 정통성을 상징하는 경복궁이 본래의 모습을 되찾을 수 있습니다. 여기에는 식민잔재를 깨끗이 청산하고 우리의 민족정기를 회복하자는 온 국민의 뜻과 의지가 함께 담겨 있습니다. 대통령에 취임한 직후 옛 조선총독의 관저를 철거한 것도 같은 취지에서였습니다. 옛 조선총독부 건물의 철거는 단순히 식민잔재의 외형적인 청산에 그치는 것이 아닙니다. 그것은 우리 모두의 의식 속에 남아 있는 그릇된 역사의 잔재로부터 진정으로 해방되는 것을 뜻합니다. [……] (김영삼, 1996, p. 368)

1995년 8월 15일 제50주년 광복절 기념식에서 대통령은 '식민잔재의 청산'과 '민족정기의 회복'을 위한 역사(役事)임을 강조하면서 구 조선총독부 건물 철거의 시작을 알렸다. 하지만 철거공사가 실행에 옮겨지기까지, 나아가 본격적인 해체가 시작되기까지의 과정은 그리 순탄하지 않았

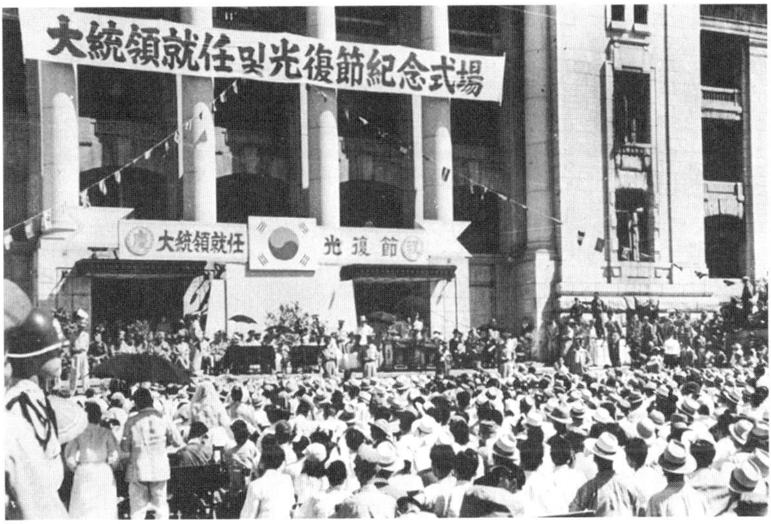

중앙청과 이승만 대통령 취임식 (출처: 국가기록원)

다. 정부의 결정에 사회단체들의 반대와 비판의 목소리가 끊임없이 터져 나왔고 그에 따라 철거를 둘러싼 논쟁 구도가 형성되었기 때문이다.

김영삼 문민정부가 해체해버린 구 조선총독부 건물은 해방 이후 한국 현대사에서 매우 다양한 정치적 흔적을 간직하고 있었다. 1945년 9월, 한국에 진주한 미군은 그 건물을 미 군정청 청사로 활용했다. 1946년 12월에는 남조선 과도입법의원이, 그리고 다음해 6월에는 남조선 과도정부가 그 건물에 자리를 잡았다. 이즈음 그 건물에 새로운 이름을 붙여주자는 여론이 형성되어 미 군정청 대신, '중앙청'(Capital Hall)이라는 명칭으로 불리게 된다. 1948년 5월 31일에 개원한 제헌의회 또한 그 건물을 사용했으며, 제1공화국 초대 대통령과 부통령 취임식의 무대이기도 했던 그 건물에는 행정부와 입법부가 동거하고 있었다. 대통령과 부통령의 집무실이 있었으며, 건물의 중앙홀이 국회의사당으로 사용되고 있었기 때문이다. 그 후 건물은 한국전쟁으로 거의 폐허가 되다시피 파괴되었고, 그 상태로 오랫동안 방치되었다. 박정희 군사정부는 1961년 9월부터 다음해 11월까지 중앙청의 대대적인 보수를 단행하고 다시 정부청사로 사용했다. 이후, 1981년 12월에는 과천 제2정부종합청사가 준공되어 중앙청에 있던 정부부처들이 이전하면서 건물의 처리 문제가 논의되었다. 정부는 1983년부터 총 2년간의 보수공사를 거쳐 중앙청을 국립박물관으로 용도 변경했다(김용삼, 1995, pp. 389~406).

구 조선총독부 혹은 국립중앙박물관 건물의 이러한 정치사는 노태우와 김영삼 정부에서 건물 철거를 둘러싼 논쟁이 왜 복잡하게 전개될 수밖에 없었는지를 설명해준다. 철거를 지지하는 쪽에서는 역사적 정통성과 민족정기 회복을 강조했지만, 반대하는 측은 이에 맞서, 치욕의 역사를 잊기 않기 위한 국민적 교육장으로 사용해야 한다는 논리와, 식민지 역사만이 아니라 한국 현대사의 기억들을 간직하고 있는 건물이기 때문에 없애서는 안 된다거나 또는 박물관에 전시되어 있는 유물들이 훼손될 우려가 있기 때문에 섣불리 철거해서는 안 된다는 논리를 제시했다.

이제, 그 건물이 어떠한 정치사회적 논쟁을 거치면서 해체에 이르게 되는지 살펴보기로 하자. 1990년 6월 노태우 대통령은 문화부 업무 보고에서 중요한 발언을 했다. 그는 경복궁 복원사업과 연계해 구 조선총독부 건물의 이전 필요성을 언급하고 그것을 위한 제반 사항들을 검토할 것을 지시했다. 대통령의 지시에 따라 그해 8월부터 자문위원회 개최, 건물 이전 계획 관련 기술용역 의뢰, 관계기관 협의 등이 진행되면서 이전에 관한 정부의 접근이 표면화되기 시작했다(문화체육부 · 국립중앙박물관, 1997, p. 343). 정부의 움직임은 건물 철거에 관한 사회적 관심을 고양시켰다. 1990년 7월에 한 연구소가 "일제 36년 식민통치 잔재 극복을 위한 문화대책"이라는 주제의 심포지엄을 열어 구 총독부 건물 철거에 대한 찬반을 포함해 그에 관한 여러 문제들을 검토했으며(정근식, 2005, p. 134), 언론도 그 문제에 접근하기 시작했다. "日帝잔재의 상징, 두고만 봐야 하나"라는 제목의 「동아일보」 기사를 대표적 예로 들 수 있다. 신문은 구 총독부 청사를 철거하기로 방침을 굳혔다는 정부의 입장에 암묵적인 지지를 보내면서 광범위한 의견수렴을 통해 신중하게 공사를 진행할 것을 주문했다(동아일보, 1990/12/06).

노태우 대통령은 1990년 10월 25일 청와대 대통령 관저 준공식에서 "일제 침략의 상징인 구 중앙청 건물을 언젠가는 다른 곳으로 옮겨 그 역사적 교훈을 후손에게 물려주어야 한다", "경복궁도 옛 모습으로 복원, 일제가 말살한 우리의 얼을 되찾도록 해야 할 것"이라고 말했다(우동선, 2005, p. 501). 그로부터 수개월이 지나, 경복궁 복원 사업이 확정되었다. 1991년 1월 21일, 이어령 문화부장관은 대통령 업무보고를 통해 경복궁을 원래대로 복원하는 사업을 추진할 것임을 공표했다(동아일보, 1991/01/21). 정부의 이러한 두 발언은 구 조선총독부 청사 철거 문제가 본격적인 사회적 논쟁 국면으로 접어들게 하는 촉매제 역할을 했다. 궁궐의 복원은 구 총독부 청사의 해체와 불가피하게 맞물린 사안이었다. 궁궐의 중심을 차지하고 있는 그 건물을 놔두고서는 경복궁의 복원이란 불가능한 일이었기 때문이다.

논쟁에 제일 먼저 뛰어든 사회단체는 건축학계였다. '대한건축학회'는 1991년 5월, 학회지 『건축』을 통해 구 총독부 철거 문제의 쟁점화를 시도했다. 전문가들의 의견 차이는 확연했다. 의견은 해체 · 보존 · 이축으로 나뉘었다. 해체를 지지한 주남철은 일제가 경복궁에 총독부 청사를 지은 의도는 근본적으로 "한국민족의 존재를 지구상에서 영원히 지우"는 것이었음을 강조하고, "건축학적으로 우수한 건물은 아니며, 오히려 괴물로서, 우리 정궁의 정전을 가로막는" 건물을 마땅히 해체해야 한다고 주장했다(주남철, 1991, pp. 74~75). 하지만 김정동은 이러한 논리에 맞서, 청사의 보존 필요성을 내세웠다. 그는 해체론을 감정적인 움직임으로 평가절하하면서 지난 시대의 전철을 답습하기 않기 위한 반면교사로 건물을 활용해야 할 필요성을 강조했다(김정동, 1991, pp. 76~77). 이것은 건축학자 이상해의 주장이기도 했다. 이상해는 구 조선총독부 건물을 없애버린다고 해서 민족 자존심이 과연 제대로 회복될 수 있을까를 반문하고, 오히려 건물의 보존을 통해 "일제가 조선의 역사를 단절시키려고 발버둥쳤던 과거가 실패하였다는 증거를 상징적으로 우리 모두에게 보여"줄 것을 제안했다(이상해, 1991, p. 56). 이러한 대립적 논쟁 구도 속에서 송민구는 해체해야만 한다는 주장에 지지를 표명하면서도 오욕의 역사를 망각하지 않게 하기 위한 교육적 자료로 활용하기 위한 방편으로 이축이라는 제3의 해결책을 제안했다(송민구, 1991, p. 73).

건축학계에서 벌어진 논쟁은 밖에서도 재현되었다. 예컨대, 사회학자 신용하는, 민족사적 정당성을 들어, 건물을 없애서는 안 된다는 논리를 신랄하게 비판하고 해체를 지지한 반면에, 이정덕 · 장홍기와 같은 문화연구자들은 건물 보존의 필요성을 강조했다(정근식, 2005, p. 135). 이 과정에서 일본의 학계 또한 논쟁에 개입했다. 메이지건축연구회는 총독부 건물이 아시아 근대 건축사에서 매우 높은 가치를 지니는 건물이라고 평가하면서 노태우 대통령에게 건물의 보존을 청원했다(한국일보, 1991/06/03). 일본 학계의 이러한 태도는 한국 언론의 비판을 자극했다. 「동아일보」는 "총독부 망령을 미화하는가"라는 제목 아래, 건물의 건축학적 · 미학적 가치를 논하기 이전에, 한국인들이 그 건물 앞에서 느껴야 하는 "일제 강점의 역사적 상처와 노예적 상태에서의 회한과 분노"에 주목해야 한다고 대응했으며(동아일보, 1991/06/04), 「한국일보」는 "35년 동안 나라를 짓밟은 죄를 제대로 사과하지도 않고 조선총독부 건물을 보존하라는 요구에 기가 찰 뿐"이라는 냉소와 비판을 표출해마지 않았다(한국일보, 1991/06/04).

총독부 건물의 처리를 둘러싼 사회적 논쟁이 점점 더 뜨거워지는 국면 속에서 청사 철거에 대한 국민들의 입장을 인식해야 할 필요성이 제기되었다. 코리아리서치는 1991년 6월 3일부터 5일까지 1천 명(전문가 600명, 일반 시민 400명)을 대상으로 의견을 물어 다음과 같은 결과를 이끌어냈다. 철거 찬성: 전문가 77%, 일반 시민 65% / 철거 반대: 전문가 22%, 일반 시민 27% / 이축 찬성: 전문가 35%, 일반 시민 24%. 철거에 대한 지지 여론이 우세한 것으로 나온다. 하지만 일반 시민을 대상으로 한 한국방송의 여론조사에서는 총 400명의 응답자 중에서 49%가 찬성을, 50%가 반대를 표명해(문화체육부 · 국립중앙박물관, 1997, p. 344), 앞의 것과는 사뭇 다른 양상을 보여주었다. 상이한 두 여론조사 결과는 곧 총독부 건물 철거가 그리 간단하게 풀릴 사안이 아니라는 점을 단적으로 보여준다. 특히, 건물의 철거 비용과 새로운 박물관 건립 비용을 합쳐 막대한 규모의 재정이 투여되어야 한다는 사실은 사안에 대한 명확한 국민적 결론을 내리기 힘들게 만들었다. 이렇게 해서 총독부 건물 철거 문제는 일단 수면 아래로 가라앉게 된다(정근식, 2005, p. 135).

잠복해 있던 그 사안을 다시 쟁점화한 주체는 김영삼 정부였다. 문민정부는 정부 수립 초기 시점이라고 할 수 있는 1993년 4월부터 구 총독부 건물 철거 문제를 제기하기 시작했다. 정권 초기였던 만큼 국민들을 향해 문민정부의 정치적 새로움을 연출할 상징적 프로젝트가 필요했던 것이다. 4월 1일 문화체육부 업무보고에서 대통령이 경복궁의 복원을 위해 구 총독부 건물의 철거를 추진할 것을 지시한 이래, 일은 매우 신속하게 추진되었다. 가장 중요한 일은 총독부 건물 철거로 발생하게 되는 문제, 즉 새로운 국립박물관을 건립하는 것이었다. 4~5월 사이에는 박물관 부지에 관한 조사가 활발하게 이루어졌다(문화체육부 · 국립중앙박물관, 1997, p. 343). 그 과정에서, 용산에 짓고 있는 전쟁기념관의 용도를 변경해 국립박물관으로 사용하자는 주장이 나오기도 했는데, 여당인 민자당은 전쟁기념관이 전쟁 관련 기념물만 전시하기에는 지나치게 규모가 크기 때문에 국립종합박물관으로 사용 목적을 변경한다는 데 내부적으로 합의했다(경향신문, 1993/06/15). 하지만 청와대는 그 안을 곧 바로 철회했다. 문화체육부장관은 주무부처인 국방부와의 합의가 없는 상태에서 민자당이 단독으로 올린 안이기 때문이라고 설명했다(한겨레, 1993/06/19). 유물들을 보관할 장소를 마련하지 못하는 시간이 길어지면 길어질수록 총독부 건물의 철거 또한 늦어질 수밖에 없다. 이에 일제 식민지배의 상징적 건물의 조속한 철거를 고대하던 단체들은 성명(「전쟁기념관 문제와 경복궁 복원에 대한 우리의 생각」)을 발표해 "민족의 정통성에 깊은 상처를 남기고 있는 옛 조선총독부 청사는 하루빨리 철거되고 경복궁이 복원되어야 하며 따라서 국립중앙박물관도 마땅히 빨리 이전해야 한다"고 주장하면서 정부를 압박했다(서울신문, 1993/07/10).

대통령은 지지부진한 상황에 다시 한 번 돌파구를 마련하기로 결정한다. 김영삼 대통령은 청와대 비서실장에게 구 조선총독부 건물의 조속한 철거를 주문했다(경향신문, 1993/08/10; 문화체육부, 1996b). 1993년 8월 8일이었는데, 그날은 상해임시정부요인 유해 5위의 국립묘지 안장을 하루 앞둔 날이었다. 말하자면 대통령은 대단히 상징성이 높은 시점을 택해 결정에 대한 지지 효과를 높이고자 했던 것이다.

> 광복절을 앞두고 그리고 민주공화정의 법통을 최초로 세운 임시정부 요인들의 유해봉안에 즈음하여 고뇌 속에 심사숙고해 왔거니와, 아무래도 우리 민족의 자존심과 민족정기 회복을 위해서는 조선총독부 건물을 가능한 한 조속히 해체하는 것이 바람직하다는 결론에 도달했으며 여기에는 국민적 공감대가 형성되어 있다고 생각한다. 더욱이 조상의 빛나는 유산이자 민족문화의 정수인 문화재

> 를 옛 조선총독부 건물에 보존하는 것은 잘못된 것이다. 따라서 조선총독부 건물 해체와 함께 통일한민족시대를 대비하고 5천 년 문화민족으로서의 긍지에 합당한 국립중앙박물관을 국책사업으로 건립하는 문제를 정부가 조속히 검토하여 착수하라. 이를 계기로 우리 모두는 민족사의 잘못된 큰 줄기를 바로잡아 세계 속의 한국으로 나아가야 할 것이다. (문화체육부 · 국립중앙박물관, 1997, p. 345)

유물을 보관할 장소를 확정짓지 못한다는 이유로, 가장 중요한 일인 식민통치의 본산 총독부 건물의 철거가 늦어질 수는 없다는 논리로 해석된다. 대통령의 최종 결정이 내려지자 광복회 · 한글학회 · 한국민족운동사연구회 · 한국사회사연구회 등 조선총독부 건물의 철거를 지지하는 11개 사회단체들은 8월 13일 '구 조선총독부 건물 철거 촉진위원회'를 결성하고 다음과 같은 내용의 결의문을 채택했다.

> [……] 유구한 우리 민족 문화의 정수를 모아 보존 · 전시 · 교육하는 국립중앙박물관이 옛 조선총독부 건물 안에 들어간 것은 민족사의 과오로서 준엄한 비판을 받아야 한다. 이 때문에 우리 국민들은 패배주의에 빠지게 되었고, 자라나는 젊은이들은 민족적 열등의식에 시달리게 되었다. 또한 이 때문에 한국을 찾는 일본인들은 제국주의 시대의 유물인 우리 민족에 대한 경멸 의식과 자기 민족의 우월 의식을 부당하게 계속 지니게 되었다. 그리고 옛 조선총독부 건물 안에 있는 국립 중앙박물관은 한국을 방문하는 외국인들에게 우리 민족이 유사 이래 일본의 영향 아래 있는 것처럼 오해하게 만들었다. 참으로 통탄을 금할 수 없는 일이다. 우리들은 일제 식민지 통치의 가시적 상징물인 옛 조선총독부 건물을 철거하고 국립 중앙박물관을 그 속에서 해방시키기 위해 오랫동안 노력해 왔다. 이제 우리는 뜻있는 단체들과 힘을 합해 "옛 조선총독부 건물 철거 촉진 위원회"(가칭)를 결성하려고 결의 대회 소집 통고문을 발송하였다. 대회 개최 직전, 우리

는 김영삼 대통령이 옛 조선총독부 건물을 철거하고 새 국립 중앙박물관을 세우는 일을 결정하고 국책 사업으로 추진한다는 발표를 듣게 되었다. 그리고 이어서 국립 중앙박물관을 서기 2000년까지 서울 용산 가족 공원에 건립할 계획이라는 정부 발표를 접하였다. 우리들은 이 결정을 전적으로 지지하고 환영한다. [……] (구 조선총독부 건물 철거 촉진 위원회, 1993)

'철거 촉진위원회'는 해체 비용을 마련하기 위한 국민성금모금운동을 벌이기로 하면서 사안에 적극적으로 개입하기 시작했다. 이는 적지 않은 비용 문제가 건물 철거를 결정하는 데 장애로 작용했던 노태우 정부 때의 경험에 기인하는 것으로 보인다(동아일보, 1993/08/20). 이어서 철거 촉진위원회는 한 언론사를 방문해, 철거 계획이 무효화될지도 모른다는 우려를 표명하고 해체 준비를 신속하게 추진해나갈 것을 정부에 주문했다.

하지만 정부와 철거 촉진위원회의 문제 접근법은 '새 박물관 신축 후 총독부 건물 철거'를 주장하는 사람들의 반대에 부딪혔다. 그들은 문화재의 훼손과 파괴를 우려하고 있었다. '우리의 문화유산을 사랑하는 사람들'로 명명된 단체는 4,083명의 서명자 명단을 청와대에 전달하면서 "구 총독부 건물을 없애거나 다른 위치로 옮기는 일은 국민적인 합의사항이나 가장 중요하게 고려해야 할 점은 그 건물 안에 있는 문화유산"이라고 하면서 "새 박물관이 완성돼 그곳으로 민족의 유산을 옮기기 전에는 현 국립중앙박물관을 철거해서는 안 된다"고 주장했다(한국일보, 1993/10/28). 철거 촉진위원회는 이에 맞서 같은 해 11월 1일 성명을 발표해 "옛 조선총독부 건물을 하루빨리 철거하지 않으면 민족정기 회복에 의지가 없는 세력이나 민족반역자의 후예들이 여러 이유를 들어 철거 결정을 바꿀 우려가 있다. [……] 정부는 하루빨리 일제 침략의 가시적 상징물인 조선총독부 건물을 철거하고 경복궁을 복원해야 한다"는 주장을 폈다(한겨레,

1993/11/02).

철거 순서를 둘러싼 사회적 대립과 공방은 정부로 하여금 빠른 시일 내에 그 문제를 매듭지어야 할 당위성을 인식시켰다. 마침내, 주무부서인 문화체육부는 1993년 11월 5일의 기자회견을 통해 확정된 정부 계획을 공개했다. 예정된 대로 '유물을 임시 전시관으로 옮긴 후에 구 조선총독부 건물 철거를 완료하고 이어서 새로운 박물관을 짓는다'는 계획이었다. 좀 더 자세히 말하자면, 임시 이전 장소인 문화재관리국 청사로의 유물 이전을 1995년 6월까지 완료한 후에 총독부 건물의 해체를 진행하고, 2000년 준공을 목표로 새로운 박물관 부지로 결정된 용산가족공원[33]에 국립중앙박물관을 건립한다는 것이다(한국일보, 1993/11/06). 그로부터 수 개월이 지난 이듬해 6월 17일, 문화체육부차관은 철거 일정의 수정안을 공개했다. 1995년 8월 15일 광복절을 기해 총독부 건물의 돔에 설치된 첨탑 혹은 돔 전체를 제거하는 상징적 철거 작업을 실시한 후, 그해 말까지 임시 박물관으로 사용될 문화재관리국 청사의 중 · 개축 공사와 유물의 이전을 완료하고 나서, 1996년 1월경부터 본격적인 건물 철거작업을 실시한다는 것이다(한국일보, 1994/06/20).

4. 구 조선총독부 건물 철거: 상징적 의미 찾기

정부의 결정에 따라 구 조선총독부 건물은 1995년 8월 15일, 즉 제50주년 광복절을 기해 역사 속으로 사라져야 할 운명에 처하게 된다. 정부

33 서울시와 문화체육부는 새로운 박물관 후보지로 용산가족공원을 포함해 전 경마장 부지, 서울대공원 북측 부지, 양재동 시민의 숲, 정독도서관 부지, 경복궁 내 30경비단 부지 등을 검토했다.

는 건물 해체에 대한 국민들의 심리적 지지와 공감의 분위기를 조성하기 위해 그해 3 · 1절 기념행사의 일환으로 "구 조선총독부 건물철거선포식"을 개최했다. 구 총독부 건물 중앙이 "민족정기 회복하여 세계화의 주역되자", "3 · 1의 민족정신 미래의 물결이다"라는 표어가 붙은 가림막으로 가려져 있다. 세종문화회관에서 기념식을 마친 4천여 명의 참석자들이 세종로를 따라 행사장인 구 조선총독부 건물 앞에 집결했다. 행사는 서제(序祭), 고유제(告由祭), 경과보고, 3 · 1절 기념 대국민 메시지 낭송, 현판 게양식, 축하공연 순으로 진행되었다. 여기서 우리가 주목하는 부분은 조선의 전통적인 제례 형식을 따라 행사가 이루어졌다는 점이다. 이는 광복절에 열리게 될 해체 의식에서도 재현된다. 서제에서는 궐내의 악귀를 내쫓는 전통궁중의식인 궁중나례(宮中儺禮)를 통해 일제 식민지 이래 한국 현대사를 떠다니던 온갖 악귀를 내쫓는다는 상징적 행위가 연출되었다. 다음으로, 건물의 철거를 천지신(天地神)에게 아뢰는 고유제가 열렸다.

> 일천구백구십오년 삼월일일, 제사장은 구 조선총독부 건물을 철거하게 되었음을 천지신명과 경복궁 터 지신님께 고하나이다. 경복궁은 일찍이 조선조 태조께서 즉위 셋째 해에 조선의 서울을 한양으로 천도하고 정도전, 남은, 이직에게 명하사 백의민족의 태평번영을 만세에 떨치기 위해 중건토록 한 황궁이라. [……] 삼가 아뢰옵건대, 광복 오십 주년을 맞이하는 빛나는 자리를 빌려 이제 우리 민족의 환부로 남아 있던 구 조선총독부 건물을 폐하고 경복궁을 복궐하고자 온 백성의 한 뜻을 모아 여기 올리나니, 부디 너무 늦었다 나무라진 마시옵고 애휼히 여기시사, 경복궁을 새로이 일으킬 시 이 터가 잠시 소란스러워짐에 부디 놀라시진 마시옵고 기뻐 여기시사. 더불어 앙망하옵길, 이제 구 조선총독부 건물을 폐하고 경복궁을 복궐함에 이르러 이 터에 묻혀 있던 악귀들을 일거에 무

찔러 내몰아 주십사, 그리하여 국태민안을 염원하는 우리의 무진 애씀에 부디 밝은 길을 주십사. [……] 이 나라 만년국기를 지키실 경복궁 지신님께 거듭 바라옵나이다. 오늘의 고로써 우리의 의지가 확고함을 대내외 만방에 천명하오니, 이 땅의 모든 한을 풀고 온 백성이 해원상생하고 강성한 우리의 민족혼을 되찾고 새로운 역사를 창달하고, 나아가 조국의 큰 번영과 세계화 위업을 이룰 수 있도록 이끌어 주시옵기를 단심으로 바라나이다. (문화체육부 · 국립중앙박물관, 1997, pp. 350~351)

이어서 정양모 국립중앙박물관장이 경과보고를 통해 조선총독부 건물이 경복궁에 건립되게 된 역사적 과정을 비롯해 건물의 성격 변화, 철거의 역사적 의미, 철거 일정 등을 국민들에게 알렸다. 그는 광복절 이전까지 철거 실측작업을 마치고, 광복절에 건물 중앙 돔의 첨탑을 절단한 후에, 경복궁 내 임시유물전시관이 완공되는 1996년 초에 본격적인 철거를 시작해 그해 말에 완료하는 것으로 정해졌다고 발표함으로써 정부의 방침을 재확인했다. 철거선포식 행사는 대취타와 기념타고가 33번 울리는 장엄한 분위기 속에서 "구 조선총독부 건물 철거"라는 제목의 현판 게양을 통해 정점에 이르고 궁중정재, 코리아 환타지, 경복궁 찬가로 구성된 축하공연으로 그 대미를 장식했다(문화체육부 · 국립중앙박물관, 1997, pp. 353~354). 3 · 1절 기념행사는 구 총독부 건물 철거에 대한 정부의 확고한 의지를 보여줌으로써 그 문제를 둘러싼 사회적 논쟁이 더 이상 유효하지 않음을 보여주는 듯했다. 하지만 그럼에도 불구하고 정부의 결정에 반하는 여론의 움직임은 중단되지 않았다. 구 총독부 건물의 철거가 단행되기 위해서는 반대 여론의 돌파라는 또 한 번의 정치적 단계가 필요했다.

「중앙일보」는 사설을 통해 "망국의 한과 식민지 지배의 치욕의 역사를 청산한다는 의미는 크지만 지나치게 외형적이고 감정적 호소로 일관하는 게 아닌가 하는 우려도 따른다. [……] 감정적 대응으로 부수고 주먹만 움켜잡는다고 지난날의 역사가 청산되고 세계화를 향한 새로운 연대가 맺어질 수는 없다"(중앙일보, 1995/03/31)고 말하면서 정부 결정과의 긴장관계를 드러냈다. 또한, 건물철거선포식 이틀 뒤인 3월 3일에 열린 사회문화 분야 국회 대정부질문에서 민자당 강인섭 의원과 신민당 조일현 의원은 정부의 건물 철거 계획에 이의를 제기했다. 먼저, 강인섭은 "문화체육부가 문화파괴부인가"라고 말하면서 "문화 창조에 힘써야 할 문화체육부가 과거의 잔재를 청소하는 데만 골몰하고 있다"고 비판했다. 이어서 조일현은 건물을 해체하더라도 파괴하지 말고 다른 곳으로 옮겨 관광자원과 국민교육의 공간으로 활용할 것을 제안했다(조선일보, 1995/03/04).

반대 여론은 건물 철거가 임박해가는 8월 초에 이르러 한층 더 그 강도를 더해갔으며, 결국 그 문제를 둘러싼 사회적 논쟁의 기운이 다시 조성되었다. 1995년 8월 1일 「조선일보」 논설고문 홍사중은 "건물 철거가 그렇게 시급한 일인가"라는 제목 아래, 정부의 결정에 대한 반대를 명확히 했다. 그는 김영삼 정부가 추진하는 구 총독부 건물 철거는 국민들의 인기를 얻으려는 정치적 이벤트일지도 모른다는 우려를 표명하고 있다. "광복 50주년 경축 국민 대축전이라는 큰 잔치를 떡 벌어지게 차릴 때 흥을 한껏 돋우기 위해 서둘러 중앙청을 헐겠다면 이보다 더한 인기정치는 없다." 다음으로 그는 인도를 예로 들면서 우리 역시 일제 식민통치의 잔인함과 혹독함을 알리기 위한 역사적 무대로 건물을 보존할 것을 제안했다. 또한, 정부가 해체하려고 하는 총독부 건물은 식민지 역사만이 아니라 한국 현대사의 중요한 기억들이 간직된 곳이라는 논리를 펴면서 국민들의 뜻을 재차 물어야 한다고 강조했다. "그것은 대한민국 현대사의 역사적 기념물이기도 한 것이다. 그런 건물을 정부는 기어이 허물겠다고 한다. 그것은 한두 사람의 용단(?)에 맡길 일이 아니다. 국민투표에 걸어서라도 국민의 의견을 물어야 한다." 아울러 그는 경복궁을 복원하겠다고 하지만 엄격한 의미에서 그것은 복원이 아니라 "복제품"을 만드는 일에 지나지 않는다고 주장하면서 총독부 건물 철거의 당위성을 깎아내리고 있다(조선일보, 1995/08/01). 변호사 강기원은 네 가지 이유를 들면서 총독부 건물 철거의 부당성을 지적했다. 첫째, 사과와 배상을 충분히 받지 못한 상태에서 식민지배의 증거물을 없애서는 안 된다. 둘째, 건물 자재와 노동력의 대부분은 우리나라에서 나온 것인바, "이 건물이 나의 선조가 만든 물건이라고 생각해야 하고, 이 건물의 운명에 대해 신중하게 임했어야 하는 것이다." 셋째, 총독부 건물은 단순히 일제 식민통치만이 아니라 대한민국 건국 이래 현대사의 터전이었기 때문에 그와 같은 "역사의 현장을 우리는 잘 보존해야 한다." 넷째, 건물 철거에 드는 비용을 우리나라가 지불해야 할 이유가 없다. "왜 우리 피해국 국민이 가해국 국민이 벌여놓은 만행(?)의 뒤처리 비용까지 떠맡아야 하는가"(중앙일보, 1995/08/05).

"역사바로세우기 속 역사지우기"(안창모, 2005b, p. 344)란 역설적 표현으로 압축할 수 있는 위의 논리들은 '국립중앙박물관 보존을 위한 시민의 모임'이라는 단체 결성을 통해 강력한 집단적 논리로 전환되었다. 그 단체는 "우리는 국립중앙박물관 철거를 반대합니다"라는 제목의 성명서를 발표하면서 정부의 결정에 전면적 반대를 선언했다. 이유는 다음과 같다. 우선, 그 일은 대한민국 현대사를 파괴하는 행위다. "이처럼 깊은 의미가 담긴 건물을 파괴하는 행위는 일제 식민통치의 증거인멸인 동시에 대한민국의 현대사를 말살하는 반역사적, 반문화적 행위입니다." 둘째로 시민들의 삶에 긴급한 필요성이 있는 것이 아니므로 굳이 서둘러 추진하지 않아도 되는 사업에 엄청난 예산을 책정하는 것은 불합리하다. 셋째, 서둘러 건물을 철거하게 되면 문화재 훼손의 가능성이 있다. 끝으로, 건물을 해체한다고 일제 잔재가 청산되는 것은 아니며, 오히려 필요한 일은 식민 지배의 잔학상을 일깨우기 위해 증거를 보존하는 것이다(조선일보, 1995/08/05). 급기야 이 단체는 8월 15일, 회원인 이난영과 주종훈을 신청인으로 '건물 훼손 및 철거금지 가처분 신청'을 서울지방법원에 접수시켰다. 신청의 주요한 논리를 읽어보자.

> 이 사건 건물은 현재 국립중앙박물관으로서 중요한 문화재들을 소장하고 있을 뿐만 아니라 일제의 조선침략을 상징하는 건물로서 한국인과 일본인, 나아가 전세계 인류에게 일제 침략의 역사적 사실을 알려주는 산 교훈이 되고 있으며, 제헌의회의 개회식 및 초대 대통령의 취임식 장소, 9 · 28 서울 수복의 상징, 역대 정부청사로 사용된 점 등 대한민국 현대사에서 높은 역사적, 학술적 가치 및 정치사적 의미를 가지는 유서 깊은 건물로서 대한민국 건국의 역사적 과정을 말해주고 있어서 신청인들은 우리나라의 사적 보존에 지대한 관심을 가지고 있는 국민의 한 사람으로서 [……] 별도의 장소에 국립중앙박물관이 완공되어 소장 중인 문화재를 이전하여도 보존에 지장이 없는 시기까지 또는 사적으로서의 지정 여부가 경정되기 이전까지 위 철거공사의 금지를 구한다. (서울 지방법원 제50민사부 결정; 문화체육부 · 국립중앙박물관, 1997, pp. 367~368의 사본)

법원이 이 사건 신청을 각하하자 '국립중앙박물관 보존을 위한 시민의 모임'은 이듬해 6월 17일 동일한 신청을 서울지방법원에 제출했다. 하지만 법원은 동일한 결정을 내렸다.

사실 하나를 환기해보자. 정부가 해체하고자 하는 건물은 구 조선총독부 청사, 중앙청, 국립중앙박물관 등 다양한 명칭으로 불릴 수 있다. 하지만 그 중에서 어떤 이름을 사용하는가는 건물에 대한 규범적 인식과 태도를 결정짓는 데 매우 큰 영향을 미친다. 앞서 건물의 철거를 반대한 측에서는 '구 조선총독부' 대신에 '중앙청'과 '국립중앙박물관'이라는 명칭을 선호했던 것으로 보인다. 그 이유는 명백하다. 전자가 일제 식민지배의 역사를 함의하는 부정적 언어 상징인 반면에, 후자는 대한민국 건국과 전개의 역사 그리고 전통문화의 보존과 향유라는 매우 긍정적인 의미를 내재하는 언어 상징이기 때문이다. 이러한 논리적 맥락에서, 철거에 찬성하는 측이 중앙청, 국립중앙박물관보다는 구 조선총독부라는 언어를 주로 사용하는 이유 또한 명확하게 이해하게 된다.

한양대학교 사학과 교수 정창렬은 총독부 건물 철거의 당위성을 일제 식민통치의 야만성에서 찾았다. 그에 따르면 조선에서 일제의 식민지 경영은 "세계사적으로도 유례를 찾아보기 어려운 벌거벗은 폭력 그 자체였다." 그는 그 현상을 일본 자본주의의 후진성과 조선 사회의 문화적 선진성 간의 모순으로 설명했다. 중요한 사실은 야만적이고 폭압적인 일제의 식민통치 방식이 가장 적나라하게 드러난 곳이 바로 조선총독부 청사였다는 점이다. "스스로의 통치기구를 갖고 있는 국가에 침입해 기존의 통치기구를 무너뜨리고 식민지 통치기구를 설치한 침략국 중에서 그 식민지 통치기구를 건물의 경내에 설치한 침략국은 일본이 유일한 경우가 아닌가 생각한다." 그러한 역사적 사실에 비추어볼 때 총독부 건물은 반드시 해체되거나 다른 곳으로 이전되어야 한다(중앙일보, 1995/08/05). 정양모 국립중앙박물관장 또한 총독부 건물 철거의 정당성을 일제 식민지배의 야만성에서 찾고 있다. 그 야만성이란 조선왕조의 중심 "경복궁을 무자비하게 허물어버리고", 궁궐을 중심으로 조성되어 있던 도읍의 축을 어지럽혔다는 데 있다. 그것은 근본적으로 "정신을 혼란에 빠뜨려 우리 민족을 말살하려는 저의"로 해석할 수 있는데 일제가 건립한 조선총독부 건물은 그러한 야만적 식민통치의 표상이었다(국정신문, 1995/08/07). 서울대학교 박물관장 안휘준은 「조선총독부 건물 철거를 보며」라는 기고문을 통해 철거 공사는 다음과 같은 점들에서 매우 큰 역사적 의의를 갖는다고 주장했다. 첫째, 이마의 한복판에 박힌 못을 뽑는 일에 비유될 수 있다. "이 건물의 정곡과도 같은 지리적 위치와 일제의 불순한 건축 배경이 이미 잘 알려져 있으므로 더 이상의 사족은 필요 없다." 둘째, 민족사와 전통문화를 복원하는 길이다. 셋째, 역사상 최초로 제대로 된 국립중앙박물관을 갖게 되는 계기다. 넷째, 총독부 건물의 철거를 통해 암울함과 패배의식과 같은 부정적 심리로부터 국민들을 해방시킬 수 있게 된다. 다섯째, 균형적인 한일관계 조성을 위한 초석이 될 수 있다(서울신문, 1995/08/09).

이렇듯 조선총독부 건물 철거를 옹호하는 여론은 공통적으로 민족주의적 가치의 회복을 강조하고 있는데 이는 구 조선총독부 건물 철거 촉진위원회와 광복회 등 7개 단체의 발언을 통해 역시 집단적 논리로 전환된다.

> 광복 50주년을 맞는 뜻 깊은 해에 식민통치의 유물인 구 조선총독부 건물을 철거하는 것은 치욕적인 역사에서 벗어나기 위한 최소한의 민족적 자존심을 지키고 새로운 한일관계의 재정립을 위해 반드시 필요한 일이다. (한국일보, 1995/08/10)

정부는 철거를 지지하는 여론의 손을 들어주었다. 예정대로 50주년 광복절 기념식에서 총독부 건물의 철거가 시작되었다. 물론 그날은 총독부 건물 중앙 돔의 첨탑(직경 3.5m, 높이 8.5m, 무게 35톤)을 기중기로 떼어내 경복궁 바닥에 내려놓는 상징적인 행사가 연출되었다. 마침내 그간의 논쟁이 마무리되고 대통령의 결정이 빛을 발하는 순간이다.

그렇다면 김영삼 정부는 강고한 철거 반대 여론을 뒤로하고 왜 이렇게 사업을 서둘러야 했을까? 이 문제와 관련해 우리는 총독부 건물 철거사업을 문민정부의 권력의지를 드러내는 정치적 연출의 관점에서 해석하고자 한다. 말하자면, 새 정부는 자신들이 지향하는 가치와 이념을 국민들이 머리가 아니라 가슴으로, 논리가 아니라 감성으로 감지하고 받아들일 수 있을 대중적 스펙터클을 '신속하게' 마련해야 했던 것이다. 정권 초기에 문민정부가 권력에 대한 지지를 창출하기 위해 내세운 정치이념이 '신한국'이었음을 우리는 이미 살펴보았다. 그렇지만 신한국이 무엇인가? 대통령은 공적인 자리에서 국민적 연설을 통해 그 개념을 설명한 바 있지만 때때로 대중들은 논리적 설명이 아닌 감각적인 이벤트를 통해 정치적 개념들을 느끼고자 한다. 이러한 계산법에서 보자면 누구도 예상하지 못한 상태에서 신속하게 이루어진 군부 개혁은 바로 신한국이 나아가야 할 길을 뚜렷하게 제시해준 강력한 정치적 이벤트였다. 권력적 이해관계를 가진 사람들에게서 그 개혁은 이익정치의 차원이지만, 일반 국민들에게는 새로운 정부가 구현하고자 하는 신한국을 피부로 느낄 수 있는 일종의 상징행위다. 대통령은 그 개혁을 매개로 신한국의 목표와 방향을 다음과 같이 명확히 했다. "군의 개혁을 단행하여 문은 문답게, 무는 무답게 문과 무가 각기 제자리를 찾도록 했습니다." 모든 것을 원래대로 복원하는 것, 그것이 곧 신한국의 당면목표들 중의 하나인 "국가기강 확립"의 길이다.

1995년 8월 15일에 이루어진 구 조선총독부 건물 해체 의식은 국민들이 '같은 공간에서 서로 손을 잡고' 신한국의 의미와 가치를 느끼고 공유하도록 한, 거대한 정치적 연극이었다. 앞서 살펴본 것처럼, 정부는 그날의 행사 무대를 '광복', '민족정기', '신한국', '통일', '미래'와 같은 상징적 용어들로 채웠다. 이 용어들은 의미상 새로 밀접한 연결 관계를 갖는데, 말하자면 왜곡된 일제강점기의 역사를 원래의 자리로 돌려놓음으로

구 조선총독부 청사 철거 (출처: 국가기록원)

써 민족정기의 회복이 이루어지고 그것이 곧 신한국과 통일의 미래로 나아가기 위한 원동력이라는 것이다. 구 조선총독부 건물 첨탑 제거를 위한 고유제에서 낭독된 고유문은 그러한 의미의 연결성을 명확하게 드러내주고 있다.

우리 민족의 언어와 역사를 말살하고
겨레의 생존까지도 박탈했던 식민정책의 본산
조선총독부 건물을 철거하여
암울했던 과거를 청산하고 민족의 정기를 바로 세워

통일과 밝은 미래를 지향하는
정궁 복원작업과 새 문화거리 건설을
오늘부터 시작함을 엄숙히 고합니다. (문화체육부 · 국립중앙박물관, 1997, p. 354)

구 조선총독부 건물 철거는 그러한 신한국의 가치를 시각적으로 표상해주는 연출이었다.

총독부 건물 해체의 시작을 알리는 첨탑 제거를 중심으로 전개된 광복절 행사를 간략히 살펴보기로 하자. 8월 15일 오전 9시부터 약 2시간 동안 세종로에서 이루어진 광복절 기념 경축식은 식전행사, 본 행사, 식후 행사로 나뉘어 치러졌다. 전통의장대와 전통군악대의 선도로 3부 요인을 비롯한 각계 대표, 해외동포, 일반 시민 등 5만여 명의 참석자들이 광화문 앞 도로에 집결했다. 전통 군악대의 연주로 시작된 식전행사에서는 광복의 환희를 재현하는 500여 명의 맬부군 · 바라군 · 횃불수의 합주와 행진에 이어, 총독부 건물 첨탑 제거를 알리는 문화체육부장관의 고유시가 낭송되고 거대한 첨탑 상부가 제거되어 광화문 앞에 내려지는 장관이 연출되었다. 전국의 사찰과 교회에서 울리는 종소리가 곧이어 본 행사가 열릴 것임을 알렸다. 광복회 회장의 기념사를 시작으로 축가와 연주가 그 뒤를 잇고, 독립유공자 표창이 있은 후에 대통령의 경축사가 이어졌다. 광복절 노래 제창과 만세삼창으로 본 행사는 마무리되었다. 식후행사에서는 천안에서 발화한 불꽃이 통일성화봉송단에 의해 식장을 통과하고 대통령이 건네준 성화가 통일전망대로 향했다. 통일 판타지 연주와 통일의 염원을 표현하는 무용이 그 뒤를 이었으며 모든 참석자들이 광화문대로의 중앙분리대를 중심으로 커다란 맴돌이를 하면서 행사의 대미가 장식되었다(한국일보, 1995/08/02; 문화방송 뉴스데스크, 1995/08/15). 이와 같이 세종로는 '광복 50주년 통일로 미래로'란 슬로건 아래에서 진행된 국가적 의례가 열린 무대였으며 그 자리에서는 '역사'와 '화합'과 '미래'를 표상하는 상징들이 하나로 융합되었다.

총독부 건물의 철거 시작과 그에 이어진 국민적 축제는 적어도 네 가지 점에서 매우 중대한 정치적 · 역사적 상징성을 갖는다. 우선, 건물 철거는 민족적 정신의 소산인 역사적 유물들이 야만적 식민지배의 상징물 속에 보관 · 전시되는 모순과 부조리를 넘어설 수 있도록 함으로써 문화적 정통성 확립의 기초를 마련할 수 있었다. 다음으로, 그것은 조선의 정궁 경복궁이 원래의 모습대로 복원될 수 있는 중대한 계기를 가져다주었다. 왕궁의 중심 근정전을 가로막고 서 있는 총독부 건물을 해체하지 않고서는 궁궐과 역사를 바로 세우기가 불가능했던 것이다. 아울러, 근정전과 광화문이 다시 공간적으로 연결될 수 있게 되었다는 점을 지적해야 한다. 조선왕조 이래 광화문은 유교정치의 이념을 구현하는, 경복궁의 정문이었다. 근정전을 비롯해 궁궐의 주요 전각들이 일직선으로 연결되어 남쪽의 정문과 이어져 있는 공간적 배치상이 광화문의 그러한 정치적 위상을 잘 보여주고 있다. 하지만 일제가 근정전 앞에 총독부 건물을 세움으로써 광화문은 주요 전각들과의 공간적 연결성을 상실해버렸는데 그것은 곧 조선왕조 유교정치의 왜곡과 단절을 의미하는 것이었다. 박정희 정권의 광화문은 그 재료에서도 그렇지만, 총독부 건물을 그대로 놔둔 상태에서 재건된 것이기 때문에 광화문의 본래 의미를 되살려놓은 것이 아니었다. 끝으로, 그동안 차량이 독점적으로 사용한 세종로를 국민들에게 개방한 것—비록 일시적이었지만—은 화합과 통합의 축제 공간이라는 새로운 정치적 의미를 세종로에 부여하는 일이었다. 그것은 군부정권 아래에서는 불가능한 상상이었다.

궁극적으로 보면, 구 조선총독부 건물 철거는 경복궁—광화문—육조대로로 이어진 조선왕조의 통합 공간을 본래에 가깝게 회복하는 시발점으로서의 의미를 갖는다. 물론 그것이 온전히 실현되기 위해서는 광화문이 목재로 복원되고 세종로에 사람들이 자유롭게 걸어다닐 수 있는 광장이 조성되어야 하지만 말이다. 조선왕조 제일의 정치적 공간을 복원하기 위한 노력은 본질적으로, 오랜 시간 단절된 역사적 정통성의 회복을 위한 일로 해석될 수 있으며 그럼으로써 문민정부는 '신한국'으로 상징되는 정치적 새로움의 가치를 국민들에게 뚜렷하게 전달할 수 있었다.

제8장

두 정치권력과 광화문공간의 분절

1. 현판 논쟁과 광화문 복원

2005년 1월 23일, 유홍준 문화재청장은 광화문 현판 교체를 공론화했다. 그해 8월 15일, 즉 광복 60주년을 기해 광화문의 한글 현판을 한자 현판으로 바꾸는 계획을 발표한 것이다. 프롤로그에서 살펴본 것처럼, 철거 대상은 1968년 겨울에 철근 콘크리트로 단장한 광화문 준공식에서 박정희 대통령이 제막한 친필 현판이다. 문화재청장은 다음과 같은 논리를 통해 현판 교체의 필요성과 당위성을 역설했다. "광화문은 6 · 25 전쟁 때 불탄 뒤 원래 위치에서 14.5미터 뒤로 물러난 곳에 세워지는 등 복원이 제대로 이루어지지 않았다", "올해 광복 60주년 기념행사에 맞추어 현판이라도 원래대로 한문 서체로 바꿀 것이다", "현재 현판은 경복궁의 성격에도 맞지 않고 원래 한자 현판과 달리 글씨 방향도 거꾸로 되어 있다"(문화일보, 동아일보, 05/01/24).

"원래 위치", "복원", "한자 현판", "경복궁" 등의 용어는 광화문 현판 교체에 대한 문화재청장의 논리가 근본적으로 '역사성'에 기초하고 있음

광화문 한글 현판 (출처: 인터넷 이미지 자료)

을 말해준다. 의심할 나위 없이, 광화문의 역사성을 회복하기 위해서는 조선왕조의 정궁인 경복궁 정문으로서의 형식과 내용을 회복해야 한다. 그렇다면 광화문은 최초 건립되었을 때의 위치로 복원되어야 하며 현판 또한 한글이 아니라 한자로 제작되어야 한다. 물론 그 모든 일들은 철근 콘크리트가 아니라 목조건축물로서의 광화문을 대전제로 한다. 아울러, 광화문 현판의 역사성에 흠결이 없기 위해서는 세종 때 제작된 현판 글씨를 복원해야 마땅하다. 하지만 그에 대한 기록이 없기 때문에 그 일은 불가능하다. 그렇다면 1865년 흥선대원군이 경복궁을 중건하면서 올린 광화문 현판을 기준으로 삼을 수 있겠지만 그에 대한 기록마저도 6 · 25 전쟁 때 소실되었다고 한다. 이를 해결하기 위해 문화재청은 가장 현실성이 큰 두 대안에 기대고 있었다. 하나는 서울대학교 규장각에 소장되어 있는, 정조가 함경남도 안변 석왕사에 내린 비문의 탁본 글씨들을 집자해 현판을 제작하는 안이고,[34] 다른 하나는 조선의 명필, 한석봉과 김정희의 글씨를 집자해 현판을 만드는 안이다.[35]

---

34 이와 관련해 문화재청은 정조만이 아니라 세종 · 숙종 등 다른 임금들의 글씨도 고려해보았지만 光, 化, 門 세 글자의 집자가 가능한 인물은 정조밖에 없음을 강조했다.

35 문화재청장이 현판 교체를 공론화할 시점까지만 해도, 흥선대원군이 경복궁을 중건할 때 올

문화재청장의 논리에 비추어보면 광화문 현판 교체의 궁극적 목적은 경복궁 정문의 모습과 의미를 최대한 역사적 원형에 '가깝게' 복원하는 데 있다. 그 속에서 무슨 정치적 의도를 발견할 수 있으랴마는 문화재청의 계획에 반대하는 측에서는 그 사업이 역사의 복원을 핑계삼아 특정한 정략적 목적을 달성하기 위한 것으로 해석되었다. 사실상 광화문 현판 교체 계획은 여러 가지 측면에서 이미 '정치적 논쟁'의 가능성들을 깊이 내재하고 있었다. 정치적 색채가 짙게 묻어나는 기념일인 광복절을 택했다는 점, 역사적 복원의 의미에 온전히 부합하지 않는 방식으로 현판 복원을 계획했다는 점, 그리고 무엇보다 교체 대상이 되는 한글 현판이 가장 민감한 정치적 논쟁의 핵심인 박정희 전 대통령의 작품이라는 점 등이다. 하지만 이 모든 이유들보다 더욱더 본질적인 것은, 우리가 나중에 꼼꼼히 살펴볼 문제인데, 친일청산법 개정안이 통과되고 박정희기념관 설립 문제가 원점으로 돌아가는 등 예민한 정치적 국면 속에서 참여정부가 광화문 현판 교체 계획을 발표했다는 점이다. 이러한 이유로 광화문 현판 교체 계획을 둘러싸고 역사성의 논리와 정치성의 논리가 서로 맞부딪히게 되는 필연적 상황이 도래한다.

논쟁은 김형오 한나라당 의원의 서신에서 비롯되었다. 김형오는 2005년 1월 26일에 "유홍준 문화재청장께"라는 제목의 서신을 보냈다. 그는 문화재청의 광화문 현판 교체 계획을 순수한 역사적 발로가 아니라 은밀한 정치적 의도로 바라보았다. 그렇게 생각하는 요지는 다음과 같다. 첫째, 광화문이 원형대로 복원되지 않은 상태에서 특정한 기념일을 선택해 현판만 교체하는 것은 정치적으로 순수하게 보이지 않는다. 둘째, 정조와

린 광화문 현판 글씨를 복원할 수 없는 것으로 알려졌지만, 국립문화재연구소가, 1916년에 제작된, 광화문 현판이 선명하게 찍힌 유리 사진 4점을 발견함에 따라 누구의 글씨를 집자하는가의 문제는 더 이상 논쟁의 이슈가 아니게 되었다.

광화문 간에는 어떠한 역사적 관계도 없었다는 사실에 비춰볼 때 정조의 글씨를 집자해 새로운 광화문 현판을 제작하는 일은 역사의 복원이 될 수는 없다. 셋째, 현재의 광화문 현판 또한 역사성과 시대정신을 담고 있는 서울의 상징물이기 때문에 그 자체로서 존중되어야 하다. 김형오 의원은 궁극적으로 문화재청의 현판 교체 계획을 "승자에 의한 역사파괴"라는 말을 통해, 정치적 행위로 규정했다.

> 잘한 것은 잘한 대로, 못한 것은 못한 대로 평가하고 교훈으로 삼아야 합니다. 어떠한 경우라도 승자에 의한 역사파괴는 막아야 합니다. [……] 최근 부상하고 있는 과거사 문제는 정치권의 회오리일 수 있습니다. 그러나 문화재 관리는 현재의 정치적 이슈에서 한발 물러나 역사의 관점에서 바라보고 해석해야 하는 고고한 작업이라 생각합니다. (김형오, 2005a)

문화재청에 의해 역사의 복원으로 규정된 광화문 현판 교체가 역사의 왜곡을 초래하는 정치적 일로 재규정되고 있는 것이다. 다음날 유홍준 청장이 "김형오 의원에게!"라는 제목의 답신을 보냄에 따라 논쟁은 본격적인 궤도에 오르게 된다. 답신의 핵심은 현판 교체 계획은 어떠한 정치적 또는 정략적 동기도 포함하고 있지 않은 순수한 역사적 임무임을 강조하는 것이었다. 문화재청장의 논리를 보자. 첫째, 광화문 현판 교체는 이미 1995년 경복궁 복원 계획에 포함되어 2003년 공청회를 거쳐 국민적 합의에 도달한 계획이다. 둘째, 정조의 글씨를 택하기로 결정된 것은 아니며, 정조가 광화문과 인연이 없긴 하지만 조선의 명군이자 품격 있는 글씨체의 소유자다. 셋째, 광화문은 엄격히 말해 대한민국 서울의 상징이 아니라 조선의 정궁인 경복궁의 정문이다. 따라서 현판은 그에 걸 맞는 모양새를 갖춰야 한다. 유홍준은 승자의 역사 파괴라는 김형오의 해석을 반박하면서 정치적 해석을 경계했다.

> 저는 경복궁 복원을 맡고 있는 문화재청장으로서 마땅히 할 일, 이미 결정해 놓고 그동안 미루어 온 일을 광복 60주년 행사장 관리인으로서 하고자 할 따름입니다. 끝으로 '어떤 경우라도 승자에 의한 역사파괴는 막아야 한다'는 김 의원의 말씀에 전적으로 동의합니다. 그러나 광화문은 결코 그러한 맥락에서 볼 사안이 아닙니다. (유홍준, 2005)

하지만 김형오는 그러한 논리를 받아들이지 않았다. 그는 1월 31일에 "유청장께"라는 재답신을 띄웠다. 그는 문화재청장의 논리가 다음과 같은 점에서 설득력이 부족하다고 주장했다. 첫째, 2003년 공청회는 현판 교체와는 상관없는, 광화문 권역 복원에 관한 것이다. 둘째, 광복 60주년 기념행사와 현판 교체 사이에는 필연적 연결 관계가 없다. 셋째, 광화문과 관계없는 인물의 글씨를 집자한 현판을 매다는 일과 문화재의 역사적 품격은 아무런 관련이 없다. 넷째, 시민들은 광화문을 경복궁의 일부로 생각하기 이전에 서울의 상징적 건물로 인식하고 있다(김형오, 2005b).

유홍준과 김형오가 점화시킨 광화문 현판 교체에 관한 정치적 논쟁은 다른 행위자들의 개입을 통해 그 외연을 확대해나갔다. 국립중앙박물관장을 지낸 정양모 문화재 위원은 문화재청장의 계획을 지지했다. 그에 따르면 광화문 한글 현판은 문화재 전문가가 아닌 권력자의 작품일 뿐만 아니라 원래 현판의 글씨체를 따른 글씨도 아니기 때문에 현판 교체가 역사적 순리라고 주장했다.[36] 조순 민족문화추진위 회장 또한 문제의 본질을

36 아울러 그는 1995년 총독부 건물 해체작업 과정에서 현판 교체가 이루어지지 못한 것은 정치적 이유에 기인한다고 주장했다. 그렇게 보자면 정양모의 주장은 김형오의 논리를 정면으로 반박하는 셈이다. 김형오는 유홍준에게 보낸 제1서신에서 다음과 같이 말하면서 광화문

역사적 원형 복원이라는 관점에서 볼 필요가 있음을 강조하면서 문화재청의 계획에 정당성을 부여했다(한겨레, 05/01/23). 이 둘은 문화재청장의 논리, 즉 역사적 복원이라는 관점에서 광화문 현판 교체에 접근하는 경우로 볼 수 있다.

하지만 이에 맞서 현판 교체가 엄격한 의미의 역사적 복원이 아니라는 주장 또한 제기되었다. 서울대학교 규장각 학예사 김문식은 광화문을 포함해 경복궁이 정조와 아무런 역사적 관계가 없음을 강조했다. 경복궁은 임진왜란 때 완전히 소실되어 정조 재위 시까지도 폐허로 남아 있었다는 사실을 환기할 필요가 있다는 것이다. 또한 미술사가인 최완수는 현판 글씨는 임금이 아니라 신하나 서예가가 맡는 것이 일반적이었다는 역사적 관행을 언급했다(한겨레, 05/01/23). 정조의 글씨로 광화문 현판을 제작하는 것이 역사학적으로 정당하지 않다는 주장들이라는 면에서 궁극적으로 김형오의 논리를 지지해주는 것으로 보인다. 한편, 역사적 복원의 관점이 아니라 문화적 자주성의 관점에서 현판 교체 계획에 반대한 단체들이 있었다. 한글학회 · 외솔회 · 세종대왕기념사업회 등과 같은 단체들은 한글 현판을 떼어내고 한자 현판을 매다는 것은 한글 보호와 장려라는 목적에 위배되는 일이라고 주장했다. 그들은 굳이 박정희의 한글 현판을 떼어내고 다른 현판을 올리고자 한다면 한자가 아니라 한글로 제작된 현판을 달 것을 주문했다. 제3의 논리 같지만 사실상 한글 전용 정책을 실시한 박정희 정권의 문화정책의 연장선에 위치한다는 면에서 마찬가지로, 김형오의 논리를 지지해주는 것으로 보인다.

역사성과 정치성 사이에서 긴장하고 있던 광화문 현판 교체 논쟁은 주

현판 계획의 부당성을 지적했기 때문이다. "[……] 조선총독부 건물만이 아니라 중앙청도 함께 없어진 것입니다. 그러나 그때도 '광화문' 현판은 그대로 두었습니다. 군정종식을 외쳤던 YS조차 대한민국의 대표적인 중심대로인 현판은 살려두었던 것입니다"(김형오, 2005a).

요 언론들의 개입으로 급속히 정치적 논쟁으로 전환되기 시작했다. 언론은, 적어도 표면상으로는 문화재청이 전혀 의도하지 않았거나 의심을 받지 않도록 주의를 기울였던 문제를 정면으로 다루기 시작했다. 그것은 곧 현판 교체와 박정희를 연결 짓는 일이었다. 「한겨레」는 현판 교체가 곧 문화재에 각인된 박정희 기억 지우기임을 선언했다. 「한겨레」 1월 25일자 사설 「지워야 할 부끄러운 흔적들」의 일부를 인용해보자.

> "짐은 곧 국가다!" 식의 행태는 중세 전제군주 때만이 아니라 우리 세대에서도 자행돼 왔음이 여러 흔적으로 남아 있다. [……] 그 가운데 하나가 '광화문' 현판 글씨다. 박정희 전 대통령이 쓴 글씨로, 나라의 가슴이자 서울 한복판, 나라 안팎 사람들이 지나다니는 길목에 버티고 서서 중요 행사 때마다 텔레비전 화면에 비치곤 한다. 조선 왕실의 정궁이자 나라의 상징물과도 같은 역사적 건물 자리에 독재자의 '강퍅한' 글씨가 생생히 남아 힘을 발휘하고 있으니 그것을 보는 이들에게 미치는 심리적 영향이 어떠할까? 정궁의 정통 건물이었던 것을 시멘트로 개조한 것도 그렇지만 현판조차 박씨 스스로 '친필'을 휘두른 것에서는 무소불위의 독재 권력을 후세에까지 과시하기 위한 속내가 보인다.

신문은 문화재청의 현판 교체를 지지하고 있다. 하지만 그것의 정당성이 문화재의 역사성 복원이 아니라 독재 청산이라는 정치적 이유에 있다고 명확히 밝혔다. 결과적으로, 「한겨레」의 해석은 광화문 현판 교체 계획이 참여정부가 집권 초기부터 추진하기 시작한 박정희 역사의 재평가를 중심으로 하는 과거사 청산과 밀접히 관련되어 있다는 의심이 결코 근거가 없지 않았음을 확신하게 하는 계기로 작용한다. 박정희를 지지하는 세력에게서 광화문 현판 교체는 박정희 유산과 기억 지우기의 시각적 표상 이외에 다른 것이 아니다. 이러한 논지는 이미 김형오의 서신에서 우회적으로 제기된 것이었다.

> 청장, 잘 아는 대로 박정희 유산을 지우겠다는 유형무형의 세력이 존재하는 것은 사실 아닙니까. 나는 이미 밝혔듯이 역사를 권력의 힘으로 재단하려는 어떤 세력에 대해서도 강력히 반대합니다. 오늘의 잣대로서 어제를 꿰맞추는 어리석음은 더 이상 이 땅에서 사라져야 할 것입니다. (김형오, 2005b)

「조선일보」, 「동아일보」, 「문화일보」 등은 김형오와 그를 지지하는 세력들의 논리를 이어받아 현판 교체를 박정희 역사에 대한 부정적 재평가라는 의도가 깔린 정치적 행위로 규정하면서 문화재청과 참여정부를 비판했다. 「동아일보」의 경우 「역사를 지우거나 희롱해선 안 된다」(1월 26일)라는 사설에서 박정희와 그의 업적에 대한 참여정부의 시각이 너무나 편향적이고 진지하지 못하다고 강조하면서 현판 교체 계획을 그러한 정치적 오류의 또 다른 사례로 해석했다. 그리고 「문화일보」는 「'박정희 논란' 다른 저의는 없는가」(1월 26일)라는 사설을 통해 박정희에 대한 참여정부의 해석이 균형을 상실한 채 지나치게 정략적인 방향으로 흐르고 있음을 지적하면서 현판 교체 계획 또한 그러한 흐름의 연장에서 바라봐야 한다고 주장했다. 공통적으로 이 두 신문은 한글 현판을 떼어내고 한자 현판을 올리는 일을 친일진상규명법, 과거사법, 한일협정 외교문서 공개 등 박정희를 재평가하려는 정치적 움직임과 연결시키면서 문화재청의 계획이 정치적으로 순수하지 못함을 강조했다. 「조선일보」는 1월 25일자 사설 「박정희의 광화문과 正祖의 光化門」이라는, 전략적 상징성을 띠는 제목의 사설을 통해 문화재청이 서툴고 조급하게 그리고 무조건적으로 박정희 시대의 유산을 부정하면서 문화재 복원을 시도하고 있다고 비판했다. "박 전 대통령의 광화문 현판도 이제는 37년 동안 그 자리에 걸려 있음으로 해서 어느 정도 역사성을 얻은 것이니 그걸 반드시 바꿔야 한다 해도 철근 콘크리트로 되어 있는 광화문이 목조의 원래 모습을 되찾게 될 때 함께 해도 늦지 않은 일이다."

이러한 논쟁의 국면에서 유홍준 청장은 한 언론사와 인터뷰를 했다. 청장은 그 자리에서 광화문 현판 교체에 관한 자신의 입장을 밝혔다. 광화문 현판 교체는 이미 정해진 일이며, 정조의 글씨는 여러 대안들 중의 하나일 뿐인데 마치 확정된 것처럼 이야기 된 것에 문제가 있으며, 나아가 박정희 친필 현판 제거에 초점이 맞추어진 것은 문제의 본질이 아니라는 논리를 폈다. 하지만 결국 그는 한발 물러서기로 결정한다. 그는 "박정희 전 대통령 친필의 광화문 현판은 당초 광복 60주년 행사에 맞춰 교체할 방침이었으나 복원 공사가 끝나는 2009년에 새로운 현판으로 바꾸는 게 가장 합리적이라는 역사학계의 의견을 수용키로 했"음을 밝혔다(국민일보, 05/03/07). 문화재청장은 문화재위원회의 논의를 기다려봐야 하는 사안이라는 단서를 달긴 했지만 4월 20일에 개최된 문화재위원회의 회의에서도 광화문 복원이 완료되는 시점에 현판을 교체하기로 합의되었다(한국일보, 05/04/21). 문화재청과 문화재위원회의 결정으로 광화문 현판 교체를 둘러싼 정치적 논쟁은 더 이상 격화되지 않았다.

2006년 12월 4일, 문화재청장 · 서울시장 · 문화재위원장 등이 참석한 가운데 경복궁 흥례문 앞마당에서 '광화문 제 모습 찾기 선포식'이 개최되었다. 고유제와 축사 이후에 광화문의 용마루 취두가 제거되면서 1968년에 박정희에 의해 건립된 광화문의 해체가 시작될 것임을 알렸다. 복원은 1929년에 제작된, 고종 조 광화문에 관한 실측설계 도면과 사진 기록을 기준으로 이루어진다. 총 5천 톤에 달하는 거대한 석축 위에 목조 누각이 세워진, 높이 18.9m, 정면 길이 23.8m의 광화문이 늦어도 2010년 11월에 위용을 드러낼 것이다.[37] 문화재청은 '현판 교체 후 광화문 복원'

광화문 가림막 (출처: 직접 촬영)

이라는 원래 계획이 반대에 부딪혀 수정되긴 했지만, 결국 광화문의 역사적 복원이라는 의지를 관철시킬 수 있었다.

여기서 우리는 한 가지 질문을 던지게 된다. 경복궁이 복원되고 광화문이 복원되고 있다면 당연히 그 앞의 세종로도 제 모습을 찾아야 하는 것이 아닐까? 왜냐하면 그곳은 태생적으로 경복궁 그리고 광화문과 분리 불가능한 통합적 공간으로 탄생한 것이기 때문이다. 하지만 경복궁과 광화문의 복원과는 달리 세종로에서는 역사적 공간의 '현대화' 작업이 진행 단계를 거쳐 마무리되었다. '광화문광장'이 조성된 것이다. 이러한 맥락에서 우리는 광화문공간의 '분절'을 목도하게 된다.

37 고종 조의 광화문과 비교할 때 1968년의 광화문은 북쪽으로 14.5미터 뒤로 물러나 있고, 서쪽으로 10.9미터 치우쳐 있으며, 경복궁의 중심축에서 동쪽으로 5.6° 틀어져 위치하고 있다(문화재청, 2003, p. 17). 따라서 새롭게 복원될 광화문의 위치 또한 상당부분 바뀌게 될 것이다.

2. 광화문광장의 조성: 전통의 이용

경복궁의 정문 광화문의 복원이 진행되는 동안 세종로에서는 광화문광장이 조성되고 있었다.[38] 서울시가 추진한 이 사업은 1990년부터 2009년까지 20년의 공기로 진행되고 있는 '경복궁 복원사업'의 일부다. 1991년 6월, '경복궁 복원 기공식' 연설에서 당시 노태우 대통령은 10년의 공기를 언급했지만 사실상 그 사업은 총공사비 1,789억 원을 들여 1990년부터 2009년까지 총 20년 동안 5단계로 나뉘어 진행될 것이었다.

구분	복원 사업 내용	사업 시간
1단계	침전 권역: 강녕전 등 12동 794평 복원	1990~1995
2단계	동궁 권역: 자선당 등 18동 352평 복원	1994~1999
3단계	흥례문 권역(박물관): 흥례문 등 517평 복원. 구 조선총독부 건물 철거 등	1996~2001
4단계	태원전 권역: 태원전 등 25동 496평 복원. 구 30경비단 철거 후 경복궁 지형복구 등	1997~2004
5단계	광화문 및 기타 권역: 광화문 등 32동 1091평 복원. 광화문의 원위치 복원 및 훼손 변형된 유적 복원	2001~2009

* 출처: 문화재청, 2003a, p. 4.

위의 표에는 나타나 있지 않지만 5단계 사업에는 광화문 주변의 복원이 포함되어 있었다(문화재청, 2003a, p. 7). 1994년 12월 서울시정개발연구원은 이러한 복원사업 프로그램에 맞추어 사업명 '서울 상징거리 조성계획'하에 세종로를 광장으로 조성하는 안을 발표했다. 광화문 앞의 옛 모

38 광화문광장 조성사업에 관한 이후 분석의 많은 부분은 하상복(2009)에 기초한 것임을 밝혀둔다.

습이 재현되고 시민들의 보행권이 보장되는 '광화문광장'을 만든다는 것이었다(문화재청, 2003a, p. 39). 이후 문화재청의 주도로 2003년 7월 8일, '경복궁 광화문 권역 복원정비를 위한 공청회'가 개최되고 광화문 권역 복원에 필요한 사항들이 논의되고 점검되었다. 공청회 개최 결과를 참고하면, 서울시와 문화재청의 협력을 통해 조선왕조 육조대로의 역사적 의미를 살리고, 시민들이 자유롭게 보행할 수 있는 공간 조성 방향이 설정되어 있었다(문화재청, 2003b).

이러한 개념도 아래에서 준비된 광화문광장 조성 사업은 2007년 초부터 오세훈 서울시장 체제 아래에서 가시적인 모습을 갖추게 되었다. 2006년 12월 27일의 '광화문광장 조성사업 관련 기자 설명회'에서 오세훈 서울시장은 사업의 시작을 알렸다.

> 서울시가 지난 10여 년 간 연구, 검토해 온 세종로 일대 광화문 광장 조성사업을 마침내 2007년 새해부터 본격적으로 추진하게 된 것을 시민 고객 여러분과 기자 여러분께 발표할 수 있게 되어 매우 뜻 깊게 생각합니다. [……] 아시다시피 세종로 일대는 북악산과 조선 정궁인 경복궁, 광화문 전면의 육조거리가 있는 역사적 상징성을 갖는 곳이자 2002년 월드컵 응원의 함성과 광복 60주년의 감격이 울려 퍼졌던 뜻 깊은 공간입니다. 그런데도 그동안 세종로는 수많은 차량들에게 그 자리를 내준 채, 제 기능과 역할을 다하지 못했습니다. 이제 서울시는 역사문화 중심축으로서의 세종로의 역사성을 회복하고, 천만 서울시민 고객들과 서울을 찾는 관광객들이 숭례문에서 청계천, 세종로로 이어지는 거리를 편안하게 보행하여 역사 유적과 도심 속 자연경관을 즐길 수 있도록 광화문광장을 조성하고자 합니다. (오세훈, 2007b)

서울시는 2007년 3월, 광화문광장 조성을 위한 아이디어 공모를 시작으로 본격적인 사업 추진을 한 결과 그해 12월에 설계안을 확정했다.

여기서 주목해야 하는 사실은 서울시는 광장 조성을 위한 사업을 추진함과 동시에 서울 도심을 전체적으로 재편성하는 거대한 개발 프로젝트를 구상했다는 점이다. 2007년 11월 2일에 '도심 재창조 프로젝트 국제포럼'이 개최되었는데 서울시장은 개회사를 통해 프로젝트의 본질적 성격을 밝혔다. 그것은 "낙후된 서울 도심의 문화 · 경제적 가치를 새롭게 찾아내서 서울을 매력적으로 재창조한다는 계획"이었다. 구체적으로 그 사업은 서울 도심을 네 축으로 나누어 각 축을 특정한 테마 공간들로 구성하는 것이다(오세훈, 2007c). 이러한 아이디어는 서울특별시 균형발전본부의 주관으로 제작된 '서울 도심 재창조 프로젝트 마스터플랜'에서 현실화되었다.

"도심의 역사성과 정체성 회복", "도심 경제 활력 강화", "창조적 미래형 도시 추구"라는 목표를 지향하는 도심 재창조 프로젝트는 서울시장이 국제포럼에서 밝힌 바대로 서울 도심을 역사문화축 · 관광문화축 · 녹지문화축 · 복합문화축으로 구분하고 각 축을 특색에 맞는 공간으로 재구성하는 것을 목표로 한다. 각 축에 대해 간단히 살펴보기로 하자. 첫째, 역사문화축은 세 개의 테마 공간 조성사업으로 이루어져 있다. ① 광화문광장 조성사업으로서 세종로에 폭 100m, 길이 740m의 광장을 조성한다. ② 북창동 관광특구 테마가로 조성사업으로서 폭 10m, 길이 300m의 공간을 "음식 문화 및 유흥 문화를 주제로 한 테마가로 조성 및 차 없는 거리"로 만들고자 한다. ③ 남대문 재래시장을 정비해 쇼핑과 관광의 명소로 만든다. 둘째, 관광문화축 역시 세 개의 테마 공간으로 조성된다. ① 명동관광특구 가로환경 개선 사업을 통해 "품격 있는 명동거리를 조성"한다. ② 명동-을지로 2가 첨단 유비쿼터스 가로 조성 사업으로서 첨단 디지털 미디어 기술을 감상하고 체험할 수 있는 공간을 조형한다. ③ 낙원상가를 정비하고 고층건물들의 이전을 통해 북촌과 남산을 잇는 조망권을 확보한다. 셋째, "창경궁, 종묘－남산을 녹지로 연결해 남북 그린네트워크"를 회복하기 위한 녹지문화축은 세 개의 사업으로 구성되고 있다. ① 세운상가 일대 낙후지역을 녹지 공간으로 조성하는 세운 녹지축 조성사업 ② 창경궁－종묘 사이를 녹지화하는 창경궁－종묘 간 단절구간 복원 사업 ③ 퇴계로－남산 간 녹지 연결 사업이다. 넷째, 복합문화축이 있는데 이것은 "역사문화, 공연문화, 패션문화가 함께 하는" 공간 조성을 목표로 다섯 개 사업들로 구성된다. ① 동대문 디자인 파크 조성사업으로서 "역사와 문화, 녹지 등이 어우러진 다목적 시민공원 조성"을 목표로 한다. ② 동대문 디자인 플라자를 건립해 프랑스 퐁피두센터에 버금가는 문화 랜드 마크를 조성하고자 한다. ③ 생활체육의 활성화를 위해 6개의 간이야구장을 건립한다. ④ 흥인지문 주변에 역사녹지광장을 조성한다. ⑤ 대학로－동대문운동장－남산을 잇는 도로의 교차로를 개선하고 고가를 철거함으로써 보행체계를 정비하는 사업을 추진한다. 이러한 네 개의 도심축 조성에 "열린 남산 만들기" 사업이 더해져 서울시의 도심 재창조 프로젝트의 전체적 틀이 구축되었다(서울특별시 균형발전본부, 2008).

지금까지의 설명을 통해 알 수 있듯이 광화문광장 조성사업은 도심 재창조 프로젝트의 일환으로 도심의 역사문화축 조성사업 속에 편성되어 있었다. 그것은 결국 광화문광장 조성사업의 근본적 의미와 방향이 달라졌음을 말해주는 것이다. 광화문광장 조성사업은 크게 세 가지의 사업 목표를 지향한다. 첫째, "세종로 중앙에 육조거리 복원 등 역사와 문화가 살아 숨 쉬는 광장 조성"이며, 둘째 "경복궁, 북악산으로 이어지는 자연경관 조망 축을 확보"하는 것이며, 셋째 "첨단 IT 기술을 체험할 수 있는 보행 공간 확보로 관광명소화"를 구축하는 것이다(서울특별시 균형발전본부, 2008, p. 9). 표면적으로 보자면 사업의 목표는 역사와 전망과 관광이라는 세 가지 가치의 균형적 실현을 지향하고 있다. 하지만 설계안과 실제 조형된 광장의 모습을 보면 그러한 목표가 달성되었는지에 대해서는 의문의 여지가 있다.

서울시는 본래 2008년 2월에 광화문광장 조성공사를 시작하려 했지만 공사로 인한 주변 지역의 교통 혼잡 문제를 둘러싸고 관계기관과의 협의가 늦어져(서울신문, 한국일보, 08/01/21) 같은 해 5월 27일에야 착공식을 열어 공사를 개시할 수 있었고 2009년 8월 1일에 시민들에게 광장을 개방했다. 언론에 보도된 설계안을 토대로 광화문광장이 어떠한 공간 개념으로 구축되어 있는지 살펴보기로 하자.

길이 740m, 폭 34m의 세종로 공간을 '경복궁 역사회복의 존', '조망 및 역사재현의 존', '문화의 존', '도시의 존' 등 총 4개의 테마 존(zone)으로 개념화하고, 구체적으로는 그 공간을 총 6개의 테마 광장들로 만들어 나간다는 계획이 수립되어 있었다. 첫째, 복원될 광화문으로부터 남쪽으로 130m에 이르는 자리에 '광화문의 역사를 회복하는 광장'이 조성된다. 육조거리 · 월대 · 해태상 · 노두석을 재현해 조선조 정치의 중심이라는 역사적 의미를 가시화하는 광장으로 만든다. 둘째, 이어서 210m에 이르는 공간에 '육조거리의 풍경을 재현하는 광장'을 조성한다. 이 광장에는 육조의 위치를 나타내는 표석, 육조 모형물, 관청의 회랑 등이 재현되며, 정조의 능행차 등 조선조 왕실 행사 프로그램의 재현도 이 광장에서 이루어진다. '광화문 역사 회복의 광장'과 함께 정치성과 역사성을 담아내는 광장으로 건립될 예정이다. 셋째, 이어서 130m에 이르는 자리에 '한국의 대표 광장'으로 불리는 광장을 조성해 세종대왕 동상을 배치하고, 동상을 중심으로 앞뒤의 공간을 '부국강병의 장', '역사창조의 장', '문화과학의 장'으로 설정해 그에 걸맞는 상징물들을 세운다. 또한, 폐쇄될 광화문 지하보도에는 세종과 한글 창제를 주제로 하는 '세종 이야기' 전시관이 건설된다. 이러한 역사적 주제와 더불어 광장에 IT 기술 관련 상징물들(미디어보드와 미디어폴)을 세워 한국의 미래를 표상하는 공간으로 조성한다. 넷째, 지상과 지하를 연결하는 이른바 'sunken 광장'의 형태로 '시민들이 참여하는 도시문화 광장'이 조성된다. 광화문 지하철역으로 연결될 이 공간은 각종 편의시설, 전시장, 계단, 만남의 장소, 메시지 보드(시민들이 시에 보낸 의견과 사진 전시) 등을 설치해 교류와 의사소통의 장소로 활용된다. 다섯째, 이순신 장군 동상을 중심으로 '도심 속 광장'을 만든다. 이곳에는 연못, 바닥분수, 거울분수, 디지털글자분수 등 이순신 장군의 이미지에 부합하는 조형물들이 설치된다. 마지막으로 광장의 남쪽 끝 부분인 '청계천 연결부'에는 청계천으로 이어지는 옛 물길인 중학천과 백운동천을 형상화하기 위해 중학백운동 분수가 세워진다(서울특별시 균형발전본부, 2009; 조선일보, 07/12/13; 연합뉴스 07/12/13).

앞서 보았듯이 서울시는 광장 조성 목표들 중의 하나가 "육조거리의 복원"에 있다고 말했다. 복원의 가치를 강조했다는 것이다. 그렇지만 주지하는 바와 같이, 완공된 광화문광장은 그러한 역사성을 실질적으로 담아내지 못하고 있는 듯하다. 왜냐하면 광화문광장은 조선시대에 조성된 육조대로 모습의 철저하고 엄격한 고증의 결과물들이 아니라 가장 정치적이었던 공간에 관한 단편적 기억들을 연상시키는 시각적 이미지들로 채워져 있으며 그러한 이미지들조차 첨단 디지털 기술들과 결합되어 역사성보다는 감각적인 스펙터클의 소재로 활용되고 있을 뿐이기 때문이다. 복원의 가치를 상실한 채 서울시는 이 광장에서 대중들의 감각적 욕망에 부합하는 문화적 행사들을 끊임없이 기획하고 치러내고 있다. 또한 그곳은 서울을 홍보한다는 정당성 아래에서 미디어 자본의 장으로 활용되고 있기도 하다.

광화문광장의 역사성 부재는 육조대로 이외에도 다른 테마광장에서도

광화문광장 (출처: 직접 촬영)

보여진다. 그것은 세종대왕상과 이순신장군상을 같은 공간에 배치하는 일이다. 서울시는 지난 10월 9일 한글날에 맞춰 거대한 세종대왕상을 광장의 중앙부에 배치하는 이벤트를 연출했다. 본래 광화문광장에는 이순신장군상만이 자리하고 있었는데 서울시가 광장 설계안을 확정하면서 세종로라는 이름에 걸맞게 덕수궁의 세종대왕상을 광장으로 이전할 것이라고 발표했다. 여기서 우리는, 두 인물이 역사적 관점에서 광화문광장과 조화되는지에 관한 문제는 제쳐두더라도, 과연 그 두 인물을 함께 배치하는 것이 어떠한 역사적 합당성을 갖는가라는 질문을 던지게 된다. 지난 2008년 겨울, 서울시는 두 인물을 함께 배치하는 안에 관해 서울디자인위원회와 설계자문단의 의견을 청취했는데, 두 단체는 "하나의 광장에 두 개의 동상이 배치됨으로 인해 광화문광장의 정체성이 불명확해질 우려가

충무공과 세종대왕 (출처: 직접 촬영)

크며, 기존의 이순신장군상과 크기와 형식에서 차이가 커서 조화롭지 못하다는" 의견을 표명했다(서울특별시 균형발전본부, 2009). 이러한 상황 속에서 서울시는 시민들의 의견수렴을 통해 해결책을 찾고자 했다. '현재대로 이순신 장군 동상만 배치', '세종대왕 동상만 배치', '이순신 장군, 세종대왕 동상 모두 배치', '세종대왕을 중심으로 좌우에 정도전과 이순신 장군을 삼각으로 배치' 하는 안들을 대상으로 선호도를 조사했는데 세 번째 안에 대한 시민들의 높은 선호도(62.8%)를 반영해 이순신장군상과 세종대왕상을 함께 배치하기로 했다. 결국 시민들의 의견을 받아들여 두 역사적 인물상을 일렬로 배치한다는 결정을 했지만, 엄밀한 의미에서 그 둘은 자연스런 의미의 조합으로 평가될 수 없다. 그것은 어쩌면 "인위적으로 조성되는 기념물"(김현우, 2008, p. 281)에 불과할지도 모른다.

문제의 궁극적 본질은 광화문광장 조성이 경복궁 복원사업이 아니라 서울시가 추진한 도심 재창조 사업으로 성격 규정되었다는 데에 있다. 도심을 매력적이고 화려한 모습으로 바꾸려는 서울시의 정책적 관점에서 광화문광장은 복원의 대상이 아니라 '재창조'의 대상이 되었으며 그 결과 역사를 이용한 스펙터클의 광장으로 태어난 것이다. 역사적 장소와 사건과 인물들의 재현 이미지들은 첨단 조명, 분수, 미디어 등과 결합되면서 화려한 스펙터클의 배경과 요소로 기능하고 있다. 광장은 과거와 현재와 미래라는 시간을 하나로 통합한 공간이며, 역사적 위대함과 일상의 여유로움과 미래 산업의 화려함이라는 가치들이 하나로 융합된 공간으로 조성된다. 이는 이미지 결합을 통해 광화문광장을 서울의 대표적인 문화관광의 공간으로 꾸미려 하는 서울시의 목표에 부응한다.

3. 참여정부와 광화문: 기억투쟁의 장소

2002년 12월 19일, 새천년민주당 노무현 후보가 우여곡절 끝에 한나라당의 이회창 후보를 제치고 16대 대통령으로 당선되었다. 다음해 2월 25일에 취임한 노무현 대통령은 자신이 이끌 정부를 '참여정부'로 명명하면서 새 정부가 지향하게 될 정치적 가치가 무엇인가를 뚜렷이 했다.

1987년 이후 한국 정치는 민주주의 형성의 중요한 국면들을 통과해왔다. 정치권력의 장악 과정인 선거가 공정성과 경쟁의 원리를 따르는 데서, 즉 절차적 정당성의 차원에서 시작된다고 본다면, 1987년 12월에 치러진 제13대 대통령선거는 한국 정치가 민주주의의 기초를 다지는 중대 국면에 접어들었음을 말해준다(조희연, 1998, p. 181). 해방 이후 한국의 선거는 거의 대부분 공정성과 경쟁의 규칙을 따르지 않았다. 오히려 정치적 기득권을 가진 세력들이 정권 연장을 위해 음모와 폭력을 동원해 선거과정을 지배해왔다. 그와는 달리, 1987년의 대통령선거는 주요한 정치세력들이 새로운 정치적 게임의 규칙에 동의하면서, 특히 무력을 소유한 집권여당이 직접선거를 통한 경쟁을 받아들이면서 한국 정치가 오랜 비민주적 게임의 굴레에서 벗어날 가능성을 보여주었다. 하지만 절차적 차원에서 민주적 선거의 길을 열었다고 해서 그것이 반드시 민주주의 실현으로 이어지는 것은 아니다. 역사적으로, 민주적 선거 절차를 밟은 정부가 쿠데타로 전복된 사례가 얼마든지 있기 때문이다. 멀리 갈 것도 없이 우리나라 제2공화국 정부가 그러한 경우에 해당된다. 따라서 비교민주주의 이론의 관점에서 보자면, 민주적 선거가 최소한 두 번 이상 치러졌을 때 민주주의 형성을 긍정적으로 바라볼 수 있는 것이다.

이러한 논점은 1992년 12월, 제14대 대통령으로 탄생한 김영삼 문민정부가 한국 민주주의 형성의 역사에서 어떠한 의미를 갖는가를 말해준다. 김영삼 정부의 등장은 1987년에 시작된 민주주의 형성의 경로가 역전될 가능성이 매우 적어졌음을, 말하자면 민주주의 이행(transition)이 안정적 궤도에 접어들었음을 의미한다. 아울러, 라틴아메리카의 여러 나라들과 마찬가지로, 한국 또한 군부의 정치적 개입에 의해 오랫동안 민주화를 실현하지 못했다는 점에서, 문민정부에게 장기간의 군부 통치를 종결시킨 정치적 공로가 있다고 말할 수 있다. 군부의 정치적 퇴각이라는 문제의식을 통해 한국의 민주주의 이행을 관찰한 연구(조희연, 1995)는 이러한 맥락에 자리한다. 한편, 1998년에 등장한 김대중이 이끈 '국민의 정부'는 또 다른 차원에서 한국 민주주의 형성과 관련해 큰 의미를 부여받는다. 한국은 'IMF'로 상징되는 국가적 위기 속에서도 절차적 정당성을 지닌 정부를 또다시 구성해냈다는 것이다. 그와 더불어 국민의 정부는 1987년과 1992년의 대통령선거와는 달리, 정치권력의 정당 간 교체를 이루어냄으로써 한국 민주주의 형성에 그 폭과 깊이를 더해주었다.

국민의 정부에 이어 탄생한 노무현 정부는 스스로를 '참여정부'로 호명했다. 참여는 민주주의의 가장 핵심적인 가치들 중의 하나다. 그렇게 보자면 참여정부는 전임 정부들보다 한층 더 적극적이고 발전적인 시각에서 민주주의적 이념과 원리를 실현하려는 의지를 보인 것으로 평가할 수 있다. 참여정부는 아마도 한국 민주주의를 심화하고 내실화해야 한다는 정치적 임무를 스스로에게 부여했던 것으로 해석된다. 대통령 취임사는 민주주의의 심화를 위한 참여정부의 이념적 · 정책적 비전들이 무엇인가를 설명해주고 있다.

> 국민 여러분,
>
> 동북아 시대를 열고, 한반도에 평화를 정착시키려면 우리 사회가 건강하고 미래지향적이어야 합니다. 힘과 비전을 가져야 합니다. 그러자면 개혁과 통합을 위한 지속적인 노력이 필요합니다. 개혁은 성장의 동력이고, 통합은 도약의 디딤돌입니다. 새 정부는 개혁과 통합을 바탕으로, 국민과 함께 하는 민주주의, 더불어 사는 균형발전사회, 평화와 번영의 동북아 시대를 열어 나갈 것입니다. 이러한 목표로 가기 위해 저는 원칙과 신뢰, 공정과 투명, 대화와 타협, 분권과 자율을 새 정부의 국정 지표로 삼고자 합니다. (노무현, 2004a, p. 29)

취임사는 동북아 시대의 실현, 한반도 평화 정착, 건강하고 미래지향적인 사회 건설을 위해서는 개혁과 통합이 필요함을 강조하고 있다. 이어서 노무현 대통령은 무엇을 개혁하고 어떻게 통합해야 하는가에 대해 언급한다. 우선적으로 정치 개혁의 필요성을 밝히고 있다. 개혁의 요체는 국민의 참여가 보장되고, 국민을 위한 정치 풍토가 조성되며, 대화와 타협의 정치문화가 이룩되는 데 있다. 참여와 민본과 의회정치라는 민주주의의 핵심적 가치들을 지향하고 있는 것이다. 다음으로 교육개혁이 필요한데 그 내용은 입시교육을 벗어나 학생들이 자신의 소질을 계발하는 창의교육으로의 전환이다. 또한, 대통령은 부정부패의 근절을 위한 사회제도의 개혁과, 지방분권과 균형 발전을 위한 국가 구조의 개혁을 강조했다.

개혁에 대한 설명에 이어 대통령은 통합을 이야기했다. 통합을 위해서는 지역탕평인사, 계층간 소득격차 완화, 노사화합, 복지의 확대와 내실화, 사회적 차별의 일소, 양성평등 사회의 실현, 고령사회 대비책 등이 추진되어야 함을 강조한 뒤에 방향을 바꾸어 매우 근본적이고 이념적 차원에서 통합의 원리를 제시했다.

> 반칙과 특권이 용납되는 시대는 이제 끝나야 합니다. 정의가 패배하고 기회주의가 득세하는 굴절된 풍토는 청산되어야 합니다. 원칙을 바로 세워 신뢰사회를 만듭시다. 정정당당하게 노력하는 사람이 성공하는 사회로 나아갑시다. 정직하고 성실한 대다수 국민이 보람을 느끼게 해드려야 합니다. (노무현, 2004a, p. 30)

노무현 대통령은 2004년 가을에 한국 현대사의 매듭 하나를 풀기 위한 시도를 했다. 즉, 10월 31일 제주도를 방문해 제주도민 4백 명과 함께 한 오찬간담회에서 '제주 4 · 3 사건'에 대해 공식적으로 사과한 것이다.

> 저는 위원회의 건의를 받아들여 국정을 책임지고 있는 대통령으로서 과거 국가권력의 잘못에 대해 유족과 제주도민 여러분에게 진심으로 사과와 위로의 말씀을 드립니다. 무고하게 희생된 영령들을 추모하며 삼가 명복을 빕니다. [……] 과거 사건의 진상을 밝히고 억울한 희생자의 명예를 회복시키는 일은 비단 그 희생자와 유족만을 위한 것이 아닙니다. 대한민국 건국에 기여한 분들의 충정을 소중히 여기는 동시에 역사의 진실을 밝혀 지난날의 과오를 반성하고 진정한 화해를 이룩하여 보다 밝은 미래를 기약하자는 데 그 뜻이 있습니다. (노무현, 2004b, p. 479)

취임사와 사과문을 연결시켜보면, 국민적 통합을 위해 정의로운 신뢰

사회가 건설되어야 하지만 그러한 사회 건설의 초석은 우선적으로, 왜곡된 과거사의 진실을 밝히는 일에서 다져질 수 있다는 정치적 논리가 성립한다.

물론, 과거사 청산 의지가 참여정부에서 시작된 것은 아니다. 과거사 정리는 한국 사회가 민주화를 시작한 이래 핵심적인 역사적 과업이 되어 왔다. 김영삼 정부는 '역사바로세우기'의 일환으로 1980년의 군사쿠데타에 대한 법적 · 도덕적 재평가를 통해 전두환 · 노태우 두 전임 대통령을 처벌했으며, 6 · 25 전쟁 중에 벌어진 거창 양민학살 사건의 진상 규명을 시도했다. 그리고 김대중 정부 들어서는 과거사 청산의 영역을 민주화 운동, 의문사, 인권침해 등으로 확장하고 국가인권위원회 · 의문사진상규명위원회 · 민주화운동기념사업회 등과 같은 기관을 설립함으로써 제도적 차원에서 과거사 문제를 광범위하게 해결해나가고자 했다. 한마디로 말하자면, 두 전임 정부는 과거사 청산 작업을 통해 정치적 진실과 사회적 정의 실현의 의지를 실천함으로써 민주주의의 정신적 · 제도적 기초를 닦는 데 커다란 기여를 했다.

노무현 정부는 그러한 정치적 의지의 연장선 위에 서 있었지만, 사실상 전임 정부들보다 훨씬 더 강력하고 근본적인 방식으로 과거사를 정리해 가고자 했다. 앞서 살펴본 것처럼, 대통령이 직접 국민들 앞에서 국가적 폭력에 대한 사과를 했다. 이는 곧 참여정부가 과거사의 진실을 밝히는 일을 얼마나 중요한 국가적 의제로 설정했는가를 상징적으로 보여주는 대목이다. 참여정부가 가장 먼저 제기한 과거사 청산의 의제는 일제하 부역의 역사였다(김만흠, 2006, p. 145). 그 의지는 2004년 3월 2일 국회를 통과한 '일제강점하 반민족행위 진상규명에 관한 특별법'(친일진상규명법)으로 법률적 정당성을 갖출 수 있었다(세계일보, 04/03/03). 이 법률의 역사적 · 정치적 중대성과 함께, 그것이 가져올 사회적 반대 여론을 의식한 노무현 대통령은 「59주년 광복절 경축사」를 통해 친일 역사 청산의 정당성을 역설했다.

> 국민 여러분,
>
> 그러나 지금 이 시간 우리에게는 애국선열에 대한 존경만큼이나 얼굴을 들기 어려운 부끄러움이 남아 있습니다. 광복 예순 돌을 앞둔 지금도 친일의 잔재가 청산되지 못했고, 역사의 진실마저 제대로 밝혀지지 않았기 때문입니다. 애국선열들이 하나뿐인 목숨을 내놓고 투쟁했던 그 시간에 민족을 배반하고 식민통치를 앞장서 대변했던 친일행위가 여전히 역사의 뒤안길에 묻혀 있습니다. [……] 우리는 이 왜곡된 역사를 바로잡아야 합니다. 진상이라도 명확히 밝혀서 역사의 교훈으로 삼아야 합니다. 이제 와서 반민족 친일파를 처벌하고 그들의 기득권을 박탈하는 일은 현실적으로 어려울 것입니다. [……] 분열과 갈등을 걱정하는 분들이 계십니다. 화합하고 포용하자고 하십니다. 그런데 왜 진실을 밝히는 일에 의견이 갈리고 대립이 있어야 하는지 저는 이해할 수 없습니다. 진실은 합심해서 밝혀야 하는 것입니다. 진실이 밝혀져서 부끄러운 일이 있다 해도 회피할 일이 아닙니다. 밝힐 것은 밝히고 반성할 것은 반성해야 합니다. 그 토대 위에서 용서하고 화해할 때 진정한 용서와 화해가 있을 수 있습니다. 그것이 진정으로 국민의 힘을 하나로 모으는 길이라고 저는 생각합니다. (노무현, 2005, pp. 256~257)

친일 역사 청산에 대한 대통령의 강력한 의지 표명이 있은 지 얼마 지나지 않아 국회 법제사법위원회는 전체회의를 열어 친일진상규명법 개정안을 처리해 본회의로 넘겼으며 그 안은 그 다음날인 2004년 12월 29일, 본회의를 통과했다. 개정안에서 가장 주목해야 하는 부분은 친일 조사 대상자의 범위를 중좌(중령) 이상에서 '소위 이상'으로 확대한 것인데 그러한 법률 개정에 따라 결과적으로 일본군 중위 출신인 박정희 전 대통령도

진상조사위원회의 조사 대상에 포함되게 되었다(서울신문, 04/12/30). 물론, 과거사 청산의 본질을 박정희의 친일 부역에 둔 것은 아니었을 터이다. 박정희는 조사 대상에 오른 4만여 명 중의 한 사람에 불과했기 때문이다. 하지만 박정희는 단순히 이미 지나버린 역사 속의 인물이 아니다. 그는 한국 사회의 지배이념의 토대로, 그리고 지배세력의 상징적 기초로 여전히 살아 숨 쉬고 있기 때문이다. 박정희의 집권 이후 시작된 근대화는 본질적으로, 한국 사회를 지배하게 될 주류 이념과 세력의 형성 과정이었다. 근대화는 기본적으로 반공주의 · 성장주의 · 지역주의 · 학력주의와 같은 이념들에 의해 추동되었으며, 동시에 그 이념들은 점차적으로 한국 사회의 지배적 이념으로 자리 잡게 된다(홍성태, 2009, pp. 22~23). 그것은 곧 영남을 지역적 기반으로 반공이념에 투철하며 성장을 유일한 가치로 삼는 명문 학교 출신들로 이루어진 지배세력의 형성과 공고화 과정이었다.

참여정부는 그렇게 한국 근대사에서 가장 예민한 이념 대립과 논쟁의 대상인 박정희라는 인물을 건드린 것인데 여기서 우리는 민주화 이후 두 전임 정부가 추진한 과거사 청산과 참여정부의 그것 사이에서 본질적 차이를 본다. 이제 참여정부의 과거사 청산 과정은 어쩔 수 없이 박정희가 이룩한 역사를 문제제기하고 비판하는 일로 전환될 수밖에 없게 된다. 그러한 해석의 근거를 제공할 중요한 사례를 들어보기로 하자. 친일진상규명법이 제정되기 한참 전인 2003년 3월에 노무현 대통령은 '박정희 기념관' 건립 문제를 재검토할 것을 지시했다. 주지하다시피 박정희 기념관 건립은 1999년 봄, 대구 방문 중 김대중 대통령이 제안한 일이었다. 노무현 대통령은 "박정희 기념관 건립 사업에 대한 국고 지원을 두고 사회적 논란이 빚어지고 있으며, 특정인을 기리는 기념관은 그 인물을 존경하는 사람들이 자율적으로 모금해 건립하는 게 순리"라고 하면서 사업 재검토를 지시했다(한겨레, 03/03/15). 이후 사안은 기념관 건립을 지지하는 세력과 반대하는 세력 간에 정치적 논쟁으로 확대되었다. 궁극적으로 행정자치부는 박정희기념관 건립사업을 취소하고, 이미 지원된 국고 200억 원도 환수한다는 결정을 내렸다(한겨레, 04/11/27). 이러한 맥락에 비춰보면 참여정부의 친일 청산의지는 본질적으로 박정희의 역사적 유산을 청산하는 일로 읽힐 수 있는 것이다.

한편, 참여정부는 과거사의 진실을 밝히기 위한 또 하나의 중대한 과업을 실천에 옮겼다. 2005년 5월 31일 '진실 · 화해를 위한 과거사정리 기본법'(과거사법)이 제정되었다. "항일독립운동, 반민주적 또는 반인권적 행위에 의한 인권유린과 폭력 · 학살 · 의문사 사건 등을 조사하여 왜곡되거나 은폐된 진실을 밝혀냄으로써 민족의 정통성을 확립하고 과거와의 화해를 통해 미래로 나아가기 위한 국민통합에 기여함을 목적으로"(제1조 목적) 제정된 과거사법을 근거로 설치된 '진실 · 화해를 위한 과거사정리위원회'(과거사위)는 2005년 12월 1일부터 조사를 시작해 인권유린, 폭력, 가혹행위를 초래한 사건들의 진실을 규명하기 위해 노력했다. 과거사위가 조사하고 재심 또는 보상 권고를 내린 사건들 중에는 박정희 집권기에 발생한 대표적인 반인권적 폭력 사건들이 적지 않게 포함되어 있었다. 예컨대, 2006년 하반기 과거사위 보고서에는 '민족일보 조용수 사장 사건'(1961), '김익환 일가 고문 사건'(1971), '태영호 납북 사건'(1968), '이수근 간첩 사건'(1967) 등에 관한 조사 내용이 포함되어 있었다(한국일보, 07/01/31).

참여정부는 은폐되고 왜곡된 정치적 진실을 파악하고 규명함으로써 민주주의의 기초가 닦일 수 있다고 생각했으며 그것은 과거사 청산에 관한 법률적 · 행정적 조치들로 구체화되었다. 앞서 살펴본 것처럼, 그러한 국가적 과업은 박정희의 정치적 · 역사적 유산을 재평가하고 심판하는 일을 포함하고 있었다. 흥미로운 사실은 참여정부의 그러한 정치적 의지 또는 결과가 광화문이라는 건축물을 통해 명확하게 재현되었다는 점이다. 어떻게 보면, 광화문의 현판을 교체하고 해체하며 새롭게 복원하는 일은 참여정부의 정치적 의지와는 무관한 것일지도 모른다. 그것은 본질적으로 1990년대 초반 노태우 정부 때 이루어진 경복궁 복원사업의 일환으로 불가피하게 추진할 수밖에 없는 것이었기 때문이다. 하지만, 그러한 사업 일정을 실제로 추진한 주체는 참여정부의 문화재청이었다. 문화재청은 광화문의 복원에 앞서 현판을 교체하는 계획을 세웠지만 그것은 합리적 관점에서 볼 때 수긍할 만한 순서는 아니었다. 그렇다면 사람들은 당연히 그 계획을 다른 관점에서 해석하고자 할 것이다. 한글 현판이 박정희의 작품이며 참여정부가 박정희의 정치적 기억을 재평가하고자 한다는, 연관된 두 사실은 불가피하게, 광화문을 대상으로 전개되는 모든 건축적 행위들을 정치적으로 해석하게 했다. 즉, 광화문 다시 만들기는, 참여정부가 의도했든 그렇지 않든, 한국 근대화의 핵심적 인물인 박정희의 기억에 도전하고 그것을 해체하려는 상징적 행위로 읽혔다는 것이다. 광화문이 정치적 기억투쟁의 무대가 된 연유는 그러한 맥락에 기인한다.

4. 광화문광장의 정치적 독해: 서울과 '문화권력'

지난 2003년 12월 국회는 국토의 균형 발전이라는 목표를 내걸고 제정된 '신행정수도건설을 위한 특별조치법'을 재적의원 194명 가운데 167명의 찬성으로 통과시켰다. 그 법률에 근거해 다음해 5월 '신행정수도건설추진위원회'의 발족을 시작으로 새로운 행정수도 건설을 위한 준비과정들이 진행되기 시작했다. 하지만 헌법재판소는 같은 해 10월 21일 그 법률이 위헌임을 판결했다. "대한민국의 수도는 서울이다"라는 명제가 관습헌법 조항 중 하나라는 것이 그 논지였다(양선숙, 2006, p. 231).

8. 우리 헌법전상으로는 '수도가 서울'이라는 명문의 조항이 존재하지 아니한다. 그러나 현재의 서울 지역이 수도인 것은 그 명칭상으로도 자명한 것으로서, 대한민국의 성립 이전부터 국민들이 이미 역사적 · 전통적 사실로 의식적 혹은 무의식적으로 인식하고 있었으며, 대한민국의 건국에 즈음하여서도 국가의 기본 구성에 관한 당연한 전제 사실 내지 자명한 사실로서 아무런 의문도 제기될 수 없는 것이었다. [……] 서울이 바로 수도인 것은 국가 생활의 오랜 전통과 관습에서 확고하게 형성된 자명한 사실 또는 전제된 사실로서 모든 국민이 우리나라의 국가 구성에 관한 강제력 있는 법규범으로 인식하고 있는 것이다.

14. 서울이 우리나라의 수도인 점은 불문의 관습헌법이므로 헌법 개정절차에 의하여 새로운 수도 설정의 헌법조항을 신설함으로써 실효되지 아니하는 한 헌법으로서의 효력을 가진다. 따라서 헌법 개정의 절차를 거치지 아니한 채 수도를 충청권의 일부 지역으로 이전하는 것을 내용으로 한 이 사건 법률을 제정하는 것은 헌법 개정사항을 헌법보다 하위의 일반 법률에 의하여 개정하는 것이 된다. 한편 헌법 제130조에 의하면 헌법의 개정은 반드시 국민투표를 거쳐야만 하므로 국민은 헌법 개정에 관하여 찬반투표를 통하여 그 의견을 표명할 권리를 가진다. 그런데 이 사건 법률은 헌법 개정사항인 수도의 이전을 헌법 개정의 절차를 밟지 아니하고 단지 단순법률의 형태로 실현시킨 것으로서 결국 헌법 제130조에 따라 헌법 개정에 있어서 국민이 가지는 참정권적 기본권인 국민투표권의 행사를 배제한 것이므로 동 권리를 침해하여 헌법에 위반된다. (헌법재판소, 2004)

헌법재판소의 위헌 판결에 따라 신행정수도 건설계획은 행정복합도시

건설계획으로 바뀌게 된다. 하지만 그 계획을 근거지우는 법률('행정중심복합도시건설특별법': 2005년 11월 10일 국회통과)에 대해서도 위헌소송이 제기되는 등 서울의 행정기능을 이전하려는 정부 계획은 만만찮은 반대에 부딪혔다. 그 위헌소송이 헌법재판소에 의해 각하됨에 따라 정부는 행정복합중심도시 건설공사를 추진해나갈 수 있었지만, 2007년 대통령선거에서 한나라당 이명박 후보의 승리로 정권이 교체되면서 행정복합중심도시 계획마저 무산될 위기에 처하게 되었다. 정부는 행정기관의 분산에 따른 행정 능률의 저하와 경제적 비용의 증대라는 이유를 들어 기업·대학·연구소와 같은 기관들이 입주하는 새로운 형태의 도시 건설의 필요성을 역설했다. 하지만 이제는 역으로 정부의 계획안이 원래대로 행정복합도시를 건설해야 한다는 사회 세력의 반대에 직면해 있는 상태다.

우리는 이러한 정치적 상황을 어떻게 이해해야 하는가? 국토의 균형발전에 대해서는 원칙적으로 동의하면서도 왜 서울의 정치행정 기능을 이전하는 것에 대해서는 가능하지 않다고 주장하고 있는 것일까? 반대론자들은 객관적이고 합리적인 법률적·경제학적 계산에 따라 행정수도 또는 행정복합도시의 건설이 부당함을 제기하고 있는 것일까? 그러한 논리 속에는 서울을 둘러싼 어떠한 정치경제적 이해관계도 개입되어 있지 않은 것일까? 신행정수도건설특별법이 국회를 통과했을 때 한 보수저널에는 행정수도 건설을 "반역적 천도"로 규정하면서 그것을 저지하기 위한 "총 국민운동"의 필요성을 주장하는 기고문이 실렸다. 기고자의 논리는 신행정수도 건설 비용의 과다로부터 통일 이후 국가적 정통성 문제에 이르기까지 다채롭지만, 그리고 외견상 통일 문제에 연결시킴으로써 민족주의적 정당성에 호소하는 것 같지만, 본질적인 문제는 결국 서울이 지금까지 정치·경제·역사적인 차원에서 독점하고 있는 특별한 가치와 권한—서울이 여러 지역도시들 중의 하나가 아니라 "특별시"가 될 수 있었던 요인들—을 상실할지도 모른다는 위기감인 것으로 보인다. 기고자는 서울의 주택과 부동산 가격의 하락을 염려하고, 서울에 거주하는 "권문세가"의 이탈을 걱정하고, 서울이 국토의 중심성을 빼앗기게 될 것을 두려워하고 있다. 그런데, 그는 "서울의 쇠락"과 그에 따른 "사회 · 경제적 재앙"을 경고하면서도(김정강, 2004), 시각의 균형이라는 차원에서 서울의 과잉중심성에 의해 초래되는 제반의 부정적인 결과에 대해서는 정작 아무런 언급이 없다.

서울은 대한민국의 '중심'이다. 수도의 차원을 넘어 인구 · 행정 · 경제 등 제반의 사회적 기능들이 모두 서울에 집중되어 있다는 면에서 그렇다. 하지만 문제는 그러한 중심성이 세계적으로 유례를 찾아볼 수 없을 만큼 과잉화되어 있다는 데 있다. 그러한 연유로 일찌감치 서울은 "서울공화국"이라는 이름으로 불렸다(유종해, 1986). 말하자면 그 자체로 자기완결적인 구조와 기능으로 구축된 도시라는 의미일 테이지만 그것은 결코 긍정적인 평가는 아니다. 왜냐하면 서울의 과잉도시화는 곧 다른 지방 도시들의 상대적 저발전과 연결되어 있기 때문이다. 1950년대 중반 서울은 인구 150만 명을 넘기면서 외견상 대도시의 모습을 갖추었지만, 그것은 전후 복구 과정에 따른 이상 현상이었다. 서울의 본격적인 대도시화는 1960년대 산업화와 경제성장정책을 통해서 이루어졌다. 정부는 서울을 중심으로 국가경제성장을 이끌어갔는데 그 과정은 불가피하게 서울을 모든 면에서 예외적이고 특별한 도시로 만들어냈다. 서울에는 주요한 행정기관들이 집중되었고, 성장을 위한 인적 · 물질적 자원들이 모여들었으며, 점점 더 그 공간적 외연이 확대되어나갔다. 서울의 거대 도시화는 수도권으로 불리는 인근 주변도시들의 동반 성장을 가져왔으며 그 결과, 서울과 수도권은 정치행정 · 인구 · 경제 · 문화 · 교육 등 제반의 국가적 기능들을 흡입하면서 타의 추종을 불허하는 거대 도시로 진화해나갔다(장규식,

2003, pp. 75~76).

서울은 대한민국의 여러 거대 도시들 중의 하나가 아니다. 서울은 실질적으로나 상징적으로나 예외적이고 특권적인 도시다. 서울시민과 다른 지역 시민들이 누리게 되는 사회적 기회와 혜택은 결코 같지 않으며 또한 시민들의 대외적 이미지에도 결코 동일한 무게가 실리지 않는다. 문제는, 앞서 언급한 것처럼, 서울의 과잉 발전으로 말미암아 다른 도시들이 발전 기회를 박탈당하고 있다는 점이다. 이러한 불균형을 해소하려는 조치는 이미 오래전부터 시도되어왔는데 1980년대 후반부터 본격적으로 운영되고 있는 지방자치제가 그 시작점이었다고 말할 수 있다.

지방자치제는 본질적으로 서울에 집중된 중앙권력을 지방으로 분산시켜 그동안 중앙에 종속된 지방의 행정 권한을 높이고 자율화시킴으로써 지방 발전을 위한 새로운 길을 모색하는 제도적 조치다. 우리나라에서는 1949년 '지방자치법' 제정을 계기로 지방자치제가 도입되고 운영되었지만 그 내실 면에서는 대단히 취약했다. 그런데 그마저도 1961년 쿠데타로 권력을 잡은 군부정권에 의해 완전히 뿌리뽑혀버렸다. 지방의회의 구성을 조국통일 때까지 유예한다고 부칙에 규정한 유신헌법이 그 사실을 잘 말해준다. 서울을 중심으로 하는 발전 패러다임을 지향하는 국가권력에게 자원이 분산되고, 집중화된 정책결정을 어렵게 하는 지방자치제는 결코 소망스런 제도가 될 수 없었다. 하지만 1987년 민주화의 물결을 타고 권위주의 정권이 구조화시킨 중앙과 지방의 지배-종속관계에 대한 근본적인 비판이 제기되기 시작하면서 지방자치제가 다시 도입되어 운영되고 있다. 그런데, 제도적인 차원에서 중앙과 지방의 정치적 관계를 새롭게 재편하려는 것, 즉 지방분권화가 지방자치제의 목표이지만, 실질적으로 중앙에 집중된 자원들이 지방으로 분산되지 않는다면 지방분권의 물질적 토대는 확보되기 어렵다고 볼 수 있다. 그런 차원에서 참여정부가 주도적으로 기획하고 추진했던, 행정수도 건설, 행정복합도시 건설, 공공기관의 지방 이전, 혁신도시 건설과 같은 여러 제도적 개혁들은 몇몇 문제점들에도 불구하고, 중앙과 지방의 균형 발전을 위해 매우 의미 있는 방향이었던 것으로 평가할 수 있다.

이러한 일련의 변화들은 과거 권위주의 정부 시절 수도로서 흔들리지 않는 특권적 지위를 향유했던 서울에게는 의심할 나위 없이 중대한 도전이다. 이러한 위협적 상황에 대한 대응은 크게 둘로 나뉠 수 있다. 첫째는 기존에 서울이 누리고 있던 특권을 지키려는 보수적 대응이고, 둘째는 시대적 흐름에 맞게 서울의 새로운 가치와 정체성을 조형해내는 능동적 대응이다. 우리는 참여정부가 시도했던 지방분권과 균형발전 계획을 무산시키려 하는 보수적 정치사회세력들의 움직임을 전자로 해석하고자 하며, 광화문광장 조성사업을 필두로 하는 서울시의 도심 재창조 프로젝트를 후자에 속하는 것으로 보고자 한다.

지역 발전의 현대적 전략 문제에서 논의를 시작해보기로 하자. '장소마케팅'(place-marketing)은 지방화 시대에서 지역 발전을 꾀하는 데 가장 보편적인 전략이다. 장소마케팅은 "지역에 뿌리를 둔 전통과 역사를 판촉하고, 그 독특성을 강조하기 위한 장소신화를 만들어냄으로써 도시를 재창조하거나 새롭게 이미지를 만드는 것"(이무용, 2005, p. 45) 또는 "특정장소의 사회문화적, 역사적, 자연적 특성, 지역의 상징성을 기반으로 도시의 이미지 부각을 통하여 기업이나 지역주민 그리고 관광객들을 유치하기 위한 일련의 활동과정"(오남현, 2008, p. 292)이다. 이러한 정의를 따른다면 장소마케팅은 지역 발전의 세 가지 요소들을 동시에 실현시킬 수 있는 매우 효과적인 전략인 듯하다. 우선, 지역적 매력을 발산하는 특정한 장소들을 발견하고 재창조함으로써 기업 투자와 관광객들을 유치하면 그것이 곧 지역 경제의 활성화로 연결될 수 있다. 또한, 지역의 역사 · 전통 ·

문화 · 자연적 특성들을 간직한 장소들에 주민들이 관심을 갖고 방문하도록 하는 일은 곧 지역민들의 삶의 질에 부응하는 것이기도 하다. 아울러, 지역의 장소들은 지방자치단체와 지역민들, 그리고 지역민들의 교류와 의사소통을 매개하는 공간이 될 수 있다. 이처럼 장소마케팅은 상황에 따라 그 강조점을 달리하긴 하지만, 지역 발전을 위한 세 요소, 즉 경제, 삶의 질, 교류와 의사소통을 함께 아우를 수 있는 다층적인 지역발전 전략이다(이무용, 2006, p. 46).

그러한 지역 발전 전략은 대표적으로 지역축제와 브랜드 전략으로 발현되곤 한다. 아마도 지역축제는 1990년대 중반 한국에서 지방자치가 본격적으로 궤도에 진입한 이후 각 지방자치단체들이 가장 역점을 두고 추진하는 전략적 사업일 것이다. 일례로 1990년부터 1996년까지 새롭게 탄생한 지역축제들을 살펴보면 그 중에서 1996년에 탄생한 지역축제가 총 62개로 이전 연도들(1990년 12, 1991년 12, 1992년 18, 1994년 31, 1995년 36)에 비해 압도적인 우위를 보이고 있다(문화체육부, 1996a, p. 101). 지방자치단체들은 이러한 지역축제를 통해 산업과 관광을 유치함으로써 지역경제의 활성화를 꾀함과 동시에 지역주민들의 화합과 통합을 추진하고자 한다. 축제를 통한 발전전략과 더불어 각 지방자치단체들은 지역 브랜드 창출에도 많은 공을 들이고 있다. 이 전략은 지역에 대한 대내외적인 이미지를 상승시켜 외부 자본의 유입을 촉진함으로써 지역경제의 성장을 도모하고, 지역에 대한 주민들의 애정과 일체감을 높이기 위한 것이다. 이 또한 많은 지방자치단체들이 경쟁적으로 참여하고 있는 전략적 분야 중의 하나이다. 브랜드 전략은 우선적으로 지역의 이미지를 압축적으로 표현할 수 있는 로고로 시작된다.[39]

---

39 "Hi-Seoul"(서울특별시), "Dynamic Busan"(부산광역시), "Fly Incheon"(인천광역시), "It's Daejeon"(대전광역시), "Ulsan for you"(울산광역시), "Colorful Daegu"(대구광역시),

그렇지만 지역의 경쟁력을 높이기 위한 브랜드 전략은 단순히 감각적 이미지만으로는 완성될 수 없다. 그러한 로고의 의미를 담아낼 수 있는 실질적인 내용들을 갖추어야 하기 때문이다. 예컨대, 도시의 랜드 마크(Land Mark)를 조성하거나 지역 고유의 역사와 문화 시설을 구축하거나 또는 특성 있는 도시공간을 축조하는 것 같은 작업들이 필요하다(김세용 · 최강림, 2009, p. 300). 말하자면 그 지역만이 배타적으로 소유하고 있는 '영역자산'(territorial assets)의 동원이 필요하다는 것이다. 이 영역자산은 역사적으로 축적된 장소들, 자연경관, 지리적 입지 등 다양한 영역들로 구성된다(김형국, 2002, p. 45).

오세훈 서울시장은 이러한 시대적 흐름의 본질적 측면들을 명확하게 인지하고 있는 것처럼 보인다. 서울시장은 취임사에서 자신이 생각하는 서울의 비전을 다음과 같이 밝혔다.

> 제가 꿈꾸고 희망하는 서울은 뉴욕과 같이 경제가 활기찬 도시, 파리와 같은 문화의 도시, 런던과 같은 품격 있는 도시, 밀라노와 같은 패션의 도시, 시드니와 같은 상징적인 랜드 마크가 있는 도시입니다. 이 모든 것이 한데 어우러져 세계적으로 손꼽히는 도시, 서울만의 고유한 것으로 세계무대에서 승부하는 특별한 브랜드 가치가 있는 세계도시를 만들어내겠습니다. (오세훈, 2006)

서울시장은 경쟁력의 원천을 다른 무엇보다 '브랜드'(brand)에서 찾고 있다. 브랜드 가치에 대한 강조는 도시에 대한 서울시장의 관점이 무엇인가를 잘 보여주고 있다. 말하자면 서울시장은 도시를 구매력 있는 '상품'

"Your Partner Gwangju"(광주광역시), "CHUNGNAM Heart of Korea"(충청남도) 등을 예로 들 수 있다(김세용 · 최강림, 2009, p. 292; 이희복, 2006, p. 43).

으로 보고 있으며, 도시라는 상품의 구매력은 이미지에 의해 촉진된다고 생각하는 것이다. 시장이 『대한건축학회 회지』에서 밝힌 도시에 대한 견해에는 그러한 생각이 잘 나타나 있다.

> 이제 도시는 세계시장을 무대로 유통되는 상품이 됐습니다. 도시가 잘 팔려야 나라가 부자가 됩니다. 여기서 중요한 것은 그 도시의 브랜드입니다. 브랜드가 있는 도시는 날개 돋친 듯 팔리고 그렇지 않은 도시는 진열장에 나와 보지도 못한 채 창고 속에 재고품처럼 박혀 있습니다. [……] 우리 서울도 이제 디자인을 매개로 문화와 경제를 통합해 격조 높고 활력 넘치는 생활공간을 창출해야 합니다. 즉 창의적인 디자인으로 도시의 브랜드 가치를 높이고 이를 성장 동력으로 삼아 서울 경제를 진흥시켜야 한다는 것이 도시 디자인의 기본 방향입니다. (오세훈, 2007a)

서울이라는 상품의 구매력을 창출하는 브랜드는 디자인을 통해 만들어진다. 디자인이란 상품의 외관을 매력적으로 만들기 위해 구성된 이미지들의 조합이다. 디자인을 통한 서울 고유의 브랜드 가치 창출이야말로 시장이 취임사를 통해 밝힌, 문화도시 서울을 창조하기 위한 동력일 것이다. 문화도시 서울을 만들기 위해서는 많은 요소와 조건들이 필요하지만 무엇보다 서울의 도심을 독특하고, 화려하고, 매력적인, 달리 말하자면 상품성 있는 장소로 만드는 디자인 작업이 요구된다.

서울시가 건설한 광화문광장은 서울의 브랜드 가치를 높이기 위한 장소마케팅 전략의 일환으로 해석된다. 광화문은 한강 · 남대문 · 동대문 · 청계천 등과 함께 서울의 역사와 문화적 특성을 담고 있는 대표적인 영역 자산이다. 서울시장은 광화문광장을 그러한 관점에서 바라보고 있다.

> 세계 선진도시들은 어디를 가나 상징 가로가 존재합니다. [……] 우리 서울도 이제는 그러한 상징 가로를 비롯해 서울만의 품격 있는 문화와 브랜드를 만들어 내야 합니다. 그래야만 서울로 사람과 돈이 모이게 만들 수 있고 치열한 글로벌 경쟁에서 살아남을 수 있습니다. 이를 위해서는 우리만의 전통문화와 유산을 복원하는 일이 반드시 전제되어야 합니다. 그래야만 서울의 독특한 매력을 만들어 낼 수 있고 세계적인 문화경쟁력을 갖출 수 있습니다. 그러한 점에서 저는 세종로가 참으로 귀한 공간이라고 판단했습니다. (오세훈, 2007b)

그러한 차원에서 새롭게 조성된 광화문광장은 향후 서울의 브랜드 가치를 구현해내는 상징적인 랜드 마크로 조성될 법하다.

앞서 언급한 것처럼, 서울은 지방분권과 균형발전이라는 시대적 흐름 속에서 자신의 가치와 위상을 새롭게 정립해야 하는 전략적 상황에 놓여 있다. 서울시가 지방화 시대의 흐름에 부합하는 방향에서 서울을 브랜드 가치가 높은 도시 상품으로 만들고자 하는 것은 서울이 해결해야 할 시대적 과제에 대한 선도적 대응인 것처럼 보인다. 오세훈 서울시장은 서울의 지역성과 역사성을 상품화함으로써 서울을 문화로 포장하고자 한다. 그것은 지금까지 서울이 압도적으로 지니지 못했던 가치이자 위상이었다. 기존의 특권으로 다른 도시들에 맞서 우위를 점하기가 어려운 현재적 상황에서 문화는 그러한 목적에 부합하는 매우 중요한 자원이 될 수 있다. 이론적으로 말하자면, 그것은 본질적으로, 지방자치와 지방분권의 요구로 인해 중앙집중화된 수도가 겪게 되는 위기 국면에서 수도에 새로운 권력 자원을 부여함으로써 그 위기를 돌파하려는 전략적 시도로 보인다.

그런데 이러한 시도는 비단 우리나라에서만 나타나는 현상이 아니다. 1980년대 프랑스에서도 이와 유사한 현상이 있었음을 환기할 필요가 있다.[40] 파리 도심은 1980년대 초반부터 사회당의 미테랑(F. Mitterand) 대통령이 구상하고 추진한 대역사를 통해 근본적인 변화를 겪었다. 대통령은 1982년 3월 8일 아래와 같은 전문으로 시작하는 성명서(「대규모 건축 및 도시 계획사업에 관한 대통령 성명서」)를 발표했다.

> 공화국 대통령의 요청에 따라 수개월 전부터 내년 중에 시행될 문화공간들의 특성과 장소에 관한 연구가 이루어져왔다. 이 거대 계획은 프랑스 건축의 부흥을 위한 계기가 될 것이다. (P. Poirrier, 2002, p. 388)

전문이 말해주고 있듯이 대역사는 본질적으로 대통령이 주도한 사업이었다. 대역사를 통해 파리는 문화 · 예술 · 과학 · 학문의 세계를 표상하는 건축물들을 가진 웅장하고 화려한 도시로 거듭나게 된다. 그 주요 사업들의 면면을 요약하자면 다음 쪽의 표와 같다.

사업은 글자 그대로 대역사였으며 그렇기 때문에 무엇보다 엄청난 재정 동원이 필요했다. 비판과 반대 여론이 조성되지 않을 수 없었음에도 불구하고 대통령과 정부는 사업을 지속적으로 추진해나갔다. 문화 강국 프랑스를 전세계에 알리고 프랑스 국민들이 한층 더 다양하고 풍요로운 문화를 향유할 수 있도록 하는 문화정책 차원이었지만 그것만이 사업의 유일한 목적은 아닌 것처럼 보인다. 두 가지 관점에서 보기로 하자. 하나는 파리의 문화적 헤게모니 재생산이라는 관점이며, 다른 하나는 대통령 권력의 공고화라는 관점이다.

수도 파리는 전통적으로 프랑스의 중심으로서 주요한 국가적 자원이 집중되는 곳이다. 그것은 오랜 역사적 기원을 갖는 프랑스 고유의 중앙집권적 국가 구조와 무관하지 않다. 그런데 1980년 5월, 국가 권력을 장악

40 이 논의의 상당부분은 하상복(2005a; 2009b)에 토대를 두고 있음을 밝혀둔다.

한 사회당 정부에 의해 지역민주주의의 이름으로 지방분권이 본격 추진되기 시작했다. 지방분권화는 불가피하게 파리의 헤게모니가 약화되는 결과를 초래할 수밖에 없었다. 그렇다고 해서 지방분권이라는 시대적 흐름을 되돌릴 수는 없었기에 파리로서는 패권을 지속할 다른 차원의 전략이 필요했다. 파리를 전통과 현대가 어우러진 문화적 도시로 재탄생시키는 일은 그러한 정치적 필요에 부합하는 작업이었다. 이러한 새로운 문화적 기획은 루브르박물관의 유리 피라미드와 라데팡스(La Défense)에서 상징적으로 표상되고 있다. 대통령 스스로가 구상하고 기획한 그 두 사업(Poirrier, 2000, p. 179)은 명백히 전통과 현대의 조화를 꾀하고 있다. 왕궁의 역사를 갖는 웅장한 석조건물과 그 앞에 유리와 철재로 조형된 피라미드는 전통과 현대의 대비이며, 19세기 초중반에 건립된 두 개선문과 일직

건축물	건축가	건축비용(프랑)	개관 연도
Musé d'Orsay	Gae Aulenti	13억	1986
Parc de Villette	Bernard Tshumi	13억	1986
Musée des Sciences, des Techniques et des Industries	Adrien Fainsiber	54억	1986
Institut du Monde Arabe	Jean Nouvel	4.2억	1987
Opéra Bastille	Carlos Ott	28억	1989
Arche de La Défense	Paul Andreu, Otto von Spreckelsen	37억	1989
Ministère des Finances de Bercy	Paul Chemetov, Borja Huidobro	37억	1989
Cité de la Musique	Christian de Portzamparc	11억	1994
Muséum d'Histoire Naturelle, Grande Gallerie	Paul Chemetov, Borja Huidobro	10억	1994
Grand Louvre	Ioeh Pei	57억	1995
Bibliothèque Nationale de France	Dominique Perrault	78억	1997

* 출처: P. Poirrer, 2000, p. 180과 J.-M. Djian, 1996, pp. 88~89의 재구성.

선상에 위치하는 새로운 개선문인 라데팡스 또한 전통에 대비되는 현대를 재현해주고 있다.

그런데 이러한 문화적 기획은 또 다른 정치적 목표에 연결되어 있다. 미테랑은 스스로 "교양 있는 정치인"으로 국민들에게 비춰지길 바라마지 않았던 대통령이었다(P. Poirrier, 2000, p. 177). 그에게 문화는 다른 권력자들과의 정치적 '구별짓기'(distinction)(부르디외, 1995)를 만들어내는 매우 중요한 전략적 영역이었다. 프랑스의 역대 대통령들은 예외 없이 문화와 권력의 관계를 알고 있었고 그런 차원에서 공히 프랑스의 문화정책을 추진해나갔지만, 사실상 프랑스 현대 정치에서 미테랑에 버금갈 만한 인물을 찾기는 어렵다. 아마도 그는 1990년대 후반 미테랑 국립도서관으로 정점에 이른 대역사라는 스펙터클을 통해 자신을 프랑수와 1세(François I) 이후 프랑스적 통치의 전통으로 확립된 문화군주제(J.-M. Djian 1996)의 반열에 올리고자 했을지도—공교롭게도 그의 이름 또한 '프랑수와'다— 모르겠다.

서울시가 건립한 광화문광장에는 다채로운 문화적 대상물과 볼거리가 존재한다. 역사와 전통의 흔적이 있고, 첨단의 정보문화가 있으며, 대화의 장소가 있으며, 그 무대를 통해 다양한 스펙터클이 시민들에게 제공되고 있다. 얼핏 순수한 문화적 공간으로 인식되는 그곳은 지방화와 지방분권이라는 시대적 요구 속에서 전통적 위상이 흔들리고 있는 서울이 헤게모니를 견고하게 유지할 수 있도록 문화자본을 만들어내는 정치적 공간이며, 전통적으로 대한민국의 정치인들에게는 부족했던 문화와 교양과 품격을 지닌 정치인의 이미지를 창출해내는 권력적 공간인 것이다.

제9장

에필로그

1. 한국정치사의 독해 코드, 광화문공간

정치사는 본질적으로 권력의 의지와 욕망 아래에서 전개되는 대결의 역사다. 그것은 조선왕조로부터 현대 한국에 이르는 정치적 시기에 대해서도 예외 없이 적용되는 명제이다.

성리학이라는 통치이념과 막강한 군사력의 토대를 갖춘 신흥사대부 세력은, 반대 세력이 주장한 내부 개혁의 형태로는 고려왕조의 위기를 극복할 수 없다고 판단했다. 그들은 결국 역성혁명으로 조선왕조를 개창하면서 정치권력의 주체가 되어 신왕조의 제도적 · 상징적 토대들을 갖추어나갔다. 그러나 평화적으로 이룩해낸 정치질서가 아니었기 때문에 그 질서를 뒤흔들 수 있는 요소들이 잠재되어 있을 수밖에 없었다. 해결책으로서는 그러한 위협요소들을 철저하게 제거하거나 또는 질서 안으로 통합해내는 두 가지 방식이 있을 수 있다. 신왕조의 주체 세력들은 후자보다는 전자를 통해 문제를 봉합하려는 의지를 보였으나 궁극적인 해결책이 되지는 못했다. 특히 새로운 정치질서의 탄생에 주체적인 역할을 수행했지만 그에 대한 정당한 대우를 받지 못했다고 생각한 세력들의 불만을 흡수하는 데 효과적이지는 못했다. 그리하여 두 번에 걸친 왕자의 난을 촉발시키면서 마침내 국가권력의 주체가 변동되는 결과를 가져왔다. 신흥 왕조의 정치적 질서는 그러한 내부 대립 과정을 거치면서야 비로소 안정적 국면에 접어들 수 있었다.

물론, 왕조의 정치적 안정이 언제까지나 지속된 것은 아니었다. 훈구파와 사림파의 정치적 대립 그리고 이후 권력을 쟁취한 사림 세력들 사이의 빈번한 권력투쟁으로 말미암아 정치사회적 불안정이 자주 초래되었기 때문이다. 하지만 그것이 왕조의 질서 자체를 위협하거나 전복할 만한 요소는 못 되었다. 그런데 16세기 말부터 새로운 상황이 도래했다. 국가질서를 근본적으로 뒤바꿔놓을 수 있는, 전쟁이라는 외적 변수가 권력투쟁의 공간 안으로 침투해온 것이다. 전쟁은 불가피하게 체제 내부에서 움직이는 정치세력들 사이의 권력관계에 영향을 미칠 수밖에 없고 그리하여 권력을 둘러싼 대결을 새로운 국면으로 이끌기도 했다. '양난'(兩難)으로 불리는 대외 전쟁은 근본적으로 왕권의 위상에 심각한 타격을 가했다. 군주들은 정치적 위상을 회복하는 데 가까스로 성공—영 · 정조대는 왕권 회복의 상징적 시기라고 할 수 있다— 하지만 정조의 사망을 계기로 이른바 '외척'이라는 정치세력이 등장해 권력투쟁에 막강한 영향력을 행사하기 시작했다. 급기야 외척 세력은 왕권을 무력화시키면서 왕국의 정치질서를 자신들의 의지대로 재편해나갔다. 그러한 정치적 국면을 돌파하고 왕권의 위상과 권위를 회복하기 위한 노력이 19세기 중반 흥선대원군에 의해 야심차게 시도되었다. 하지만 왕조의 질서는 그의 소망대로 회복되지 않았다. 오히려 변화하는 국제정세에 적절히 대처하지 못함으로써 돌이킬 수 없는 왕국의 정치적 위기를 초래했으며, 종국에는 제국주의 권력의 욕망 앞에 국가를 내주어야 했다. 일제는 수백 년을 이어온 왕조의 질서를 효율적인 식민지 경영을 위한 신질서로 재편해나가기 시작했다.

이후, 식민지 권력이 물러난 정치적 공간에서 다시금 전개된 권력투쟁 또한 국내외 행위자들의 이해관계가 서로 맞물리면서 매우 복잡한 양상을 띠게 된다. 식민통치를 경험한 다른 국가들과 마찬가지로, 국가권력을 장악한 보수 세력들에게는 근대화라는 국가적 목표가 부과되었지만 그 임무를 완수하지 못함으로써 이후의 정치세력들에게 '산업화'와 '민주화'라는 근대화의 두 과제를 남겨놓게 된다. 그 과제의 한 축을 담당한 정치세력은 쿠데타라는 방법으로 국가권력의 주체가 된 군부 세력이었다. 그들은 경제적 근대화, 즉 산업화를 위해 민주화를 희생하는 길을 택했다. 초기에는 그것이 받아들여졌지만 시간이 흐를수록 민주화에 대한 국민적 욕구는 상승해갔으며, 1970년대와 1980년대의 정치적 격동기를 거치면서 결국 군부 권력이 퇴각하고 문민 권력이 정치적 주체가 되어 일련의 민주화과정이 추진되었다. 1987년 직선제 개헌과 선거, 1992년 문민정부 회복, 1997년 정당 간 정권 교체, 2002년 참여정부 수립 등이다. 이는 곧 근대화의 다른 한 축인 정치적 근대화를 실현해가는 노정이었다. 그런데 그러한 정치적 과정은 본질적으로 중앙권력의 헤게모니를 둘러싼 정치적 게임이었다. 1990년대 중반 이후 한국 정치에서는 '민주주의 심화'(democratic consolidation) 차원에서 사회경제적 민주화와 더불어 국가권력의 민주화, 즉 중앙에 집중된 국가권력의 지방분권이라는 정치적 요구가 부상하기 시작했다.

지금까지 권력을 둘러싼 정치투쟁이라는 시각에서 근세로부터 현대에 이르는 한국 정치사를 간략하게 짚어보았다. 정치세력들의 끊임없는 대결과 각축으로 점철된 한국의 정치사가 광화문공간에 투영되어 있다는 점은 흥미롭지 않을 수 없다. 그렇다면 광화문공간은 조선왕조 성립 이후 한국 정치사를 풀어낼 핵심적인 열쇠들 중의 하나가 될 법하다.

조선왕조를 개국한 태조 이성계는 고려의 도읍인 개성을 떠나 한양에 도읍을 정하고 그 중심에 새로운 왕조의 통치이념과 권위를 시각적으로 표상할 정치적 공간을 조형했다. 그것은 경복궁-광화문-육조대로로 연결된, 분리 불가능한 통합 공간이었다. 왕조의 설계자로 불린 정도전의 정치적 구상이 반영된 그 공간에서, 경복궁은 그 터로부터 전각의 배치와 이름에 이르기까지 군주의 위엄과 통치의 이상을 품고 있는 상징적 건물이었으며, 광화문은 경복궁의 얼굴로서, 왕궁에 담긴 통치철학과 이념을 재현하는 공간임과 동시에 통치성과 피치성이 만나 상호 교류를 실천하는 곳으로서의 의미를 갖는다. 광화문의 화려하고 웅장한 외관이 그러한 상징성을 잘 드러내주고 있다. 아울러 육조대로는 그 이름에서 알 수 있듯이, 군주의 단독적이고 일방적인 통치가 아니라 군주와 신민 간의 협력과 조정을 통해 왕국이 이상적으로 경영될 수 있다는 정치적 신념이 담겨 있는 곳이다.

하지만 정치권력으로부터 소외되었다고 판단한 세력들은 그러한 공간 구조에 정면으로 도전했다. 정종에 이어 왕위를 차지한 태종은 개경에 머물다 부왕의 권유와 압력에 굴복해 마지못해 한양으로 환도했지만, 경복궁을 왕조의 정궁으로 인정하지 않았다. 오히려 경복궁 동쪽에 창덕궁을 지어 그곳에서 왕권을 행사했다. 그것은 곧 경복궁-광화문-육조대로의 정치적 공간을 받아들이지 않는다는 것을 의미한다. 태종에게 그곳은 정적 정도전의 정치철학과 이념이 각인된 민감한 공간이 아닐 수 없었다. 그 태종 또한 유교를 통치이념으로 신봉했지만 태조와 정도전이 주창한 군신의 협치에는 동의하지 않았다. 오히려 그는 절대적 군주권을 선호한 인물이었다. 그런 면에서 광화문은 그와는 조화를 이룰 수 없는 공간인 것이다.

그런데 역설적으로 아들 세종은 아버지와는 정반대의 상징정치를 구사했다. 세종은 경복궁에서 즉위식을 거행하고, 재위 초기부터 그 궁을 본궁으로 삼아 국가를 경영했다. '경복궁을 사랑한' 군주 세종은 16년 동안 지속적으로 궁을 수리하고 넓혀나갔다. 광화문도 그 중의 하나다. 추측컨대, 그것은 경복궁과 광화문공간에 대한 깊은 관심과 이해가 없이는 불가능한 일이었다. 세종은 태조와 정도전이 왜 경복궁과 광화문과 육조대로를 건립했는지, 그럼에도 불구하고 부왕 태종이 왜 그곳을 거부했는지에 대해 명확하게 알고 있었을 것이다. 재상의 정치적 권한을 제약하면서 왕권의 강화를 도모할 수 있는 육조직계제보다는 재상들의 정치적 자율성이 상대적으로 크고, 군주와 신료 간의 정치적 의사소통과 협력이 가능한 제도인 의정부서사제를 선호했다. 그러한 그의 통치철학은 태종보다는 태조와 정도전의 그것에 가까운 것이었다. 그가 경복궁-광화문-육조대로로 연결된 정치적 공간을 부활시킨 본질적 이유는 이러한 정치적 맥락과 밀접한 관련을 지닌 것으로 보인다.

경복궁에는 이후, 몇 차례의 크고 작은 화재가 있었으며 군주들은 그때마다 궁을 보수했다. 하지만 임진왜란으로 인해 경복궁과 광화문이 전소되고 창덕궁 또한 타버렸지만 어찌된 이유인지 군주들은 경복궁 복원을 포기하고 창덕궁을 중건했다. 결국, 경복궁과 광화문은 근 3백 년간 폐허로 방치되었고 정치적 중심이 창덕궁과 비변사로 옮겨감에 따라 육조대로 또한 그 의미와 위상을 상실할 수밖에 없었다. 전란으로 소실된 경복궁과 광화문이 조선왕조와 군주의 위기를 말해주는 정치적 표상물이라면, 그것들을 중건하는 것은 곧 왕조와 군주의 위엄을 다시 회복하는 상징적 행위가 될 법하다. 외척들의 세도정치로 흔들리고 있는 왕권을 다시 세우려 했던 흥선대원군은 여러 제도 개혁과 더불어 경복궁과 광화문 그리고 육조대로의 복원을 시도했다.

일본 제국주의는 대단히 야만적인 방식으로 조선의 식민지 경영을 수행해나갔는데 그것은 흥선대원군이 복원한 경복궁과 광화문공간을 해체하는 일에서 적나라하게 드러났다. 일제가 식민지 조선의 물적 · 인적 자원들을 수탈해가는 것을 넘어서서 문화적 정수들까지 처참한 모습으로 파괴해버린 것은 자신들보다 한층 더 뛰어난 문화를 만들고 향유한 식민지에 대한 열등감의 반영으로 해석된다. 일제는 경복궁 중심에 총독부 신청사를 세워 조선왕조의 패망과 제국주의 권력의 승리를 두 눈으로 보고자 했으며, 광화문을 해체하고 육조대로의 축과 원형을 파괴함으로써 식민제국의 이념과 권위를 표상하는 도시의 건설을 꾀하고자 했다.

일제가 옮겨놓은 광화문은 오랫동안 건춘문 동편에 방치되어 있다가 6 · 25 전쟁의 폭격으로 처참한 몰골이 되는 비극적 운명을 또다시 감수해야 했다. 그로부터 근 20년이 지난 1960년대 후반, 군부 권력이 광화문을 경복궁 앞으로 다시 세우는 역사(役事)를 시도했다. 그렇지만 그것은 복원이 아니라 재건이었다. 왜냐하면 원재료인 목재를 사용하지 않았을 뿐만 아니라 본래의 위치에 건립되지도 않았기 때문이다. 군부 권력은 조국근대화와 민족중흥이라는 국가적 목표를 추진하는 자신들의 의지와 능력을 콘크리트 광화문을 통해 시각적으로 보여주고자 했을 뿐 광화문의 복원에 본질적 관심이 있었던 것은 아니었다. 군부 권력의 상징정치는 세종로에서도 관철되었는데 세종로를 차량들만의 배타적 거리로 만든 것과 그 중앙에 충무공상을 건립한 것이 대표적인 사례다.

한국 사회 정치적 근대화의 본질은 민주화다. 1992년 문민정부의 수립은 한국 사회의 정치 민주화가 점차적으로 안정을 찾아가고 있음을 보여주는 상징적인 사건이었다. 문민 권력은 탄생하자마자 새로운 국가, 새로운 사회로의 출발을 국가적 의제로 정립했다. 그것은 무엇보다, 군부 통치의 흔적들을 제거하기 위한 일련의 조치들에서 명확히 드러났다. 문민 권력은 신한국으로 명명되는 정치적 목표를 국민들에게 가시화하기 위해 경복궁과 광화문공간을 이용했다. 중앙청 건물을 해체해 경복궁의 모습을 본래대로 되돌리고, 그러한 역사적 정통성 회복의 스펙터클을 광화문공간의 국민적 축제로 승화시켰다.

문민 권력의 정치적 의지가 새겨진 경복궁과 광화문공간은 10여 년의 시간이 흘러 또 다른 정치권력들의 상징정치 수행 무대가 된다. 먼저, 군부 권력이 건립한 광화문이 해체되어 목재로의 복원을 준비 중이다. 이는 물론 노태우 정부 때 수립된 경복궁 복원사업의 일환임에도 불구하고 우리는 그 사업이 한국 역사에서 왜곡되고 은폐된 진실을 찾아 바로 세운다는 참여정부의 정치적 목표를 시각적으로 투영하는 대상물이 될 것으로 짐작한다. 광화문 해체 전에 있었던 한글 현판 교체를 둘러싼 정치적 논쟁이 그러한 해석에 일정한 근거를 제공해주고 있다. 다음으로 광화문 앞의 세종로도 지방권력(서울시장)에 의해 새로운 얼굴로 바뀌었다. 서울시는 육조대로의 역사를 간직한 장소로의 복원을 얘기했지만 사실상 그곳에는 육조대로의 단편적 이미지들만이 존재할 뿐이고, 오히려 첨단기술의 화려함을 배경으로 대중적 소비를 자극하는 스펙터클만이 요란한 듯하다. 그러한 형태와 용도에 걸맞는 광화문광장은 도시를 브랜드 가치를 가진 상품으로 보는 서울시장의 발상이 낳은 결과물이다. 그는 아마도 대중문화를 지속적으로 생산해내는 공간을 시민들에게 제공함으로써 새로운 권력적 토대를 확립하려는 것처럼 보인다.

앞서 언급했듯이, 권력의 장악과 유지를 지향하는 사회적 과정을 정치로 이해한다면 정치사는 권력을 향한 정치적 주체들의 욕망과 이해관계가 얽힌 역사이며, 정치권력의 문제가 정당성 창출의 메커니즘과 서로 떨어질 수 없다는 인류학적 사실을 환기한다면, 정치적 대립과 갈등이 늘 공식적이고 제도화된 영역에서만 전개되는 것은 아닐 터인데 바로 그 지점에서 권력과 예술의 영역이 교차한다. 우리가 분석한 광화문공간은 정치적 행위자들의 권력적 욕망이 건축-공간이라는 예술적 영역 속에 얼마나 명확하게 투영되는지를 잘 보여주고 있다. 그러한 이유로 광화문공간은 전통으로부터 근대로 이어지는 한국 정치사의 독해 코드(code)가 될 수 있다.

2. 광화문공간 연구의 이론적 지평

광화문공간의 탄생과 변화의 역사에 대한 분석은 정치학적 관점에서 몇 가지 의미 있는 이론적 논점들을 우리에게 제공한다.

첫 번째 논점은 정치의 상징적 차원에 관한 것이다. 정치적 행위 분석과 관련해, 행태주의(behaviorism)는 행위자 내부와 외부에 존재하는 '조건들'(condition, factor)에 주목한다. 그 관점에 설 때, 하나의 정치적 행위는 행위자를 둘러싼 물질적 · 제도적 조건과 행위자의 심리적 조건(예컨대, 동기 · 태도 · 욕망 등)이 결합해 발생한 결과로 파악된다. 내적 · 외적 조건에 대한 성공적 분석이 이루어지면 정치적 행위 발생의 예측 또한 가능해진다. 이러한 방법론적 시각은 근본적으로 정치적 현실 또는 환경을 객관적 실체로 전제함으로써 보편적 분석과 예측의 가능성을 확보하고자 한다. 이와는 달리 '상징주의'(symbolism)는 정치적 행위를 조건이 아니라 의미과정(signification)의 산물로 이해한다(Edelman, 1985, pp. 195~196). 의미과정이란 대상에 특정한 의미를 부여하거나 그 의미를 풀어내는 일이다. 즉, 객관적(즉, 의미를 부여받지 않은) 대상물들을 의미를 내재하는 상징적 기호로 전환해내고 그것의 의미를 해독하는 작업이다. 상징적 상호작용론(symbolic interactionnism)의 대표적 이론가인 블루머(H. Blumer)는 행태주의 비판을 통해 상징주의적 접근법의 전망을 보여주고 있다.

인간을 자기 자신을 호명하면서 행위를 수행하는 존재로 이해하는 관점은 현재의 심리학과 사회학을 지배하는, 인간 행위에 대한 관점과 첨예하게 대립한다. 이미 암시적으로 언급했던 이러한 지배적 관점은 인간의 행위를 하나의 유도변수나 그러한 변수들의 결합에 귀속시킨다. 행위는 동기, 태도, 욕구경향, 무의식의 복합, 자극의 배치, 지위 욕구, 역할 기대, 상황적 필요와 같은 것들로 환원된다. 행위를 하나나 그 이상의 유도 변수들과 연결시키는 일이 과학적 임무를 수행하는 것으로 간주되고 있다. 그렇지만 그러한 접근법은 개인이 자신의 세계를 처리하고 자신의 행위를 구성하는 데 관여하는 자기상호작용(self-interaction)을 무시하거나 그것을 위한 여지를 두지 않는다. 개인이 자신에게 보인 것들을 기록하고 평가하거나, 행위에 앞서 전체적인 경로를 그리는 데 개입하는 필수적인 해석과정을 향한 문이 닫혀 있다. (Blumer, 1969, p. 15)

상징적 상호작용론의 시각에 서면, 정치적 행위는 행위자가 특정한 조건들에 반응한 결과가 아니라, 조건들에 내재된 의미의 코드를 풀어낸(decoding) 결과로 이해된다. 그것이 곧 블루머가 말한 해석과정이다. 이러한 차원에서 상징주의는 정치적 행위가 이루어지는 공간을 객관적 대상물이나 조건들의 집합이 아니라 행위자들이 해석행위를 통해 구성한 '의미체'의 결합으로 이해한다. 정치학자 에델만은 이러한 상징주의의 관점에 서서 정치공간과 행위의 이론적 재구성을 시도하고 있다.

따라서 정치적 행위를 개인의 지속적인 욕구, 추리, 태도, 그리고 경험에 기초한 지각에 대한 반응으로 설명하는 것은 단순할 뿐만 아니라, 오류이기도 한다. 정확한 설명을 위해서는 환경과 인간행위를 매개하는 복합적 요소들, 즉 이해관계, 압력, 위협 그리고 가능성들이 사람들 속에서 상징적 이해를 통해 의미체로 창조되고 전환되는 것에 주목해야 한다. [……] 정치적 상징과 정치적 행위를 연계시킨 분석은 상징의 기능에 대한 이해뿐만 아니라 정치적 인식과 행위 변화의 이해에도 기여할 수 있는 하나의 도전이다. (Edelman, 1971, p. 2)

앞서 언급한 것처럼, 언어와 예술은 하나의 대상물을 정치적 의미체로 구성하는 데 주요한 역할을 수행하며, 정치행위는 바로 그러한 의미체, 즉 상징물을 둘러싸고 전개된다는 것이 정치적 상징주의의 핵심적 입론이다.

2005년에 벌어진 광화문 현판 논쟁은 정치적 상징주의의 전형적 사례가 될 수 있다. 광화문을 둘러싸고 벌인 싸움은 결코 구체적인 물질적 이익을 위한 투쟁은 아니었다. 오히려 그것은 보이거나 잡히지 않는 정치적 이념과 가치를 둘러싼 투쟁이었다. 광화문은 그러한 이념과 가치를 내재하는 의미체이자 상징물이었다. 문화재청의 현판 교체 계획에 반대한 사람들은 철근–콘크리트 광화문에 깊이 스며든, 그리고 일상에서 가시화되고 있는 박정희 정권 시대의 역사 · 문화 · 정치적 이념들을 지켜내고자 했다. 그렇기 때문에 그들의 눈으로 볼 때 한글 현판의 현대적 광화문은 역사적 복원 또는 원형과는 별개로 독자적인 정당성과 가치를 확보한다. 결과적으로 그들의 관점에서, 문화재청의 계획은 박정희 시대가 구현한 가치들을 전면적으로 부정하는 상징적 행위로 인식될 수밖에 없다. 반대로 문화재청이 바라보는 광화문은 박정희의 광화문이 아니라 조선의 정궁 경복궁의 정문으로 다가온다. 그 이외 광화문에 대한 또 다른 정치적 의미와 가치는 존재하지 않는다. 따라서 가능하면 최대한 정궁의 정문에 걸맞는 미학적 · 역사학적 외관과 양식을 복원해야 한다. 그러한 시각에 근거한 광화문 인식은 불가피하게 박정희의 광화문을 부정하는 방향으로 연결될 수밖에 없었다. 이러한 맥락에서 우리는 광화문을 물질적 대상물이 아니라 정치적 의미를 간직한 상징물로 바라봐야 하는 것이다.

두 번째 논점으로서 권력의 '재현'(representation) 문제를 언급할 수 있다. 프랑스의 정치인류학자 마랭(L. Marin)의 권력이론으로부터 실마리를 풀어가도록 하자. 마랭은 권력을 'force'와 'pouvoir'로 개념화하고 있다.

> pouvoir, 그것은 특정한 사람 또는 대상에 행위를 가할 상태에 있다는 것이다; 그것은 이미 행위를 마친 상태 또는 수행한 상태가 아니라 수행하거나 행위를 할 힘과 능력을 가진 상태다. pouvoir, 그것은 가장 일반적인 의미에서 force의 능력이 있는 상태이며, 이미 사용한 force가 아니라 사용할 준비가 되어 있는 유보된 force다. (Marin, 2005, pp. 73~74)

위의 논리에 근거해 권력의 두 차원을 다시 해석해보자면, force가 권력의 객체들을 향해 '이미' 행사된 것이라면 pouvoir는 행사를 '유보하고 있는' 잠재적 권력이다.[41] 말하자면 pouvoir는 미래의 권력이다. 권력 주체는 때로는 자신의 힘을 물리적으로 행사함으로써 일정한 정치적 결과를 산출하기도 하지만 때로는 어떠한 물리적 비용도 지불하지 않고 정치적 성과를 내기도 한다. 프랑스 정치가 드골(Charles de Gaulle)이 텔레비전에 출현해 프랑스 군부를 향한 언어적 위협만으로 알제리 사태를 해결한 역사적 사례가 잘 보여준다. 그렇다면 정치권력은 물리적 폭력 또는 경제적 보상을 동원하지 않고 어떻게 정치적 효과를 만드는 것일까? 말하자면, 통치의 경제학이 실현되는 원리가 어디에 있을까 하는 것이다. 드골이 사용한 정치 언어는 아마도 그의 pouvoir를 보여준 것이리라. pouvoir는 잠재되어 있는 권력이다. 그것은 피치자들의 정치적 상상력을

41 프랑스어로 pouvoir는 '할 수 있다'는 동사로 사용되기도 한다.

자극하는 거대한 저수지에 비유된다. 피치자들은 pouvoir라는 저수지가 얼마나 큰지, 얼마나 깊은지 잘 알지 못한다. 그렇기 때문에 pouvoir는 실제 행사되는 force의 규모와 무게보다 한층 더 큰 잠재력을 느끼게 한다. force가 단순히 신체적 공포만을 만들어낸다면, pouvoir는 권위 · 카리스마 · 경외심 · 두려움 · 초월성 등 한층 더 효과적인 정치적 복종의 심리를 산출해낸다. 권력의 잠재적 차원은 이미 마키아벨리가 『군주론』에서 강조해마지 않았던 '외양의 정치학'에서 명확하게 그 모습을 드러낸 것이 아닐까?(마키아벨리, 1994)

그렇다면 그 pouvoir는 어떻게 만들어지는가? 어떠한 이유로 pouvoir는 물리적 수단에 의존하지 않고도 일정한 정치적 효과를 만들어낼 수 있는 것인가? '재현'에 그 답이 있다. 의미상 재현이란 '다시'(再, re) '모습을 드러내는'(現, presentation) 것을 뜻한다. 여기서 '다시'는 시간과 공간의 차원을 모두 포함하고 있다. 말하자면 한 대상물이 재현되었다는 것은 그 대상물의 물리적 존재성을 규정하는 시간과 공간과는 다른 시간과 공간 속에서 자신의 모습을 드러내고 있음을 의미한다. 그것은 일종의 존재성의 '전환'(substitution)(Marin, 2005, pp. 71~72)이다.

여기서, 재현 이전과 이후의 대상물은 유사하지만 결코 같은 것이 아니라는 흥미로운 현상이 발생한다. 재현된 대상물은 매우 강력한 심리적 효과들을 만들어낸다. 첫째, 재현된 대상물은 재현 이전의 물리적 대상물과는 또 다른 의미의 존재성을 확보할 뿐만 아니라 그보다 훨씬 더 강력한 호소력과 상상력을 자극한다. 가령 죽은 사람의 사진을 볼 때와 같이, 대상물의 물리적 존재성을 인지하지 못하는 상태 속에서 재현된 그 대상물을 보면 매우 강렬한 존재감과 상상력이 발생하는 이치다(Marin, 1993, p. 11). 둘째, 재현된 대상물은 물리적 대상물의 존재에 정당성을 부여하는 원천이다. 마랭이 들고 있는 예를 끌어들인다면, 어떤 사람이 공공기관에서 자신의 존재론적 정당성을 보여주기 위해서는, 설령 물리적 신체가 그 자리에 있다고 할지라도, 신분증, 즉 재현된 자신을 제시해야 한다. 물리적 존재성이 재현된 존재성을 정당화하는 것이 아니라, 후자가 전자를 정당화하는 역설적 상황이 발생하고 있는 것이다(Marin, 1993, p. 12).

재현된 대상물, 즉 이미지의 역사에 대한 드브레(R. Debray)의 연구는 이미지가 얼마나 강력한 정치적 힘을 발휘하는지를 프랑스 국왕의 장례의식을 통해 설명하고 있다. 국왕의 시신은 40일 동안 전시되어야 하는데 시신은 전시 기간을 감당하지 못할 정도로 빠르게 부패한다. 이를 위해,

> 사라진 군주의 진짜 같고 정확한 초상이 유용하게 된다. (화가인 자네 클루에는 개인적으로 프랑수아 1세의 마네킹을 제작했다.) 모든 장신구로 치장되고, 권력의 휘장을 두른 채, 40일 동안 궁정의 식사와 의식을 주관하게 되는 것은 바로 이 초상이다. 오직 이 초상만이 경외의 대상이며, 초상이 전시되어 있는 만큼, 새 임금은 모습을 나타내지 않고 있어야 한다. 이렇듯 왕의 두 신체 가운데에서, 즉 소멸할 수 있는 것과 영원한 것 중에서 그 채색 마네킹 속에 머무르는 것은 바로 그 영원한 존재다. 원래의 것보다 복제 속에 더 큰 것이 들어 있다. (드브레, 1994, p. 24)

앞서 살펴본 것처럼, 예술은 언어와 함께, 통치자의 현실적 힘(force)을 잠재적 힘(pouvoir)으로 전환해내는 탁월한 재현의 능력을 보유하고 있다. 역사적으로 수많은 권력자들이 예술을 가장 강력한 통치 정당성의 수단으로 활용한 본질적 이유는 바로 여기에 있다. 그 중에서도 건축-공간은 그 형태적 특성상 다른 예술들보다 훨씬 더 포괄적이고 강력한 재현 효과를 만들어낸다.

조선왕조 이후 현대 한국에 이르기까지 광화문공간은 권력의 재현에

동원된 정치적 건축-공간이었다. 정치적 의미체로서 광화문공간에는 화려하게 등장한 군주 권력, 부활한 군주 권력, 제국주의 식민 권력, 근대화와 민족주의로 무장한 군부 권력, 문민 권력, 역사적 정통성을 회복하려는 참여 권력, 그리고 새롭게 부상하고 있는 지방 권력이 자신들의 힘과 능력을 피치자들에게 과시하고 정당화하기 위해 구사한 재현의 기억들이 응축되어 있다. 그런 면에서 광화문공간은 단순한 역사적 기념 공간을 넘어 6백여 년 동안 전개된, 권력 재현의 역사적 기억들이 중층으로 퇴적된 정치적 화석이다.

참고문헌

『국역 고려사』(동아대학교 석당학술원, 2008, 경인문화사).

『국역조선왕조실록』(http://sillok.history.go.kr/main/main.jsp).

『국역 승정원일기』(민족문화추진위원회, 1994).

『조선총독부 청사 신영지』(김동현 옮김, 1995, 국립중앙박물관).

『주례』(지재희 · 이준영 옮김, 2002, 자유문고).

가토 리에, 2001, 「야나기 무네요시와 3 · 1 독립운동」, 『일본문화연구』 4집.

강명구 · 박상훈, 1997, 「정치적 상징과 담론의 정치: '신한국'에서 '세계화'까지」, 『한국 사회학』 31집, 봄호.

강봉진, 1998, 「광화문 복원에 대하여」, 『월간 건축문화』 83.

강인구, 2001, 「러시아 자료로 본 주러한국공사관 이범진」, 『역사비평』 겨울호.

강지선, 1994, 『조선총독부 청사의 건축 양식에 관한 연구: 대만 총독부 청사와의 비교 분석을 중심으로』, 홍익대학교 건축학과 석사학위논문.

강창일 , 2000, 「식민지 지배체제의 특질」, 국사편찬위원회, 『한국사 47: 일제의 무단통치와 3 · 1 운동』.

게넵, 반, 전경수 옮김, 1992, 『통과의례』, 을유문화사.

고동환, 2007, 『조선시대 서울도시사』, 태학사.

고마고메 다케시, 오성철 · 이명실 · 권경희 옮김, 2008, 『식민지제국 일본의 문화통합』, 역사비평사.

고석규, 1998, 『19세기 조선의 향촌 사회 연구』, 서울대학교 출판부.

구조선총독부 건물철거 촉진위원회, 1993, 「옛 조선총독부 건물철거 촉진위원회 결의문」.

국립영화제작소, 1991, 「경복궁복원기공식 2(대통령치사)」, 국가기록원 대전서고.

권태억, 2005, 「일제 식민통치의 기조」, 한일관계사연구논집 편찬위원회 엮음, 『일제식민지배의 구조와 성격』, 경인문화사.
길윤형, 2007, 「광화문은 왜 콘크리트인가」, 『한겨레21』(1월 5일).
김대호, 2004, 「1910~20년대 조선총독부의 조선신궁 건립과 운영」, 『한국사론』 50집.
김동욱, 1998, 「조선 초기 창건 경복궁의 공간구성」, 『건축역사연구』 7권 2호.
———, 1999, 『조선시대 건축의 이해』, 서울대학교 출판부.
———, 2001, 「경복궁 건물 배치의 '삼문삼조'설에 대한 의문」, 『건축역사연구』 10권 1호.
———, 2002, 「조선 초기 경복궁 수리에서 세종의 역할」, 『건축역사연구』, 11권 4호.
———, 2008, 「조선 초기 경복궁의 공간구성과 6조대로」, 『건축역사연구』 17권 4호.
김만흠, 2006, 『민주화 이후의 한국정치와 노무현 정권』, 한울아카데미.
김말복, 2006, 「춤을 사랑한 조선의 왕: 효명세자」, 『무용예술학연구』 17집.
김백영, 2006, 「1920년대 '대경성(大京城)계획'을 둘러싼 식민권력의 균열과 갈등」, 공제욱 · 정근식 엮음, 『식민지의 일상: 지배와 균열』, 문화과학사.
김병우, 2006, 『대원군의 통치정책』, 혜안.
김비환, 2008, 「조선 초기 유교적 입헌주의의 제 요소와 구조」, 『정치사상연구』 14집 1호.
김삼웅, 1984, 『민족 · 민주 · 민중선언』, 일월서각.
———, 1997, 『사료로 보는 20세기 한국사』, 가람기획.
김석근, 2008, 「조선의 '건국'과 '정치체제 구상'에 대한 시론적 접근: 몇 가지 쟁점과 관련하여」, 『동양정치사상사』 7권 2호.
김석만, 1997, 「구 조선총독부 청사의 공간과 형태 분석에 관한 연구」, 『대한건축학회논문집』, 13권 4호.
김세용 · 최강림, 2009, 「도시이미지 전략의 유형별 사례연구」, 『국토계획』 44권 1호.
김세중, 1996, 「박정희의 통치이념과 민족주의」, 유병용 외, 『한국현대사와 민족주의』, 집문당.
———, 2005, 「5 · 16과 산업화 체제의 대두: 그 역사적 의미와 권위주의적 정치동학을 중심으로」, 『정신문화연구』 28권 4호.
김소연 · 이동언, 2005, 「오리엔탈리즘의 재해석으로 본 일제 강점기 한국건축의 식민지 근대성」, 『대한건축학회논문집』 21권 4호.

김연호, 2008, 「조선 초 천도 논의에 관한 고찰: 『지리신법』 적용에 의한 재조명」, 『민족문화논총』 39집.
김영명, 1988, 「한국의 정치변동과 미국」, 『한국정치학회보』 22집 2호.
———, 2006, 『한국의 정치변동』, 을유문화사.
김영삼, 1994a, 「우리 다 함께 신한국으로」(대통령 취임사), 대통령 비서실 엮음, 『김영삼 대통령 연설문집』 제1권.
———, 1994b, 「한국병 치유로 신한국 창조」,(74주년 3 · 1 절 기념사), 대통령 비서실 엮음, 『김영삼 대통령 연설문집』 제1권.
———, 1994c, 「국민을 위한 신한국군으로 탄생」,(45주년 국군의 날 연설), 대통령 비서실 엮음, 『김영삼 대통령 연설문집』 제1권.
———, 1996, 「한민족의 위대한 21세기를 향해」(50주년 광복절 경축사), 대통령 비서실 엮음, 『김영삼 대통령 연설문집』 제3권.
———, 2001, 『김영삼 대통령 회고록(하)』, 조선일보사.
김영수, 1999, 「위화도회군의 정치」, 『한국정치학회보』 33집 1호.
———, 2003, 「근대 한국의 실패와 정치적 리얼리즘(I)」, 『동양정치사상사』, 2권 1호.
———, 2006, 「세종대의 법과 정치(1): 유학적 '예치주의'의 이상과 현실」, 『동양정치사상사』 6권 1호.
———, 2008, 「동아시아 군신공치제의 이론과 현실: 태조－세조대의 정치운영을 중심으로」, 『동양정치사상사』 7권 2호.
김영수, 2001, 『한국헌법사』, 학문사.
김용국, 2004, 「야나기 무네요시의 민예사상과 근대일본」, 『한국일본어문학회 학술발표대회 논문집』.
김용삼, 1995, 「건물은 사라져도 역사는 남는다」, 『월간조선』 4월.
김용옥, 2004, 『삼봉 정도전의 건국철학』, 통나무.
김운태, 2001, 「무단통치체제의 확립」, 국사편찬위원회, 『한국사 47: 일제의 무단통치와 3 · 1 운동』.
김정강, 2004, 「수도서울의 포기는 자유민주통일에 대한 반역이다」, 『한국논단』 2월.
김정동, 1991, 「조선총독부 청사 자존에 관한 제언: 보존을 제안한다」, 『건축』 35권 3호.
김현우, 2008, 「오세훈의 명품도시」, 『문화과학』 54호(여름).

김현욱, 2007, 『조선시대 한양의 입지 논쟁』, 한국학술정보(주).
김형국, 2002, 『공간의 문화판촉: 세계화 시대에 지방이 살길』, 학고재.
김형오, 2005a, 「승자의 역사파괴는 막아야 한다」, 『통일한국』 2월호.
———, 2005b, 「유청장께」, 「동아일보」(1월 31일).
나일화, 2004, 「루이14세와 효명세자의 무용예술과 업적 비교연구」, 『무용예술학연구』 14집.
나카미 마리, 김순희 옮김, 2007, 『야나기 무네요시 평전: 미학적 아나키스트』, 효형출판.
남기웅, 2008, 「1929년 조선박람회와 '식민지 근대성'」, 『한국학논집』 43권.
노무현, 2004a, 「평화와 번영과 도약의 시대로」(제16대 대통령 취임사), 대통령 비서실 엮음, 『노무현 대통령 연설문집』 제1권.
———, 2004b, 「제주 4 · 3 사건 관련 말씀」, 대통령 비서실 엮음, 『노무현 대통령 연설문집』 제1권.
———, 2005, 「제59년 광복절 경축사」, 대통령 비서실 엮음, 『노무현 대통령 연설문집』 제2권.
도이힐러, 미르티나, 이훈상 옮김, 2003, 『한국 사회의 유교적 변환』, 아카넷.
드브레, 레지스, 정진국 옮김, 1994, 『이미지의 삶과 죽음』, 시각과 언어.
로크, 존, 강정인, 문지영 옮김, 1996, 『통치론』, 까치.
마키아벨리 니콜로, 강정인 옮김, 1994, 『군주론』, 까치.
문화재관리국, 1968, 「광화문 복원준공식 행사 계획」, 국가기록원 대전서고.
문화재청, 2003a, 「경복궁 광화문권역 복원정비를 위한 공청회」(7월).
———, 2003b, 「경복궁 광화문권역 복원정비를 위한 공청회 개최 결과 보고서」(7월 21일).
———, 2005, 『'광화문' 편액 역사고증 및 집자사례 연구』(5월).
문화체육부, 1996a, 『한국의 지역 축제』.
———, 1996b, 「구 조선총독부 건물 철거 관련 관계부처 회의자료」(5월 18일).
문화체육부 · 국립중앙박물관, 1997, 『구 조선총독부 건물 실측 및 철거 보고서(상)』.
민현구, 2005, 「조선 초기의 정치와 왕권: 조선 태조대의 국정운영과 군신공치」, 『사총』 61집.

류주희, 1999, 「왕자의 난을 전후한 조선 개국공신의 정치적 동향」, 『조선시대사학보』 11집.
박계리, 2004, 「충무공동상과 국가이데올로기」, 『한국근대미술사학』 12집.
박광주, 1992, 『한국권위주의 국가론』, 인간사랑.
박병련, 2005, 「삼봉 정도전의 행정사상」, 『한국행정학회 추계학술대회 발표논문집』(10월).
박성진 · 우동선, 2007, 「일제 강점기 경복궁 전각의 훼철과 이건」, 『대한건축학회논문집』 23권 5호.
박용규, 2004, 「안재홍의 언론활동과 언론관」, 『민주사회정책연구』 6호.
박은식, 1972, 「적이 광화문을 훼각한다」, 『나라사랑』 제8집.
박정희, 1969, 『박정희 대통령 선집』(6권: 위대한 조상), 지문각.
———, 1973a, 「정권이양 시기에 관한 성명」, 대통령 비서실 엮음, 『박정희 대통령 연설문집』 제1권.
———, 1973b, 「3 · 16 성명」, 대통령 비서실 엮음, 『박정희 대통령 연설문집』 제1권.
———, 1973c, 「5 · 16 혁명 제2주년 기념사」, 대통령 비서실 엮음, 『박정희 대통령 연설문집』 제1권.
———, 1973d, 「제5대 대통령 취임사」, 대통령 비서실 엮음, 『박정희 대통령 연설문집』 제2권.
———, 1973e, 「제6대 대통령 취임사」, 대통령 비서실 엮음, 『박정희 대통령 연설문집』 제3권.
———, 1973f, 「국민교육헌장 선포에 즈음한 담화문」, 대통령 비서실 엮음, 『박정희 대통령 연설문집』 제3권.
———, 2006, 『한국국민에게 고함』, 동서문화사.
박태화, 2002, 「한국, 중국, 일본 3국 지붕의 변천」, 『한국도시지리학회지』 5집 1호.
박홍규, 2000, 「주자학과 조선건국(1)」, 『아세아연구』 103호.
박홍규 · 방상근, 2006, 「태종 이방원의 권력정치」, 『정신문화연구』 29권 3호.
박홍규 · 이세영, 2006, 「태종과 공론정치」, 『한국정치학회보』 40집 3호.
방세영, 2007, 「주자학의 사회이론과 예치공동체주의」, 『사회과교육』 46권 1호.
백영자, 1994, 『조선시대의 어가행렬』, 한국방송통신대학교 출판부.

버크, 피터, 박광식 옮김. 2005, 『이미지의 문화사: 역사는 미술과 어떻게 만나는가』, 심산.

베버, M, 박성환 옮김, 1997, 『경제와 사회 1』, 문학과지성사.

부르디외, P, 최종철 옮김, 1995, 『구별짓기: 문화와 취향의 사회학(상/하)』, 새물결.

비텝스키, 험프리, 김정우 옮김, 2005, 『신성한 건축』, 창해.

사이드, 에드워드, 박홍규 옮김, 2004, 『오리엔탈리즘』, 교보문고.

서울시정개발연구원, 2001, 『서울 20세기 공간변천사』.

「서울특별시 광화문광장의 사용 및 관리에 관한 조례」(조례 제4880호)(서울특별시 홈페이지).

서울특별시 균형발전본부, 2008, 「서울 도심 재창조 프로젝트 마스터플랜」(서울특별시 홈페이지, 균형발전본부 자료실).

———, 2009, 「도심 재창조 프로젝트」(서울특별시 홈페이지, 균형발전본부 자료실).

성대경, 2000, 「대원군의 내정개혁」, 국사편찬위원회, 『한국사 37: 서세동점과 문호개방』.

손정목, 1989, 「조선총독부 청사 및 경성부 청사 건립에 관한 연구」, 『향토서울』 48호.

———, 1990, 『일제강점기 도시계획연구』, 일지사.

송민구, 1991, 「구 조선총독부 청사 철거문제: 이축을 제안함」, 『건축』 35권 3호.

송혜영, 2002, 「나폴레옹(1769~1821)의 선전초상화」, 『서양미술사학회 논문집』 17집.

스트릭랜드, 캐롤, 양상현 외 옮김, 2003, 『클릭, 서양건축사: 스톤헨지에서 해체주의 건축까지』, 예경.

신용하, 1998, 「구조선총독부 청사는 하루속히 철거해야 한다」, 『일제 식민지 근대화론 비판』, 문학과지성사.

신주백, 2004, 「일본의 '동화'정책과 지배전략: 통치기구 및 학교교육과의 관계를 중심으로」, 강만길 외, 『일본과 서구의 식민통치 비교』, 선인.

안병영, 2004, 「한국의 정당」, 김운태 외, 『한국정치론』, 박영사.

안외순, 1996a, 『대원군 집정기 권력구조에 관한 연구』, 이화여자대학교 정치외교학과 박사학위논문.

———, 1996b, 「대원군 집정기 관료의 구성과 운용의 성격」, 한국정치학회 엮음, 『한국정치의 재성찰』, 한울.

———, 2000, 「대원군의 사회적 기반과 지지세력」, 『동방학』 6집.

안창모, 2003, 「1960년대 한국건축의 반공 · 전통 이데올로기와 모더니티」, 『건축역사연구』 12집 4호.

———, 2005a, 「건축」, 한국예술종합학교 한국예술연구소 엮음, 『한국현대예술사대계: 1960년대』, 시공사.

———, 2005b, 「건축」, 한국예술종합학교 한국예술연구소 엮음, 『한국현대예술사대계: 1990년대』, 시공사.

야나기 무네요시, 심우성 옮김, 2002, 『조선을 생각한다』, 학고재.

양선숙, 2006, 「수도-서울 명제의 '관습헌법' 성립에 대한 비판적 검토」, 『법철학연구』 9권 2호.

양택규, 2007, 『경복궁에 대해 알아야 할 모든 것』, 책과함께.

엘리아데, M, 박규태 옮김, 1991, 『상징, 신성, 예술』, 서광사.

연갑수, 2001, 『대원군 집권기 부국강병책 연구』, 서울대학교 출판부.

오남현, 2008, 「도시지역의 장소마케팅 분석」, 『도시행정학보』 21집 1호.

오세훈, 2006, 「서울특별시장 취임사」(서울특별시 홈페이지).

———, 2007a, 「오세훈 시장이 도시를 말한다」, 『대한건축학회 회지』 4월.

———, 2007b, 「광화문 광장 조성 사업 발표 기자 설명회」(서울특별시 홈페이지).

오세훈, 2007c, 「도심 재창조 프로젝트 국제포럼 개회사」(서울특별시 홈페이지).

요시미 순야, 이태문 옮김, 2004, 『박람회: 근대의 시선』, 논형.

우동선, 2005, 「건축」, 한국예술종합학교 한국예술연구소 엮음, 『한국현대예술사대계: 1980년대』, 시공사.

웨슬러, 하워드 J, 임대희 옮김, 2005, 『비단같고 주옥같은 정치』, 고즈윈.

유길상, 2007, 『세종로의 비밀』, 중앙북스.

유종해, 1986, 「서울공화국」의 시비」, 『도시문제』 21(1).

유홍준, 2005, 「광화문은 경복궁의 정문이다」, 『통일한국』 2월호.

윤근식 · 김운태, 2004, 「한국현대정치의 전개과정」, 김운태 외, 『한국정치론』, 박영사.

윤대영, 2005, 「프랑스의 베트남 식민정책과 일본의 한국 식민정책 비교연구를 위한 시론」, 한일관계사연구논집 편찬위원회 엮음, 『일제식민지배의 구조와 성격』, 경인문화사.

윤선자, 2005, 「조선총독부의 통치구조와 기구」, 한일관계사연구논집 편찬위원회 엮음, 『일제 식민지지배의 구조와 성격』, 경인문화사.
이강근, 1991, 『한국의 궁궐』, 대원사.
———, 2003, 『경복궁』, 대원사.
이경분, 2008, 「바그너의 수용을 통해 본 나치의 음악정책」, 『낭만음악』 78호.
이규목, 2001, 「서울 근대 도시경관 읽기」, 서울시정개발연구원, 『서울 20세기 공간변천사』.
이기봉, 2008, 『조선의 도시, 권위와 상징의 공간』, 새문사.
이나미, 2003, 「일제의 조선 지배 이데올로기: 자유주의와 국가주의」, 『정치사상연구』 9집.
이달순, 1990, 『조선왕조 정치연구』, 수원대학교 출판부.
이대희, 1993, 『한국의 민주화과정에서의 3당 합당에 대한 연구』, 서강대학교 정치외교학과 석사학위논문.
이무용, 2005, 『공간의 문화정치학』, 논형.
———, 2006, 「장소마케팅 전략의 문화적 개념과 방법론에 관한 고찰」, 『대한지리학회지』, 41권 1호.
이범직, 1988, 『조선 초기의 오례연구』, 서울대학교 국사학과 박사학위논문.
이상해, 1991, 「경복궁, 경희궁 복원과 옛 조선총독부 청사 철거문제」, 『건축』 35권 2호.
이성무, 2007, 『조선시대 당쟁사 2』, 아름다운날.
이순우, 2004, 「민족중흥 시대, 사실은 동상 전성시대였다」, 「오마이뉴스」 5월 12일.
이완범, 2000, 「박정희 군사정부 '5차 헌법개정' 과정의 권력구조 논의와 그 성격」, 『한국정치학회보』 34집 2호.
이완재 · 김송희, 1998, 「조선 초기의 유교적 국가의례에 관한 연구: 오례의 의례관을 중심으로」, 『한국사상사학』 10집.
李允鉌, 이상해 외 옮김, 2000, 『중국고전 건축의 원리』, 시공사.
이이화, 2004a, 『한국사 이야기 17: 조선의 문을 두드리는 열강』, 한길사.
———, 2004b, 『한국사 이야기 20: 우리 힘으로 나라를 찾겠다』, 한길사.
이찬 · 양보경, 1995, 『서울의 옛 지도』, 서울시립대학교 서울학연구소.
이현군, 2005, 「조선시대 한성부의 형성배경과 입지적 특성」, 『한국도시지리학회지』

8(1).
이희복, 2006, 「도시브랜드의 슬로건 분석」, 『스피치와 커뮤니케이션』 5호.
임석재, 2003, 『서양건축사 1: 땅과 인간』, 북하우스.
임지현, 1999, 『민족주의는 반역이다』, 소나무.
임혁백, 1997, 「지연되고 있는 민주주의의 공고화」, 최장집 · 임현진 공편, 『한국사회와 민주주의: 한국 민주화 10년의 평가와 반성』, 나남출판.
장규식, 2003, 「거대도시 '서울공화국'의 명암」, 『역사비평』 겨울호.
장기인, 1991, 「조선총독부 청사」, 『대한건축학회지』 35권 2호.
장대원, 1963, 「경복궁 중건에 관한 소고」, 『향토서울』 16호.
장지연, 1999, 『여말선초 천도논의와 한양 및 개경의 도성계획』, 서울대학교 국사학과 석사학위논문.
장헌덕, 2004, 「경복궁의 복원과 보존」, 『건축역사연구』 37권.
전재호, 1997, 『박정희 체제의 민족주의 연구』, 서강대학교 정치외교학과 박사학위논문.
———, 1998a, 「민족주의와 역사의 이용」, 『사회과학연구』 7집.
———, 1998b, 「동원된 민족주의와 전통문화정책」, 한국정치연구회, 『박정희를 넘어서』, 푸른숲.
정근식, 1997, 「민주화, 지역주의와 지방자치」, 최장집 · 임현진 공편, 『한국 사회와 민주주의: 한국민주화 10년의 평가와 반성』, 나남출판.
———, 2005, 「기념관, 기념일에 나타난 한국인의 8 · 15 기억」, 임헌영 외, 『한 · 중 · 일 3국의 8 · 15 기억』, 역사비평사.
정기용, 1994, 「광화문에서 남대문까지」, 『문화과학』 5호.
정도전, 1997, 『국역 삼봉집 1, 2』, 솔.
정룡 · 김정문, 2006, 「한, 중 궁궐의 입지 및 삼조공간 구성에 관한 비교연구」, 『한국전통조경학회지』 24집 4호.
정옥자, 1997, 「흥선대원군의 왕실교육 강화」, 『한국사연구』 99집.
정용화, 2004, 「한국인의 근대적 자아형성과 오리엔탈리즘」, 『정치사상연구』 10집.
정일성, 2007, 『야나기 무네요시의 두 얼굴』, 지식산업사.
정재훈, 2005, 『조선전기 유교정치사상 연구』, 태학사.

정창석, 2005, 「식민지 시대 한 · 일 양국의 상호인식」, 한일관계사연구논집 편찬위원회 엮음, 『일제 식민지지배의 구조와 성격』, 경인문화사.
정호기, 2007, 「박정희시대의 '동상건립운동'과 애국주의」, 『정신문화연구』 30권 1호.
조인수, 2006, 「전통과 권위의 표상: 고종대의 태조 어진과 진전」, 『미술사연구』 20호.
조재모, 2007, 「고종대 경복궁의 중건과 궁궐 건축형식의 정형성」, 『서울학연구』 29집.
조재모 · 전봉희, 2000, 「고종기 경복궁 중건에 관한 연구」, 『대한건축학회논문집』 16권 4호.
조항덕, 2007, 「경제문감에 나타난 삼봉 정도전의 정치사상」, 『한문고전연구』 14집.
조현연, 2007, 「한국 민주주의와 군부독점의 해체과정 연구」, 『동향과 전망』 69호 봄.
조희연, 1995, 「한국의 민주주의 이행과정에 관한 연구」, 임현진 · 송호근 공편, 『전환의 정치, 전환의 한국 사회』, 사회비평사.
———, 1998, 『한국의 국가, 민주주의, 정치변동』, 당대.
주남철, 1991, 「총독부 청사는 철거하여야만 한다」, 『건축』 35권 3호.
———, 2000, 『한국건축사』, 고려대학교 출판부.
주윤정, 2003, 「조선물산공진회와 식민주의 시선」, 『문화과학』 33호.
주은우, 2003, 『시각과 현대성』, 한나래.
최상용 · 박홍규, 2007, 『정치가 정도전』, 까치.
최승희, 2007, 『조선 초기 정치문화의 이해』, 지식산업사.
최연식, 1998, 「여말선초의 권력구상: 왕권론, 신권론, 군신공치론을 중심으로」, 『한국정치학회보』 32집 3호.
———, 2007, 「박정희의 '민족' 창조와 동원된 국민통합」, 『한국정치외교사논총』 28집 2호.
최장집, 1993, 『한국 민주주의의 이론』, 한길사.
하버마스, 위르겐, 한승완 옮김, 2004, 『공론장의 구조변동: 부르주아 사회의 한 범주에 관한 연구』, 나남출판.
하상복, 2005a, 「프랑스 사회당 정부의 문화정책: 군주제 원리와 공화제 원리의 공존」, 『문화정책논총』 17집.
———, 2005b, 「한국의 민주화와 민족주의 이념의 정치(1945~1987)」, 『동아연구』 49집.

———, 2007, 『빵떼옹: 성당에서 프랑스 공화국 묘지로』, 경성대학교 출판부.

———, 2009a, 「광화문의 정치학: 예술과 권력의 재현」, 『한국정치학회보』 43집 3호.

———, 2009b, 「광장과 정치: 광화문광장의 비판적 성찰」, 『기억과 전망』 21호.

賀業鉅, 윤정숙 옮김, 1995, 『중국도성제도의 이론』, 이화문화사.

한국문화상징사전 편집위원회, 1992, 『한국문화상징사전 1』, 두산.

한배호, 1993, 『한국의 정치과정과 변화』, 법문사.

한영우, 1999, 『왕조의 설계자, 정도전』, 지식산업사.

한일관계사연구논집 편찬위원회 엮음, 『일제 식민지지배의 구조와 성격』, 경인문화사.

허영섭, 1996, 『조선총독부, 그 청사 건립의 이야기』, 한울.

헌법재판소, 2004, 「신행정수도의건설을위한특별조치법 위헌확인」(2004헌마554)(헌법재판소 홈페이지).

헨리, 토드 A, 2008, 「제국을 기념하고 전쟁을 독려하기」, 『아세아연구』 51(4).

홍석률, 2002, 「5 · 16 쿠데타의 발발 배경과 원인」, 한국정신문화연구원 엮음, 『박정희 시대 연구』, 백산서당.

홍석주 · 이은정, 2007, 「조선조 궁궐의 월대에 관한 연구」, 『지역사회발전학회논문집』 32집 3호.

홍성구 · 김성우, 1988, 「조선시대 한양의 육조거리에 관한 연구」, 『대한건축학회학술발표논문집』 8(1).

홍성태, 2009, 『민주화의 민주화』, 현실문화.

홍순민, 1997, 「다시 '광화문이여 광화문이여': 조선 황실의 운명과 일제의 궁궐 파괴」, 『역사비평』 봄호.

———, 2004, 「일제의 식민 침탈과 경복궁 훼손」, 『문명연지』 5집 1호.

———, 2007a, 『우리궁궐이야기』, 청년사.

———, 2007b, 「고종대 경복궁 중건의 정치적 의미」, 『서울학연구』 29호.

Ansart, Pierre, 1983, *La Gestion des Passions Politiques*, Lausanne: L'Age d'Homme.

Apostolidès, Jean-Marie, 1981, *Le Roi-Machine*, Paris: Les Editions de Minuit.

(de) Baecque, Antoine, 2002, *La Cérémonie du Pouvoir: Les duels politiques de la*

Révolution à nos jours, Paris: Bernard Grasset.

Balandier, Georges, 1992, *Le Pouvoir sur Scènes*, Paris: Balland.

Beetham, David, 1991, *The Legitimation of Power*, Mampshire: Macmillan.

Ben-Israel, Hedva, 1992, "Nationalism in Historical Perspective", *Journal of International Affairs*, 45(2), winter.

Blumer, Herbert, 1969, *Symbolic Interactionism: Perspective and method*, Berkeley, Los Angeles, London: University of California Press.

Djian, Jen-Michel, 1996, *La Politique Culturelle*, Paris: Le Monde Editions.

Draï, Raphaël, 1981, *Le Pouvoir et La Parole*, Paris: Payot.

Edelman, Murray, 1971, *Politics as Symbolic Action*, Chicago: Markham Publishing Company.

———, 1985, *The Symbolic Uses of Politics*, Urbana and Chicago: University of Illinois Press.

———, 1995, *From Art to Politics: How Artistic Creations Shape Political Conceptions*, Chicago and London: The University of Chicago Press.

———, 2001, *The Politics of Misinformation*, Cambridge University Press.

Fleurdorge, Denis, 2001, *Les Rituels du Président de la République*, Paris: PUF.

Geertz, Clifford, 1985, "Centers, Kings, and Charisma: Reflections on the Symbolics of Power," Sean Wilentz (ed.), *Rites of Power: Symbolism, Ritual and Politics Since the Middle Ages*, University of Pennsylvania Press.

Jestaz, B, 김택 옮김, 2006, 『건축의 르네상스』, 시공사.

Kantorowicz, Ernst H, 1997, *The King's Two Bodies*, Princeton University Press.

Kertzer, David I, 1988, *Ritual, Politics & Power*, New Haven and London: Yale University Press.

Kluver, A, 1997, "Political Identity and the National Myth", A, González and E, V, Tanno (eds.), *Politics, Communication and Culture*, Thousand Oaks, London, New Dehli: Sage.

Le Bart, Christian, 1998, *Le Discours politique*, Paris: PUF.

Marin, Louis, 1993, *Des pouvoirs de l'image*, Paris: Editions du Seuil.

———, 2005, *Politiques de la Représentation*, Paris: Editions KIME.

Norman, Wayne, 1999, "Theorizing Nationalism (normatively): The First Steps," Bonald Beiner (ed.), *Theorizing Nationalism*, State University of New York Press.

Padioleau, Jean G., 1986, *L'Ordre Social*, Paris: L'Harmattan.

Poirrier, Philippe, 2000, *L'Etat et la Culture en France au xxe Siècle*, Paris: Le Livre de poche.

———, 2002, *Les Politiques Culturelles en France*, Paris: La Documentation Française.

Rouquié, Alain, 1986, "Demilitarization and the industrialization of military-dominated politics in Latin America", G. O'Donnell, G. Schmitter and L. Whitehead(eds.), *Transitions from Authoritarian Rule: Prospects for Democracy*(vol. 3: comparative perspectives), Baltimore: The Johns Hopkins University Press.

Sfez, Lucien, 1988, *La Politique Symbolique*, Paris: PUF.

「경향신문」, 「국민일보」, 「국정신문」, 「대한매일신보」, 「동아일보」, 「문화일보」, 「세계일보」, 「조선일보」, 「한겨레」, 「한국일보」.

「문화방송 뉴스데스크」(1995년 8월 15일).

「대한뉴스 705호」(e영상역사관, http://film,ktv,go,kr/ 검색일 2009년 4월 1일).

「예술과 인간: 권력의 도구」(EBS 방영: 2005년 12월 4일).

「왕의 춤」(제라르 꼬르비오: 2001).

「네이버백과사전」.

찾아보기

내용

ㅇ

ㅈ

인명